- 广州市金融服务创新与风险管理研究基地
- 广东省普通高校人文社会科学重大攻关项目
- 教育部人文社会科学研究一般项目(项目号：13YJC630038)

THE EXCHANGE RATE EXPOSURE OF CHINESE EXPORTING AND
IMPORTING LISTED FIRMS: MEASUREMENT AND MANAGEMENT

中国进出口制造业企业外汇风险测定与管理

张卫国　谷任○著

图书在版编目（CIP）数据

中国进出口制造业企业外汇风险测定与管理/张卫国，谷任著. —北京：经济管理出版社，2016.3
ISBN 978-7-5096-4204-7

Ⅰ.①中… Ⅱ.①张…②谷… Ⅲ.①进出口贸易—制造工业—工业企业—外汇风险—测定—研究—中国②进出口贸易—制造工业—工业企业—外汇管理—研究—中国 Ⅳ.①F832.6

中国版本图书馆 CIP 数据核字（2016）第 003874 号

组稿编辑：杜　菲
责任编辑：杜　菲
责任印制：黄章平
责任校对：车立佳

出版发行：经济管理出版社
　　　　　（北京市海淀区北蜂窝 8 号中雅大厦 A 座 11 层　100038）
网　　址：www.E-mp.com.cn
电　　话：（010）51915602
印　　刷：北京九州迅驰传媒文化有限公司
经　　销：新华书店
开　　本：720mm×1000mm/16
印　　张：13
字　　数：258 千字
版　　次：2016 年 3 月第 1 版　2016 年 3 月第 1 次印刷
书　　号：ISBN 978-7-5096-4204-7
定　　价：58.00 元

·版权所有　翻印必究·
凡购本社图书，如有印装错误，由本社读者服务部负责调换。
联系地址：北京阜外月坛北小街 2 号
电话：（010）68022974　邮编：100836

前　言

随着中国全方位改革开放的深入发展，尤其是在 2001 年加入世界贸易组织后，中国制造业企业迅速成长，在世界制造业体系中的分量与日俱增；与此同时，中国金融体制改革步伐不断加速，人民币汇率形成机制改革进程增大了人民币汇率的变化弹性。人民币汇率的变动不仅通过产品价格、原材料价格、劳动力价格、融资成本等影响进出口企业的绩效，还可能导致进出口企业的内部资源重新配置、战略改变等，从而改变企业的未来现金流情况，最终影响企业的价值，更重要的是汇率变动通过改变企业进口竞争对手的情况来影响企业的价值。由此可知，汇率波动已经成为中国进出口制造业企业经营中的主要风险因素之一，汇率预测、外汇风险的测定与管理已经成为越来越多企业必须要面对的管理问题。

但就目前的中国企业而言，外汇风险的影响与管理方面的认识仍然比较落后。在这些方面有一定认识的企业大多数也只关注人民币汇率波动给企业带来的汇兑风险，对于外汇风险的其他重要种类几乎没有了解。由于外汇风险意识薄弱，中国企业的外汇风险管理能力与效率受到了严重制约。

外汇风险指企业在国际经济活动中遇到不可预期的汇率波动，企业价值受到汇率变动的影响。企业面临的外汇风险可分为折算风险、交易风险和经济风险三类。进出口企业需要严密监控以确知其面对的三种外汇风险情况，相应管理面临的首要问题是要掌握汇率波动对企业价值会造成何种程度的影响，即需要知晓企业自身的外汇风险暴露情况。企业的外汇风险暴露指企业价值受外汇风险影响的程度在数量上的度量。在与三种外汇风险类别相关的风险暴露中，由于折算暴露不涉及企业的真实损益，而外汇的交易风险和经济风险会影响到企业未来的利润与现金流，因此能够真实地影响企业价值、可被企业度量的外汇风险暴露仅包含汇率的交易暴露和经济暴露。

随着汇率的相关理论不断发展，直到 20 世纪 70 年代布雷顿森林体系的崩溃使得许多国家采取浮动汇率制度，各种主要货币之间的汇率频繁而大幅度地波动，迫使许多从事国际经济贸易的企业在核算成本和收入时面临极大的不确定性，经济学家们才开始致力于外汇风险暴露特征、测量与管理的研究。外汇风险暴露的理论研究主要包括外汇风险会计暴露与交易暴露下企业生产经营的最优化问题、外汇风险经济暴露企业生产经营的最优化问题等。这些理论文献基本都是以企业利润最大化模型为研究起点，研究对象都是以本国和外国两国之间的生产销售模式来进行。外汇风险暴露的实证研究主要包括汇率变化对企业现金流影响的测量、汇率变化对企业市场价值影响的测量等。实证研究的文献早期主要是从企业现金流量变动与汇率变动的相关程度角度计量风险暴露；然而由于以企业现金流量为基础的风险暴露度量方法存在较大缺陷，难以应用到大规模企业样本中，无从得到更普遍的规律，导致风险测量方面的研究受到极大制约。直到Adler和Dumas（1984）、Jorion（1990）先后提出市场法，外汇风险暴露测量的实证研究才得到蓬勃发展。但已有研究基本上都存在大多数进出口企业的外汇风险暴露在统计上不显著的结果；这种广泛存在不理想测量结果的研究现象被国际学界称为"外汇风险暴露度量难题"。至于国内研究方面，由于人民币汇率形成制度长期事实上盯住美元，所以，国内有关企业外汇风险管理方面的研究一直没有引起足够的重视。在2005年7月以后，人民币汇率弹性不断增大。在此后的短短十年时间里，中国企业外汇风险管理方面研究取得了较快的发展，并且国内不少专家学者、专业人员及管理机构与企业还在继续努力深入研究和进行应用实践。

虽然企业外汇风险暴露度量方面的研究和应用实践均呈现蓬勃发展趋势，但是系统介绍人民币汇率波动率预测、中国进出口企业外汇风险暴露测量方面重要理论成果的书籍却不多，尤其是缺乏针对中国特定市场特征下中国进出口上市企业外汇风险暴露的测量方法与外汇风险管理方法相结合方面的探讨。本书试图对人民币汇率预测、中国进出口企业外汇风险暴露测量的重要理论成果进行比较全面系统的整理，主要介绍笔者及其研究团队在人民币汇率波动率预测、中国进出口企业外汇风险暴露测量与风险管理领域所取得的部分理论成果。本书的主要内容分列于十一章中论述，分别可归属于汇率预测篇、外汇风险暴露理论篇与外汇风险暴露测量与管理实证篇。

汇率预测篇共三章，以揭示外汇市场、人民币汇率形成机制和汇率波动率预测的基本原理。其中，第一章主要介绍外汇汇率的相关概念，说明外汇市场功能与作用，对国际外汇市场整体发展情况、国际主要外汇市场和中国外汇市场发展情况以及中国外汇市场交易情况等进行分析。第二章回顾人民币汇率形成机制的演进历程，阐述人民币汇率波动的主要影响因素。第三章研究人民币汇率的波动特征，并且根据人民币汇率波动特征提出了我们的预测方法，通过实证比较各种人民币汇率波动率预测模型,最终找出比较合适的人民币汇率风险预测模型,为企业进一步做出外汇风险管理决策提供了准确的汇率波动率预测方法。

外汇风险暴露理论篇共三章,以探讨汇率波动影响进出口企业利润的决定因素,为实证篇的外汇风险管理分析提供理论基础。其中,第四章主要介绍了中国制造业的进出口发展概况,分析了汇率波动对中国进出口制造企业和行业的影响现状,阐述汇率变动对一国制造行业或企业利润的影响渠道。第五章对外汇风险暴露概念进行界定,全面介绍国际上外汇风险暴露的理论研究情况,指出以往理论研究的不足与空白,系统地梳理了国内外外汇风险暴露测量的实证研究现状,并对国内外主要文献的实证结果进行详细比较。第六章不仅包括了产品市场端的外汇风险暴露理论模型的构建,还开创性地分析了成本(要素)市场端的外汇风险暴露理论模型的构建;考虑了在多国经营环境下及不同企业经营战略下的理论模型设计等问题,为进出口企业外汇风险暴露的影响因素和风险管理提供了一般性的理论框架,为接下来的外汇风险暴露测量与风险管理的实证研究奠定了基础。

外汇风险暴露测量与管理实证篇共五章,以在实际环境中考察企业价值与汇率波动间的敏感性关系。其中,第七章基于中国资本市场特征,利用市场法对中国进出口上市企业的外汇风险暴露进行线性测量。第八章系统介绍该研究领域的学者们对线性测量与非线性测量的思考,并对该领域现有的外汇风险暴露时变性、时滞性研究进行文献综述。第九章考察外汇风险暴露时变性。以中国人民币汇率制度变迁为背景,从行业和企业两个层面考察中国进出口上市企业外汇风险暴露的时变特征。第十章分析外汇风险暴露时滞性。从企业内部实际生产经营活动角度,测量经营性现金流量、投资性现金流量和融资性现金流量的外汇风险滞后效应,以供企业外汇风险管理参考。第十一章以前面几章的理论和实证研究成果为基础,实证检验各种风险影响因素对中国进出口上市企业和行业外汇风险暴露的决定作用,并以此为基础提出相应的外汇风险管理建议。

笔者及其研究团队长期以来一直从事外汇风险计量与管理方面的研究。同时笔者先后在广东省普通高校人文社会科学重大攻关项目、教育部人文社科研究一般项目、广东省哲学社科规划项目及广州市金融服务创新与风险管理研究基地等支持下,深入开展了外汇风险管理领域研究工作。本书既是国内外学者在外汇风险管理方面理论研究成果的系统化梳理,也是作者及其研究团队在外汇风险管理方面部分研究成果的总结。

本书写作过程中参考了国内外众多学者的优秀研究成果(已在参考文献中列出),在此一并表示感谢。此外,还要感谢多年来与我们一道从事外汇风险测量和外汇风险管理研究的同事和研究生们。他们与笔者一起完成了这些研究，为这些研究成果的完成做出了贡献，部分研究生还参与了本书部分内容的编写和校对工作。最后需要指出，由于笔者水平有限，书中不足和缺点在所难免，甚至还有遗漏。敬请广大读者谅解，并衷心欢迎广大读者批评指正。

张卫国　谷任

2015 年冬于广州华园

目　录

第一章　外汇市场基本概念与发展现状 ··· 1
    一、引言 ·· 1
    二、汇率概念与分类 ·· 2
    三、外汇市场的功能 ·· 3
    四、外汇市场发展现状 ·· 5

第二章　人民币汇率形成机制与汇率波动影响因素 ······························· 14
    一、引言 ·· 14
    二、人民币汇率形成机制的演进历程 ·· 15
    三、人民币汇率波动的主要影响因素 ·· 18

第三章　人民币汇率波动特征与波动率预测模型 ··································· 21
    一、引言 ·· 21
    二、人民币汇率的波动特征分析 ··· 21
    三、汇率波动率预测模型及尾部残差估计方法 ································· 30
    四、基于多元分析的人民币汇率波动率预测 ···································· 42

第四章　人民币汇率波动对进出口制造业的影响分析 ··························· 53
    一、引言 ·· 53
    二、中国制造业的进出口发展概况 ··· 53
    三、汇率波动影响中国进出口制造企业的现状分析 ························· 56
    四、汇率波动影响中国进出口制造行业的现状分析 ························· 58
    五、汇率变动影响一国制造行业或企业利润的渠道分析 ················· 63

第五章　企业外汇风险暴露的基本理论与实证分析 …………… 66
　　一、引言 ……………………………………………………… 66
　　二、外汇风险暴露的概念与界定 …………………………… 66
　　三、外汇风险暴露的理论研究 ……………………………… 70
　　四、早期关于外汇风险暴露测量的实证研究 ……………… 76
　　五、外汇风险暴露测量的实证研究改进 …………………… 79

第六章　外汇风险暴露扩展模型 ………………………………… 85
　　一、引言 ……………………………………………………… 85
　　二、基于成本角度的企业外汇风险暴露模型 ……………… 86
　　三、三国模式下的企业外汇风险暴露模型 ………………… 91
　　四、行业外汇风险暴露模型 ………………………………… 100

第七章　中国进出口企业外汇风险暴露的线性测量研究 ……… 104
　　一、引言 ……………………………………………………… 104
　　二、传统测量模型介绍 ……………………………………… 106
　　三、基于中国资本市场特征的测量模型构建 ……………… 107
　　四、实证分析 ………………………………………………… 108
　　五、计量结果与假设检验 …………………………………… 113

第八章　企业外汇风险暴露的非线性测量研究 ………………… 118
　　一、引言 ……………………………………………………… 118
　　二、从线性测量到非线性测量的思考 ……………………… 118
　　三、外汇风险暴露的时变性研究综述 ……………………… 120
　　四、外汇风险暴露的时滞性研究综述 ……………………… 122

第九章　中国进出口企业外汇风险暴露的时变特征 …………… 125
　　一、引言 ……………………………………………………… 125
　　二、行业层面外汇风险暴露的时变测量 …………………… 125
　　三、企业层面外汇风险暴露的时变测量 …………………… 137

第十章　中国进出口企业外汇风险暴露的滞后效应 …………… 144
　　一、引言 ……………………………………………………… 144

二、现金流量的外汇风险滞后效应测量模型 ………………………… 145
三、实证分析 …………………………………………………………… 146

第十一章 中国进出口企业外汇风险暴露影响因素与管理策略 ………… 150
一、引言 ………………………………………………………………… 150
二、行业外汇风险暴露的影响因素分析 ……………………………… 151
三、企业外汇风险暴露的影响因素分析 ……………………………… 154
四、企业外汇风险暴露滞后效应分析 ………………………………… 156
五、实证结果分析 ……………………………………………………… 159
六、企业外汇风险经济暴露的管理策略 ……………………………… 161

第十二章 结论与展望 ………………………………………………………… 166
一、本书的主要工作 …………………………………………………… 166
二、结论及建议 ………………………………………………………… 167
三、创新与展望 ………………………………………………………… 171

参考文献 …………………………………………………………………… 173

第一章　外汇市场基本概念与发展现状

一、引言

商业与金融的国际化发展带来了国际市场的一体化。随着中国全方位改革开放的深入发展，尤其是在 2001 年加入世界贸易组织后，国内市场与国际市场联系日益紧密，中国逐渐成为世界制造业战略性重组格局中重要的一环。在这一时期，中国的各类大中小型企业也主动或被动地加入到国际化竞争中，中国本土企业（尤其是制造业企业）占整个世界的出口份额由 2000 年的 2.23% 迅速增长到 2005 年的 4.06%，年均增长率达 16.41%（姚洋和章林峰，2008）。中国制造业企业迅速成长，不仅已成为决定中国出口扩张的一支重要力量，而且在世界制造业体系中的分量也与日俱增。中国成为众多重要工业品的世界性生产基地。除此之外，中国进出口制造业企业的国际化经营也从起步探索逐渐发展到加快步伐、提升国际化经营层次的新阶段，尤其是在通信设备、计算机及其他电子设备制造业，交通运输设备制造业，电器机械及其器材制造业，化学原料及化学制品制造业，专业设备制造业，通用设备制造业六大行业的国际化经营得到了很大提高（原磊和邱霞，2009）。

与此同时，中国金融体制改革步伐也不断加速。自 2005 年 7 月 21 日起，中国开始实行以市场供求为基础、参考一篮子货币进行调节、有管理的浮动汇率制度。在此之后，人民币汇率（无论是实际汇率还是名义汇率）双向波动幅度显著增大。这意味着中国经济活动的变化将迅速反映在币值的涨落中。在这一过程中，中国进出口制造业企业深切地体会到不断增加的外汇风险对企业价值的巨大影响。具体来说，一方面，人民币汇率的变动通过产品价格、原材料价格、劳动力价格、融资成本等对企业（尤其是进出口企业）的价值产生深刻的影响；另一方面,汇率变动还会通过影响企业的外国竞争对手来改变企业(也包括国内非进出口企业)的竞争能力。汇率波动已经成为中国进出口制造业企业经营中的主要风险因素之一,在企业整个价值体系中占有越来越重要的地位。

为了对进出口企业外汇风险管理做更深入的研究,首先应对外汇汇率的相关概念以及外汇市场的基本情况有准确的了解与认识。因此本章将阐述外汇汇率与外汇市场的基本情况。具体内容主要分为三部分:第一部分介绍外汇汇率的相关概念,包括直接标价法和间接标价法、即期汇率和远期汇率、名义汇率和有效汇率;第二部分说明外汇市场功能与作用;第三部分对国际外汇市场整体发展情况、国际主要外汇市场和中国外汇市场发展情况以及中国外汇市场交易情况等进行分析。

二、汇率概念与分类

汇率在开放经济环境下是重要的相对价格变量,对贸易和投资等实体经济活动产生重要的直接影响。汇率(Exchange Rate)简言之就是两国货币的交换比率,是一国货币换取另一国货币所需支付的单位数。

汇率通常有两种不同的标价方法——直接标价法(Direct Quotation)和间接标价法(Indirect Quotation)。直接标价法,也叫美式标价法,是以一定单位的外国货币作为标准,折算为本国货币来表示其汇率,即一单位外币可换取多少本国货币。以人民币兑美元的汇率为例,采用直接标价法表示如下:

$S = RMB/USD$

式中,S 表示直接标价法下的汇率。因此在直接标价法下,若本国货币升值,汇率变动(用 ΔS 表示,下同)显示为负值;若本国货币贬值,ΔS 显示为正值。

间接标价法,也叫欧式标价法,是以一定单位的本国货币为基础,用外国货币来表示本国货币的价格,即一单位本国货币可换取多少外币。间接标价法下的人民币兑美元汇率可表示如下:

$S = USD/RMB$

式中,S 表示间接标价法下的汇率。在间接标价法下,若本国货币升值,ΔS 显示为正值;本国货币贬值,ΔS 显示为负值。

依据外汇买卖的不同交割期限,汇率还可分为即期汇率(Spot Exchange Rate)和远期汇率(Forward Exchange Rate),其中即期汇率指买卖双方在成交日当天完成交割时所使用的汇率,远期汇率指买卖双方在成交日约定未来某日交割所使用的汇率。目前，中国的外汇市场已有外汇交易的即期市场和远期市场，同时在中国境外也已形成离岸的人民币无本金交割远期交易（Non-deliverable Forwards，NDF）市场。根据 Dornbusch（1976）的汇率理性预期理论（Rational Expectation Theory），远期汇率是未来即期汇率的无偏估计值，那么远期汇率与即期汇率之间的差额可视为汇率预期值与实际值之间的差异，即非预期性汇率波动。然而从国内相关研究如戎如香（2008）、严敏和巴曙松（2010）的分析结果来看，国内远期汇率是未来即期汇率的有偏预测值，远期溢价对即期汇率真实波动的解释力还不强。因此，就本书所研究的汇率波动而言，我们可以选取即期汇率当期与上一期之间的波动表示非预期汇率波动率。此外，在第三章我们将给出近几年关于多元 GARCH 模型预测波动率研究的一些主要进展，包括 BEKK 模型、CCC 模型、O-GARCH 模型、IC-GARCH 模型等，在此基础上提出我们的人民币汇率波动率预测方法。

为便于接下来的研究，在即期汇率概念的基础上，我们进一步将汇率分为名义汇率（Nominal Exchange Rate）和有效汇率（Effective Exchange Rate）。名义汇率，也称双边汇率（Bilateral Exchange Rate），指用一国货币表示另一国货币的价格。有效汇率，是指各种双边汇率的加权平均，通常以一国的主要贸易伙伴在其对外贸易总额中所占比重作为权数。有效汇率又可分为名义有效汇率（Nominal Effective Exchange Rate，NEER）和实际有效汇率（Real Effective Exchange Rate，REER）。名义有效汇率是以一国对外贸易伙伴国与该国的贸易额在该国对外贸易总额中的比重为权数，将各贸易伙伴国的名义汇率进行加权平均而得到的汇率指数。将名义有效汇率除去一定的名义比率（如适当的价格或成本指标），即得到实际有效汇率。名义有效汇率与实际有效汇率的区别在于，名义有效汇率会受到本国与贸易伙伴国之间通货膨胀差异的影响，而实际有效汇率则剔除通货膨胀因素。

三、外汇市场的功能

外汇市场（Foreign Exchange Markets）作为金融市场的重要组成部分，是经营外币、以外币计价的票据等有价证券买卖的市场。从最初人们对外汇市场狭义的理解（即仅是一个外币概念），到现在将外汇交易应用为资产管理工具，外汇市场历经几个时期的演进，在金融市场中发挥着举足轻重的作用。外汇市场的功能主要表现在以下三个方面：

(一) 实现购买力的国际转移

在国际贸易与国际资金融通中会涉及至少两个国家的交易主体，因而涉及至少两个国家的货币（即购买力），由于各国的货币和货币制度都是互相独立的，一国货币不能在另一国流通，因此国际经济活动中的对外债权、债务清偿和国际投资就需要将一国货币兑换成另一国货币，从而发生购买力的跨国转移；而这种转移、兑换过程正是在外汇市场上进行的。外汇市场的经济机制就是使购买力转移交易顺利进行，即将所有潜在外汇售出者和外汇购入者的意愿联系起来。当外汇供应量正好等于外汇需求量时，所有潜在的售出者和购入者都得到了满足，外汇市场就会处于平衡状态。目前，由于计算机的广泛应用和互联网等科技的发达，货币兑换和资金汇付能够在极短时间内完成，这种购买力的跨国转移变得相当迅速和方便。

(二) 提供信贷资金融通

外汇市场是国际间交易者资金融通的渠道。外汇市场的存贷款业务能够聚集各国闲置资金进行调剂余缺和资本周转，因而外汇市场可为国际贸易提供融资便利，如在进口商没有充足现款去提货时，进口商可以向出口商开出银行承兑汇票用以延期付款，票据到期后出口商可以去银行承兑汇票以拿回货款，此外外汇市场还可以提供保付代理、出口信用保险、提货担保等融资便利。外汇市场也能为国际借贷（如国际银团贷款、债券、租赁等）及各式各样的国际投资活动（如跨国投资建厂、购买海外资产、外国证券投资等）的顺利进行提供保障。

(三) 提供外汇保值与金融投机的交易机制

随着布雷顿森林体系的崩溃，固定汇率制被浮动汇率制代替，在浮动汇率制下，货币的升值会给货币持有者带来收益，而货币的贬值则给持有者带来损失。在以外汇计价成交的国际贸易中，交易双方都面临着外汇风险，交易双方都在不同程度上参与外汇交易，花费一定的成本转移风险，以达到保值目的。还有一部分参与者也参与外汇交易，但他们的交易一般没有真实的商品交易或资本流动作基础，仅仅希望从汇价变动中获取利润，通过低买高卖的转换来获利交易，这就是外汇投机交易，目前在外汇交易中所占的地位越来越重要。由此可见，外汇市场既是套期保值者规避外汇风险的场所，也为投机者提供了承受风险、获得利润的机会。

四、外汇市场发展现状

(一) 国际主要外汇市场

目前全世界上大约有30多个主要的外汇市场,它们遍布于世界各大洲的不同国家和地区。根据传统的地域划分,可分为亚洲、欧洲、北美洲三大部分,一般分布于世界各国的主要中心城市,如伦敦、纽约、巴黎、法兰克福、苏黎世、米兰、惠灵顿、多伦多、巴林、东京、中国香港、新加坡等,它们都是全球著名的金融中心与外汇中心,这些中心的相互联系和影响形成覆盖全球的外汇市场网络。世界主要外汇市场集中于西方发达国家和地区,其中伦敦、纽约、东京、中国香港等外汇中心最具有代表性。

1. 伦敦外汇市场

伦敦外汇市场是世界上出现最早、也是到目前为止最大的外汇市场。两次世界大战的发生极大地削弱了英国的经济实力,英镑作为国际支付货币的地位逐渐下降,加上外汇管制逐步加强,所有这些都使伦敦外汇市场的作用受到了一定程度的影响。1951年12月11日,当英国政府宣布重新开放外汇市场时,汇率不再由市场供求决定;英格兰银行根据国际货币基金组织的规定,将英镑的汇率限制在一定的幅度内,只有在此狭小的幅度内,外汇银行才可以根据市场供求状况自由定价成交;外汇银行依据外汇管制条例,可以进行远期外汇交易。此后随着经济的逐渐复苏和发展,特别是20世纪50年代后期欧洲货币市场的形成与壮大,伦敦外汇市场的业务不断增长,其地位才相应地得到了恢复和发展。1972年英镑改为实行浮动汇率制,外汇买卖不再受汇率波动幅度的限制,汇率由外汇市场上的供求状况决定。1979年英国政府又宣布取消外汇管制,进一步促进了伦敦外汇市场的发展。由于伦敦的国际金融中心,其货币市场、资本市场历史悠久,且国际化程度深,因此在此基础上伦敦外汇市场很快成为世界上最大的外汇市场,其外汇交易额占全球的1/3左右。

综上所述,尽管英国在世界经济中的地位已失去了第二次世界大战前的辉煌,英镑作为国际计价货币和储备货币的地位也不断下降,但伦敦作为全球最大外汇交易中心的地位并没有因此而削弱。其主要原因在于:①伦敦是欧洲货币市场的中心。20世纪50年代初,由于国际政治环境的变化,英国实施了外汇管制,伦敦各大商业银行成为最早开办境外美元存贷业务的机构,欧洲美元市场在伦敦形成；此后，基于多方面因素共同作用的结果，欧洲美元市场不断发展壮大并最终演变为欧洲货币市场；欧洲货币以其快节奏的自由流通引起外汇市场交易的日益繁荣，伦敦外汇市场的交易规模不断扩大而居全球外汇市场的首位。②伦敦地处世界时区的中心。伦敦外汇市场在其营业时间内，和世界其他一些重要的外汇市场相衔接；由于伦敦外汇市场的营业时间采用欧洲大陆标准时间，它与欧洲各大市场共同形成了一个同步的大市场；在东京、中国香港、新加坡下午闭市时，伦敦市场开盘，午后，纽约市场开盘，与伦敦市场同时交易半天；因而，从时区上考虑，伦敦市场成为外汇交易商安排外汇交易的最佳选择。③伦敦外汇市场拥有全世界最先进的交易设施以及一大批高素质的金融专业人员。

2. 纽约外汇市场

纽约外汇市场是建立在美国的综合国力以及美元的国际地位之上。第二次世界大战以后，美国成为世界头号经济强国，布雷顿森林体系的建立，美元成为世界最主要的储备货币、干预货币和计价货币。尽管20世纪70年代以来，德国马克（后为欧元）①、日元的地位迅速提升，但美元迄今为止仍是使用最多的国际储备货币和结算货币。

在经营方面，美国没有外汇管制，并不存在指定经营外汇业务的专业银行，任何一家美国的商业银行均可自由地经营外汇业务。但是，由于各银行外汇业务量差别较大，大部分中小型银行出于成本的考虑均委托纽约的几大有业务往来的银行集中办理外汇业务。虽然银行的外汇活动不受管制，但仍受美联储及各州银行管理部门的监督。外汇市场的官方干预由纽约联储银行处理，一般情况下，美联储通过商业银行代理人间接进入经纪人市场，也可以直接同商业银行交易实现干预。此外，美联储还为外国中央银行和国际机构服务，如买卖外汇。这样的操作往往同外国中央银行在其国内市场的操作同时进行，以实现联合干预。

纽约外汇市场的银行与国外银行的外汇交易可以划分为三种类型：①为满足其顾客的需要，代客买卖外汇。②外国商业银行本身为了轧平外汇头寸而做的交易，90%以上的交易是银行间的交易。③纽约联邦储备银行与外国中央银行联合干预外汇市场。这是纽约外汇市场的一大特点，因为各国中央银行和国际机构在纽约联储银行存有数千亿的美元资产，这些资产主要是作为外汇平准基金。

3. 东京外汇市场

东京外汇市场的结构与伦敦、纽约市场相似，也是由银行间市场和银行与顾客之间的零售市场组成，其中银行间市场是该外汇市场的中心。

在交易方式上，东京市场与伦敦、纽约市场相似，利用电话、电报等电信方

---

① 德国马克（DEM）由德意志联邦共和国的中央银行、德意志银行发行；自2002年1月1日起，德国正式启用欧元，德国马克退出了历史舞台。

式完成,属于无形市场。在外汇价格制订上,东京市场类似德、法等大陆式市场,采用"定价"方式,即由主要外汇银行经过讨价还价,确定当日外汇价格,日本银行(Bank of Japan)作为中央银行对外汇价格的形成也有重要影响。

日本外汇市场的快速发展归因于 1964 年日元的自由兑换,日本于 1964 年宣布接受国际货币基金组织第八条款,原则上取消外汇管制,使日本外汇市场交易量与日俱增,现在已成为第三大国际外汇市场。日本外汇市场的监管由中央银行——日本银行以及大藏省共同执行。日本设立"外汇基金特别账户",由中央银行以大藏大臣代理人的身份管理其资金。当汇率大幅度波动并对进出口以及国内经济造成不良影响时,日本银行会择时介入市场进行干预。其干预活动分为国内市场干预和海外市场干预,国内市场干预一般委托外汇经纪行进行;海外市场干预则一般委托当地货币当局进行。在三大国际外汇市场中,东京较伦敦、纽约起步晚,20 世纪 60 年代以前发展较慢;但随着日本金融自由化、国际化进程的加快,其外汇市场也得到相应发展。目前日元不仅是重要的国际储备货币,也是国际外汇市场交易量最大的货币之一。

4. 中国香港特别行政区外汇市场

香港地处中国的南端,交通便利,它历来是东南亚华侨资金的避风港,后来又成为石油美元的流入地。优越的地理时区条件使中国香港外汇市场成为在和伦敦、纽约连续 24 小时接力营业中承上启下的重要环节。

中国香港外汇市场的结构比较特殊,包括两部分:①传统的外汇市场为港币与外币的兑换。外币包括美元、日元、英镑、德国马克(后为欧元)、加元及部分东南亚国家的货币;其中交易额最大的外汇为港元兑美元;中国香港当局为稳定币值,对港币汇率采取有限度、有弹性的干预政策,当汇率波动超过了出口商和消费者所能承受的界限时,就在传统外汇市场上进行干预。②20 世纪 80 年代后发展起来的美元兑换其他货币的外汇市场,称为"海外美元外汇市场",其主要目的是为了满足境外机构和在港外资金融机构对美元的需求。

与伦敦、纽约市场类似,中国香港外汇市场也是无形市场,没有固定的交易场所或正式的组织,是一个由电话、电传等通信工具联结起来的网络。中国香港外汇市场的主要参与者包括持牌商业银行、挂牌财务公司和注册财务公司。在外汇交易中,美资银行最为活跃,欧资银行次之。中国香港实行联系汇率制,在这一制度下,发钞银行(汇丰、渣打、中国银行)若增发港钞须以 1 美元兑 7.8 港元的汇价向外汇基金交纳等值美元,换取港元负债证明书;若将部分港钞从流通领域退出,发钞银行交回负债证明书,外汇基金付给等值美元。这种制度能自动调节港币供应量,使汇率在很小的幅度内波动,从而维持着港币币值的相对稳定。

（二）中国外汇市场的发展情况

与上述国际外汇市场相比，中国的外汇市场是在近30年才逐步发展起来的，经历了从无到有、从小到大、从有形到无形、从简单到复杂的过程。总的来说，中国外汇市场的发展大体上经历了三个阶段。

1. 第一阶段：1979～1993年官方牌价与调剂市场价格并存的时期

1979年以前，中国对外汇收支实行高度集中的指令性计划管理，没有外汇市场的概念。为调动出口企业创汇的积极性和配合外贸体制改革，1979年中国开始改革外汇分配制度，实行外汇留成管理，区别不同情况，适当留给企业一定比例的外汇额度，以解决发展生产、扩大业务所需要的物资进口。实行外汇留成管理后，有些企业有外汇额度而暂时闲置但可能需要人民币资金，而有些企业急需外汇资金但又无外汇额度，客观上产生了调剂外汇额度余缺的需要。为此，1980年10月起，中国银行在北京、上海等地开办外汇调剂业务，允许持有留成外汇的企业将多余的外汇额度转让给缺汇的企业。此后，调剂外汇的对象和范围逐步扩大。1985年末，深圳首先设立了外汇交易所，1988年3月，国家在北京设立了全国外汇调剂中心，各地也纷纷设立了地方外汇调剂中心。同年上海创办了全国首家外汇调剂公开市场，把原来外汇调剂中心的柜台交易改为竞价交易，允许价格浮动，体现了公开化、市场化的原则，提高了透明度。类似的市场在全国陆续建立了18家。至1993年底，全国共建立了108家外汇调剂中心，形成了外汇调剂市场体系，促进了外汇调剂业务的发展。在这一时期，人民币实行官方汇率与外汇调剂市场汇率并存的双重汇率制度，外汇调剂市场的产生和发展促进了反映市场供求状况、具有市场化特征的调剂汇率的形成，为后续的汇率并轨以及市场逐步发挥外汇资源配置的基础性作用奠定了基础。

2. 第二阶段：1994～2005年施行以市场供求为基础的、有管理的浮动汇率制度时期

1993年11月，中共十四届三中全会《关于建立社会主义市场经济体制若干问题的决定》提出，要"改革外汇管理体制，建立以市场供求为基础的、有管理的浮动汇率制度和统一规范的外汇市场，逐步使人民币成为可兑换货币"。从1994年1月1日起，中国开始实行银行结售汇制度，取消了外汇上缴和留成，也一并取消了用汇的指令性计划和审批。境内机构经常项目下的外汇收支可按照市场汇率在外汇指定银行办理兑换，形成了银行与客户之间的零售外汇市场。为解决外汇指定银行对客户办理结售汇业务后相互平补结售汇头寸和中央银行汇率调控的需要，1994年4月，全国统一的银行间外汇市场——中国外汇交易中心在上海成立运行。中心采用会员制，交易双方通过外汇交易系统自主匿名报价，交易

系统按照"价格优先、时间优先"的原则撮合成交和集中清算。以中国外汇交易中心为平台的银行间外汇市场，不同于以往的外汇调剂中心和外汇调剂市场，它通过计算机系统实现全国联网、统一交易，打破了地区分割；它也不同于传统上的国际外汇市场，融合了有形市场（固定交易场所）与无形市场（计算机网络）的特点。1994年外汇市场的初步建立和平稳运行，保障了人民币汇率并轨的顺利实施，为实行以市场供求为基础的、单一的有管理的浮动汇率制度提供了市场基础。2004年中国外汇市场交易量9583亿美元，其中银行零售外汇市场和银行间外汇市场分别为7493亿美元和2090亿美元。

3. 第三阶段：2005年7月至今完善人民币汇率形成机制时期

自2005年7月完善人民币汇率形成机制改革以来，围绕丰富交易品种、扩大市场主体、健全基础设施，中国外汇市场进入了新的更高、更快的发展阶段；中国外汇市场的不断深入发展带来了诸多积极影响，一个统一规范的外汇市场正在逐步形成，具体表现在如下六个方面：

（1）人民币汇率浮动区间不断扩大，人民币汇率形成机制更加市场化。2005年7月21日，人民币开始实行以市场供求为基础、参考一篮子货币进行调节、有管理的浮动汇率制度，此后又分别于2007年5月21日、2012年4月16日、2014年3月17日先后三次将银行间外汇市场人民币兑美元汇率浮动幅度扩大到0.5%、1%、2%；2015年8月11日为增强人民币兑美元汇率中间价的市场化程度和基准性，中国人民银行决定完善人民币兑美元汇率中间价报价，当天人民币兑美元汇率中间价一次性贬值2%，此后三个交易日累计下跌4.66%。人民币汇率浮动区间不断扩大，汇率弹性逐步增强，汇率对促进国际收支基本平衡的调节作用日益明显。

（2）中国外汇市场的市场主体不断扩大，构建起多元化的市场主体层次。2005年汇改以来，银行间外汇市场开始打破原先单一银行的参与者结构，除继续扩大了银行类市场主体外，允许符合条件的境内非银行金融机构和境外人民币清算行入市交易，还有更多的境外金融机构在跨境贸易人民币结算业务项下与境内银行开展场外外汇交易。中国的外汇市场已不再是一个完全封闭的市场。2013年中国外汇市场交易量11.2万亿美元，较2004年增长10.7倍，其与国内生产总值（GDP）之比由2004年的49.6%上升至122.5%，其中，银行柜台市场和银行间市场分别成交3.72万亿美元和7.53万亿美元，较2004年分别增长4倍和35倍；衍生产品交易量占比由2004年的1.8%增长至2013年的37%。

（3）交易品种日渐丰富，满足了多样化汇率避险保值需求。2005年汇改以来，外汇市场产品创新的步伐明显加快，在原先仅有即期交易和部分银行试点的远期结售汇业务基础上，扩大远期交易并推出外汇掉期、货币掉期、期权交易，基本形成了与国际市场一致的基础产品体系。目前，我国外汇市场已推出的外汇交易产品包括即期、远期、外汇掉期、货币掉期和期权交易等。同时，为降低跨境贸易和投资的汇兑成本，银行间外汇市场从原先4种交易货币逐步扩大至10种发达国家和新兴市场经济体货币，银行柜台外汇市场的挂牌货币超过20种，并且从2012年开始，鼓励人民币对部分非美元货币直接报价，减少美元套算。

（4）外汇储备规模不断增大与投资经营多元化。中共十四届三中全会开启了外汇管理体制改革大幕，外汇储备进入了由中国人民银行集中经营管理的新历史阶段。截至2014年9月末，中国外汇储备规模从500多亿美元增至3.8万亿美元，连续8年位居世界第一；1994~2004年，中国外汇储备规模累计增长了180倍，年均增速达30%。目前，外汇储备投资横跨国家和地区70多个，包括30多种货币，50多种资产种类，6000多家投资对象，并且利用不同货币和资产的此消彼长，降低经营风险，实现动态平衡①。

（5）积极推动建立规范、有效、多样的个人本外币兑换市场。国际上，个人本外币兑换市场一般由银行网点、外币代兑机构和特许外币兑换商组成，针对不同客户人群和客户特点构成多层次的服务体系。继2003年10月规范非金融企业与银行合作外币代兑业务后，2008年8月在北京、上海两地试点开展了非金融企业经营个人本外币兑换特许业务，并在此后逐步扩大了试点范围。

（6）健全了基础设施，保障了外汇市场的健康发展。①丰富了交易模式。2005年以来，交易模式也更加多样化，逐步形成了集中竞价和双边询价并存、电子交易与声讯经纪互补的多种交易模式。1994年银行间外汇市场建立之初，采用的是电子集中竞价（撮合）的单一交易模式，而2006年1月，银行间外汇市场则实现了电子双边询价（OTC）交易模式，并建立起做市商制度；2008年10月，又引入货币经纪公司开展声讯经纪。至此中国形成了涵盖国际外汇市场主要交易模式的多样化格局，增强了外汇交易的自主性和灵活性。②夯实了清算机制。标准化场外衍生产品交易纳入中央对手方清算机制是2008年国际金融危机后全球金融监管改革的动向之一②。2009年6月，银行间外汇市场即期询价交易在部分做市商银行试点集中净额清算业务；2011年7月，清算产品又扩大至远期和外汇掉期交易。这对于降低外汇交易清算风险、促进外汇衍生产品市场发展发挥了积极作用。③发布了外汇衍生产品主协议。为适应外汇衍生产品市场的发展需要，2007年8月，中国外汇交易中心发布国内首个《全国银行间外汇市场

---

① 外汇局中央外汇业务中心．探索有中国特色的外汇储备经营管理之路［J］．中国外汇，2014（23）．

② 中央对手方清算机制（Central Counterparty Clearing）是指清算机构自身介入已经达成的交易，成为卖方的买方和买方的卖方，并担保已达成交易履约的处理过程。

人民币外汇衍生产品主协议》(CFETS 主协议),后于 2009 年 3 月,将其与中国银行间市场交易商协会 2007 年 10 月发布的衍生产品主协议合并为《中国银行间市场金融衍生产品交易主协议》(NAFMII 主协议)。④交易报告库建设初具雏形。将场外衍生产品交易报送给交易报告库(Trade Repository)——集中收集、存管以及发布 OTC 衍生产品交易记录的电子数据库——当前全球金融监管改革的动向之一。2005 年汇改后,中国在推动交易平台多元化的同时,加强了交易信息的全覆盖采集和集中管理,银行间外汇市场形成了较完备的交易报告制度;同时,银行柜台外汇市场建立了覆盖全部交易产品的数据采集体系,完善了外汇市场供求和银行外汇敞口的监测,并且定期对外公布,以增加市场透明度。

(三) 中国外汇市场发展存在的问题

然而,与国外成熟外汇市场相比,中国外汇市场发展尚存诸多不足。单从整个市场的交易量来看,从 BIS 提供的数据可知(见表 1-1),中国 2013 年日均交易量位 440 亿美元,仅占全球 0.7%,相较于美国(占 40.9%)、日本(占 5.6%),中国在全球外汇市场日均交易量中占比仍然较小。国际清算银行(BIS)每隔三年会对大多数世界发达国家和新兴市场经济国家当年 4 月份外汇市场进行调查,能覆盖全球 90% 以上的外汇交易,因此调查结果非常权威,常被业界与学界广泛引用。

表 1-1　各国外汇市场 2007~2013 年 4 月日均成交量

	2007 年		2010 年		2013 年	
	交易量(10 亿美元)	占比(%)	交易量(10 亿美元)	占比(%)	交易量(10 亿美元)	占比(%)
中国	9	0.2	20	0.4	44	0.7
美国	1483	34.6	1854	36.8	2726	40.9
日本	250	5.8	312	6.2	374	5.6

资料来源:国际清算银行。

这种有限的市场规模反映出中国外汇市场发展依然面临诸多挑战,具体包括:

1. 交易机制方面

一是实需交易抑制市场供求多样化。国内外汇市场具有的实需交易特征,表明现阶段外汇交易主要定位于汇率的计价和媒介职能,未确立汇率的资产属性;而国际外汇市场供求类型更加多元化,且有相当比例的投资或投机性交易。二是银行柜台外汇衍生产品市场缺失必要的交易机制。从 1997 年试点远期结售汇业务至今，实需交易原则始终贯穿银行柜台外汇衍生产品市场发展，除了将衍生产品与即期结售汇等同管理外，主要表现为限制反向平仓和差额交割，出发点是控制衍生产品脱离实需背景而变异为投机交易，但同时也对正常合理的套期保值需求及衍生产品创新构成了一定制约。

2. 市场主体类型

1994年至今，中国外汇市场基本延续企业和个人在银行办理结售汇业务、银行之间平盘结售汇头寸并开展自营交易的格局。2013年，非银行金融机构的市场份额仅为1.4%，银行间外汇市场也仅有财务公司一类非银行金融机构参与。非银行金融机构以境内人民币业务为主，除少量的外汇IPO结汇外，资本项目管理政策可以容纳的外汇交易需求较少。

3. 对外开放程度

跨境人民币业务发展以来，境外金融机构可以有限度地直接参与境内外汇市场，而境内金融机构基本不能直接参与境外人民币市场。这种境内外市场的分割状态存在以下弊端：一是不利于促进人民币汇率的价格发现。境内外汇市场半封闭性与人民币持续"走出去"之间的反差，制约了境内市场供求的全面性、充分性和多样性，影响了人民币汇率形成。二是不利于促进形成全球人民币市场。境内银行间外汇市场每日交易时段为9：30～16：30，因此无法满足在非交易时段参与境外人民币市场的需求。

上述问题对于外汇市场的影响直接表现为市场深度不足。正因为如此，由国际清算银行（BIS）数据显示，目前全球外汇市场人民币日均交易量1200亿美元，人民币境外市场是境内市场的1.9倍，境内外市场的衍生产品交易活跃度存在较大差距。

（四）进一步完善中国外汇市场的发展思路

面对上述挑战，为深化中国外汇市场的改革，促进中国外汇市场的健康发展，我们有必要采取措施实现重大突破。由于中国利率市场化还未完成，外汇市场受到政府干预依然较大。中共十八届三中全会《关于全面深化改革若干重大问题的决定》提出，"建设统一开放、竞争有序的市场体系，是使市场在资源配置中起决定性作用的基础"。这为新时期深化外汇市场发展指明了方向。从历次汇改的经验看，改革既对外汇市场发展提出了要求，同时也为发展创造了条件。应抓住人民币汇率双向波动的有利时机，坚定不移地推动外汇市场实现突破性发展。具体包括：

1. 放松交易限制，丰富外汇交易工具

完善实需管理并逐步放松交易限制，放开反向平仓、差额交割等交易机制，丰富外汇衍生产品的套期保值功能，从基于现金流管理的单一功能扩大到基于资产负债管理的多样功能。增加期权产品类型，并研究推出外汇期货，以更好地满足各类经济主体的多样化交易需求。

2. 增加交易主体，扩大外汇市场开放

引导不同需求的机构有序进入银行间外汇市场，支持个人适度参与衍生产品、汇率ETF等外汇交易。充分利用上海自贸区进行先行先试，允许符合条件的境内和境外金融机构有序、双向参与离岸和在岸人民币外汇市场，促进形成全球人民币市场。

3. 完善基础设施，保障市场有效运行

统筹银行间外汇市场竞价与询价交易模式，以及声讯经纪与电子交易平台的协调发展，建立分层、包容性的交易平台。发展电子交易确认业务，实现交易直通式处理，扩大银行间外汇市场集中净额清算产品类型和参与银行，逐步引入中央对手方清算业务。

4. 转变监管方式，增强市场创新能力

继续简化外汇市场准入管理，将监管资源更多集中至市场基础设施建设和风险风控。规范外汇市场职业操守，增强市场自律管理。强化银行对客户开展外汇交易的"了解客户"、"了解业务"和"尽职审查"原则，把防风险的监管关口前移和内化至银行内控管理。建立健全集中化和全覆盖的外汇市场交易报告库制度，构建外汇市场压力预警指标体系，加强市场监测。

5. 推进汇率改革，增强市场发展动力

完善人民币汇率市场化形成机制，增强市场汇率双向浮动弹性，提高人民币产品的风险溢价，防止形成单边投机，抑制跨境资本无序流动，提高国内外两种资源的配置效率，促进国际收支基本平衡。

总而言之，随着人民币汇率形成机制改革的不断推进，中国的外汇市场渐进地向市场化方向发展，取得了显著成绩，外汇市场的规模不断扩大，交易品种不断丰富，市场交易主体不断增多，人民币汇率波动的弹性增强。不断完善的外汇市场又进一步推动人民币汇率形成机制的健全，在价格发现、风险防范等方面发挥着越来越重要的作用。

第二章 人民币汇率形成机制与汇率波动影响因素

一、引言

一国的汇率制度（Exchange Rate Regime），指该国货币当局对其本国货币的汇率水平确定、维持、调整、汇率浮动方式等所做的系统安排或规定。汇率制度大体可以划分为固定汇率制度（Fixed Exchange Rate Regime）、浮动汇率制度（Floating Exchange Rate Regime）和有管理的浮动汇率制度（Managed Floating Exchange Rate Regime）三大类。其中固定汇率和浮动汇率是汇率制度的两种极端形式，有管理的浮动汇率制度则介于两者之间。目前国际社会比较公认的观点是，既没有适用于全世界所有国家的单一汇率制度，也没有对各国任何时期都适用的一成不变的汇率制度。事实上各国汇率制度的选择是多种多样且不断变化的。由第一章中国外汇市场的发展历程可知，自 1979 年以来，中国进入了经济体制改革的转轨时期，也同时拉开了人民币汇率制度改革的序幕，人民币汇率制度经历了四次重大变革，由改革前的人民币内部结算价与官方牌价并存的双重汇率时期、官方牌价与调剂市场价格并存汇率时期、单一汇价与有管理的浮动汇率时期、以市场供求为基础参考一篮子货币的浮动汇率时期（刘晓宏，2009）。在整个汇率制度改革过程中，人民币币值经历了由超稳定到快速升值再到回归稳定，又到汇率恢复双向波动的过程。本章将深入剖析人民币汇率形成机制，即人民币汇率制度的选择及其演进历程以及人民币汇率波动的主要影响因素。

二、人民币汇率形成机制的演进历程

人民币汇率形成机制，即人民币汇率制度的选择，对构建中国金融体系至关重要，是中国金融体系改革的重要组成部分，其深刻地影响着人民币的国际化进程、中国金融市场的发达程度以及货币政策的调整空间。表2-1总结了人民币汇率形成机制的演进过程。

表2-1 人民币汇率形成机制的演进时间表

时间		汇率制度	背景	特点
1981~1984年	双轨制	官方汇率与内部贸易结算汇率共存	抑制进口、鼓励出口	人民币存在贬值压力；计划经济色彩
1985~1993年		官方汇价和外汇调剂市场汇价共存	人民币贬值压力大、进口企业外汇缺口大	供求关系对汇率价格影响加大；人民币汇率进一步贬值
1994~1996年	单一汇价和有管理的浮动	汇率并轨和有管理的浮动汇率	双轨制下市场混乱；人民币贬值压力依然存在	人民币汇率并轨，人民币兑美元贬值30%以上；经常项目开始盈余，外汇储备快速增长，人民币经常项目实现自由可兑换
1997~2005年7月		事实上盯住美元	东南亚金融危机的冲击	人民币长期盯住美元、缺乏弹性；人民币汇率由存在贬值压力转变为存在升值压力
2005年7月~2008年7月	参考一篮子货币的浮动汇率	开始实行以市场供给为基础，参考一篮子货币，有管理的浮动汇率制度	人民币汇率弹性长期缺失造成国际收支失衡、资源配置扭曲、经济增长方式不可持续	人民币汇率形成机制的市场化程度加深，汇改当日人民币兑美元小幅升值；人民币汇率持续升值的单边预期，人民币仍然存在一定的升值压力
2008年8月~2010年6月		冻结有管理的浮动汇率制度、维持汇率稳定	美国次贷危机全面爆发，美国海外投资资金回流，东南亚国家出口下降，人民币面临贬值压力	中国在巨大的压力下维持了汇率的稳定，保证了恶劣形势下的宏观经济稳定
2010年6月至今	汇改重启	参考一篮子货币的汇改重新启动	欧债危机出现，中国贸易顺差规模得到控制、国际资本大量流入美国	人民币汇率没有重估；市场上没有人民币升值的强烈预期；加强汇率变化弹性

资料来源：中国各政府部门网站，国研网金融研究部数据整理。

从表2-1可知，尤其是在2005年7月以后，人民币汇率总体呈现单边升值走势，人民币汇率的浮动区间逐步加大，人民币汇率先从单边升值走势逐渐呈现出有涨有跌的双向波动，汇率弹性进一步增强。

首先，从总体看，人民币双边和多边汇率持续走强。根据中国国家外汇管理局统计显示，从2005年7月至2015年4月底，人民币兑美元汇率中间价累计升值25.57%，人民币兑欧元汇率中间价累计升值33.18%，人民币兑日元汇率中间价累计升值30.3%，10年间人民币兑三大国际货币的汇率走势如图2-1、图2-2和图2-3所示。从人民币兑美元汇率来看，在2005年7月至2008年7月期间，人民币兑美元汇率持续攀升，升幅累计达到17%；2008年8月至2010年6月期间，受美国次贷危机影响，人民币汇率再度盯住美元，几乎没有任何升值；2010年7月至2014年1月，随着央行重启人民币汇率形成机制改革，人民币兑美元汇率继续持续攀升，升幅累计达10%；从2014年2月至今，人民币兑美元汇率呈现出先微跌再微升的态势，中间价基本上稳定在6.10~6.20。根据国际清算银行编制的人民币名义有效汇率（NEER）和实际有效汇率指数（REER）数据可知，从2005年7月至2015年4月底，人民币的NEER和REER分别累计升值了43%和52.6%。其中，2008年9月国际金融危机爆发以来，名义有效汇率和实际有效汇率指数分别升值了32%和27%（见图2-4）。

其次，在此期间人民币汇率先是呈现单边升值走势，再逐渐呈现双向震荡的趋势。2005年汇改以来，人民币汇率总体呈现单边升值走势；2011年底起，受内外部不确定、不稳定因素的影响，人民币汇率开始呈现有涨有跌的双向波动；2012年第四季度起，随着内外部市场环境回暖，资本大量回流，人民币汇率又呈现新一轮单边升值走势，2014年初最高交易价一度升至6.04元兑1美元。从人民币与三大国际货币的双边汇率来看，人民币兑美元的汇率波动较平稳，人民币兑欧元、日元的汇率则体现出更强的波动性（见图2-1、图2-2和图2-3）。

与此同时，人民币汇率的浮动区间也不断加大，汇率弹性进一步增强。具体而言，在2005年7月21日汇改之初，银行间市场人民币兑美元汇率日间有管理的波幅为中间价的上下0.3%；在2007年5月21日，波幅扩大到上下0.5%；在2012年4月16日，进一步扩大到上下1%；2014年3月17日扩大至上下2%；2011年11月底12月初，银行间市场人民币对美元交易价一度多次触及日间汇率波幅上限；进入2014年2月，特别是3月中旬人民币汇率日间波幅进一步扩大至2%以后，人民币汇率开始维持有升有贬的振荡走势，汇率弹性进一步增强。目前人民币汇率开始显著表现为双向波动的特征，这在一定程度削弱了货币的投机需求，为人民币汇率市场化的进程奠定了良好基础。

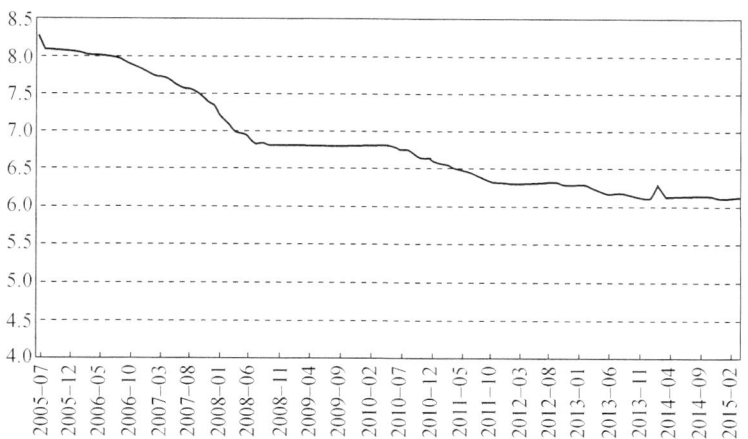

图2-1 2005年7月~2015年2月人民币兑美元汇率

资料来源：中国人民银行。

图2-2 2005年7月~2015年3月人民币兑欧元汇率

资料来源：中国人民银行。

图 2-3　2005 年 7 月~2015 年 2 月人民币兑百日元汇率

资料来源：中国人民银行。

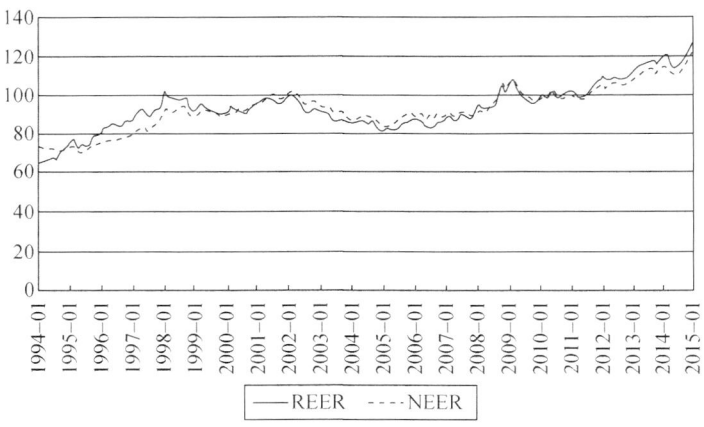

图 2-4　1994~2015 年 1 月人民币名义有效汇率及实际有效汇率走势

资料来源：国际清算银行。

三、人民币汇率波动的主要影响因素

汇率的决定是一个极其复杂的问题。不少西方学者从各种不同角度进行分析，形成了多种学说，如国际借贷（或国际收支）学说、购买力评价学说、货币分析说、金融资产说等。一般而言，影响汇率的因素如下：

（一）国际收支状况

如果我们发现一国的国际收支呈现顺差，那么对顺差国货币的需求应该会比较旺盛，企业将会占有更多的资本，而汇率也会表现为上升的趋势；而如果我们发现国际收支呈现逆差，那么当然就意味着该国需要用更多的外汇来用到国际支付中去，这样就会减少对本币的需求，而这个国家的货币汇率则会表现为下降。

（二）利率

利率的含义指的是资金借贷的价格，而汇率则指的是相对价格（对象是不同币种间）。两者较容易混淆，从某种程度上来讲本币的对内价格就是利率，本币的对外价格当然就是汇率。不过两者既有区别又有联系，如汇率能够间接地被利率影响，原因主要是通过不同国家利率之间的差异造成。因为有机会套利，所以资金会从低利率国家向高利率国家流动，其结果就是高利率国家的货币会升值，相应的低利率国家货币就会贬值。不过如果高利率国家的资金比较充裕，那么利率就会下降，这种套利机会就会相应减少。

（三）经济增长速度

通常如果一国的汇率升值，那么可以判断该国经济应该能够持续稳定地增长，表现形式为商品丰富、货币坚挺。而反之，该国的汇率会贬值。

（四）通货膨胀

通常发现一国的单位货币购买力下降，就可以判断出该国的物价指数在升高，根据购买力平价原则，单位货币能购买到的商品数量就会减少，而能兑换到的外汇数额也会减少，结果就是该国货币贬值；相反，通货紧缩之后的连锁反应就是单位货币能购买到的商品会增多，能兑换到的外汇数额也会增加，结果就是该国货币升值。

中国学者也对人民币汇率变动的影响因素进行了一系列实证研究。左相国和唐彬文（2008）阐述人民币汇率的影响因素，包括中国的经济发展状况、国际收支、利率、通货膨胀率，同时分析了它们之间的相关性。张玉芹等（2008）认为，人民币实际汇率变动影响最大的三个变量是生产力差异因素、经济开放度和国际石油价格冲击，中国经济相对高速增长对实际汇率的变动起到了非常重要的作用。徐建炜和杨盼盼（2011）发现，可贸易品偏离一价定律因素可以解释实际汇率波动的60%~80%，而可贸易品与不可贸易品之间的相对价格波动只能解释实际汇率波动的20%~40%。高铁梅等（2013）研究发现，利率、货币供应量、实际收入、央行的外汇干预都会对汇率波动产生显著性的影响。

总而言之，本章重点分析了人民币汇率形成机制及其演进以及人民币汇率波动的影响因素。在整个汇率制度改革的过程中，人民币币值经历了由超稳定到快速升值再到回归稳定，又到汇率恢复双向波动的过程。而人民币汇率波动也受到了诸多宏观因素的影响。这些分析都为接下来的人民币汇率波动率研究以及进出口企业的外汇风险暴露测量研究提供了重要的宏观背景。

第三章 人民币汇率波动特征与波动率预测模型

一、引言

为了深入而准确地研究企业所面临的外汇风险情况，探索汇率波动对企业价值的影响，我们需要了解人民币汇率的波动特征，掌握如何准确地预测人民币汇率波动率的研究方法。本章主要从三个方面展开对人民币汇率波动率的研究。首先通过实证研究，发现人民币兑美元汇率的波动体现出尖峰厚尾、有偏性及长记忆等重要特征。人民币兑美元汇率具有波动长记忆的特征意味该外汇市场的市场风险具有可预测性，这一点对外汇风险管理而言至关重要。因此寻找能刻画波动率的模型成为关键所在。其次介绍了当前学术界比较流行的汇率波动率预测模型、尾部残差估计方法、回测检验方法，具体包括GARCH族模型、过滤历史模拟法（FHS）技术和极值理论（EVT）技术，在此基础上，根据人民币汇率波动特征提出了预测方法。最后通过实证比较各种人民币汇率波动率预测模型，找出比较合适的人民币汇率风险预测模型。

二、人民币汇率的波动特征分析

自1994年以来，中国实行几种不同的外汇管理制度，从而在不同时间阶段呈现不同的波动特征。

表 3 - 1　不同阶段下人民币汇率制度及相应波动特征

时间阶段	人民币汇率制度及相应波动特征
1994 年～2005 年 6 月	制度：有管理的汇率制度，人民币盯住美元 特点：较窄范围内浮动，波幅不超过 120 个基本点
2005 年 7 月～2008 年 6 月（第一次汇率改革）	制度：浮动汇率制度，参考一篮子货币 特点：日均波动区间由 3‰ 上调至 5‰
2008 年 7 月～2010 年 6 月	制度：人民币盯住美元制度 特点：全球需求萎缩，中国贸易顺差剧减
2010 年 6 月至今（第二次汇率改革）	制度：浮动汇率制度，参考一篮子货币 特点：人民币对主要货币日均波幅 5‰

从表 3 - 1 可知，在中国外汇制度管理上美元占据了极为重要的位置，加上美元作为全球结算货币的重要性，下面主要以人民币兑美元汇率作为人民币汇率波动的实证研究对象。

（一）人民币兑美元汇率的尖峰厚尾特征与有偏性

图 3 - 1 给出了自 2000 年以来人民币兑美元汇率的对数收益率波动情况。

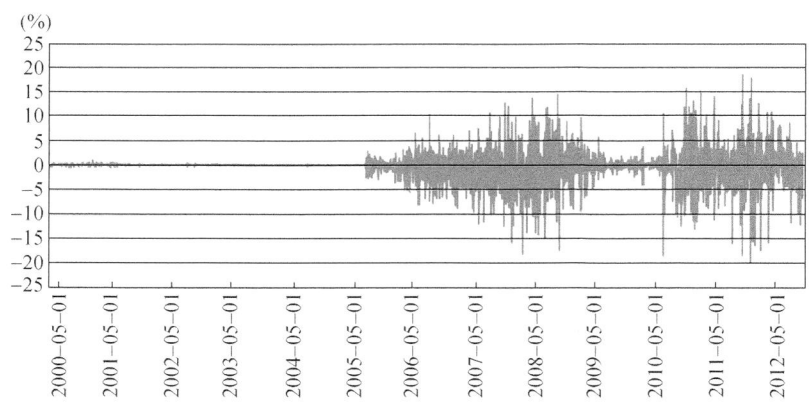

图 3 - 1　人民币兑美元汇率对数收益率

由图 3 - 1 来看，在 2005 年 7 月、2008 年 6 月和 2010 年 6 月这三个点存在较明显的分割状态，这是由于 2005 年 7 月至 2008 年 6 月、2010 年 6 月至今的这两个时间段我国外汇制度实行的是浮动汇率制度，从而波动幅度较明显。为了对市场波动有初步的判断，表 3 - 2 给出了上述几个时间段的市场特征统计情况。

表 3-2 汇率基本统计特征

	2000年~2005年7月	2005年7月~2008年6月	2008年6月~2010年6月	2010年6月至今
均值	-0.00001	-0.01	-0.002	-0.0055
标准差	0.001366	0.04	0.032	0.05
偏度	0.39	-0.37	-0.303	-0.093
峰度	8.57	5.01	8.33	5.04
J-B值	1549.01 (0.00)	142.38 (0.00)	611.6 (0.00)	105 (0.00)
ADF	-16.55 (0.00)	-27.332 (0.00)	-19.74 (0.00)	26.98 (0.00)
Q(4)	74.213 (0.00)	7.41 (0.116)	25.394 (0.00)	10.51 (0.09)
Q(8)	87.632 (0.00)	8.68 (0.37)	35.556 (0.00)	18.596 (0.017)
Q(12)	89.283 (0.00)	15.776 (0.25)	44.74 (0.00)	20.28 (0.062)
ARCH-LM(1)	81.190 (0.00)	29.31 (0.00)	28.1565 (0.00)	8.738 (0.0032)
ARCH-LM(4)	23.722 (0.00)	11.44 (0.00)	28.73 (0.00)	7.381 (0.00)

从表3-2的统计结果可知，四个时间段的数据满足平稳要求，均存在系数自相关性和ARCH效应，且存在明显的尖峰厚尾特征和有偏性。此外，2005年7月至2008年6月，2010年6月至今这两个时间段的标准差较大，波动幅度也相应较大，这可从数据序列图3-1看出。

（二）人民币汇率波动率长记忆性

1. 长记忆性定义

由于自相关函数衰减缓慢意味着一个随即冲击在之后较长的时间内均能造成影响，因此以往序列长记忆性特征的研究基本都是从自相关函数呈双曲线趋势衰减入手。已有的研究多是从不同角度对序列长记忆性特征进行定义，主要集中在时域和频域两个领域。

在时域方面，其定义比较直接，存在长记忆性特征的序列其自相关函数往往

呈双曲线缓慢衰减趋势,定义如下:

定义1:假设数据序列 $\{X_i, i = 1, 2, \cdots, N\}$ 服从一平稳过程,若其自相关函数 ρ_i 在 $k \to \infty$ 时满足:

$$\rho_k = \mathrm{cov}(x_t, x_{t-k}) \sim A_1(k) k^{2H-2}, H \in (0.5, 1) \tag{3-1}$$

式中,$A_1(x)$ 在无穷远处变化缓慢,且有:

$$\frac{A_1(t\gamma)}{A_1(t)} \to 1, (\forall \gamma > 0, t \to \infty) \tag{3-2}$$

则称 $\{X_i\}$ 具有长记忆性特征。

很明显,定义1是从自相关函数滞后阶记忆性的角度进行描述,因此对样本量有一定的要求,若样本量较小,利用该定义进行判断将遇到阻碍。

在频域方面,主要是利用谱密度函数 $\psi(x)$ 来刻画序列自相关函数双曲线趋势衰减特征,具体定义如下:

定义2:假设服从平稳过程的数据序列 $\{X_i, i = 1, 2, \cdots, N\}$,若其谱密度函数 $\psi(x)$ 在 $x \to 0$ 时满足:$\psi(x) = \frac{1}{2\pi} \sum_{k=-\infty}^{\infty} \alpha_k \cos(kx) \sim A_2(x) x^{1-2H}, H \in (0.5, 1)$ \tag{3-3}

式中,$A_2(x)$ 在0点附近变化缓慢,且有:

$$\frac{A_2(t\gamma)}{A_2(t)} \to 1, (\forall \gamma > 0, t \to 0) \tag{3-4}$$

则称 $\{X_i\}$ 具有长记忆性特征。

一般来说,长记忆参数具有如下性质:

当 $d \in (-0.5, 0)$,自相关函数呈符号逐次变化的缓慢衰减,为反持续过程。

当 $d \in (0, 0.5)$,自相关函数缓慢衰减,为长记忆过程。

当 $d \in (0.5, 1)$,随机过程不平稳,但仍具有均值回复特性。

当 $d \in (1, +\infty)$,随机过程不平稳也不具有均值回复特性。

2. 长记忆性参数估计方法介绍

说到长记忆特征,必然避免不了其存在性的检验。目前长记忆参数估计方法已发展成熟,在诸多学者的努力下已经构造了多类检验方法,且各有优劣性。总体上,长记忆参数的估计和检验方法主要可以分为三类:一是非参数估计方法和检验方法;二是参数估计方法和检验方法;三是半参数估计方法和检验方法。下面介绍这几种常用估计方法。

(1)非参数方法。

1)R/S方法。R/S是估计长记忆参数的经典方法,最早是Hurst(1951)为了探讨潮汐水文时序数据而提出的,目前已被广泛应用于金融时间序列数据的长

记忆性特征判断方面的研究,其原理如下:

假设有一时间序列数据$\{X_i, i=1, 2, \cdots, N\}$,将其划分成 L 个长度为 $[N/L]$ 的等长区间,记为 $K_{(i)}$, $i=1, 2, \cdots, L$,$K_{(i)} = \{X_{L \cdot (i-1)+1}, X_{L \cdot (i-1)+2}, \cdots, X_{L \cdot i}\}$,均值记为 $\overline{K}_{(i)}$,则子区间 $K_{(i)}$ 的累计离差为 $\hat{X}_i = \sum_{j=1}^{[N/L]}(x_{L \cdot (L-1)+j} - \overline{X}_i)$,从而 L 个区间我们可以得到 L 个累计离差,因而序列 $K_{(i)}$, $i=1, 2, \cdots, L$ 的组内极差 $R_{(i)}$ 可表示为:$R_{(i)} = \max(\hat{X}_i) - \min(\hat{X}_i)$,重标极差为 $(R/S)_{[N/L]} = \frac{1}{L}\sum_{i=1}^{L} R_{(i)}/S_{(i)}$,其中 $S_{(i)}$ 表示区间 i 内数据的标准差。对不同的区间划分,存在以下关系:$(R/S)_{[N/L]} = k \cdot [N/L]^H$,$H$ 即为长记忆性参数(或 Hurst 指数),k 为常数。记 $Y = [N/L]$,将公式两边对数化得到 $\log(R/S)_Y = \log(k) + H \cdot \log Y$,通过 OLS 估计便可得到 H 的估计值。

2)修正 R/S 方法。为了解决 R/S 方法由于序列相关造成的不稳健问题,Lo(1991)在 R/S 的基础上引入了短期相关项,提出了修正的 R/S 分析方法(MR/S),不同于 R/S 对 $S_{(i)}$ 的定义,该方法记为:

$$\begin{aligned}\sigma_{(q,i)}^2 &= \frac{1}{m}\sum_{j=1}^{m}(x_j - \overline{x})^2 + \frac{2}{m}\sum_{j=1}^{q}\varphi_j(q)\left[\sum_{i=j+1}^{m}(x_j - \overline{x})(x_{i-j} - \overline{x})\right] \\ &= \hat{\sigma}^2 + 2\sum_{j=1}^{q}\varphi_j(q)\omega_j \end{aligned} \quad (3-5)$$

且:

$$Q_{(i)} = \frac{R_{(i)}}{\sigma_{(i)}} = \frac{\max(\hat{X}_i) - \min(\hat{X}_i)}{\sigma_{(i)}} \quad (3-6)$$

式中:

$\varphi_j(q) = 1 - \frac{j}{q+1}$,$q < m$,$\omega_j$ 与 $\hat{\sigma}^2$ 表示序列 $\{X_i, i=1, 2, \cdots, N\}$ 的样本协方差与样本方差。

3)V/S 方法(重标方差法)。尽管 Lo 提出的修正 R/S 从一定程度上有所改善,但该方法也只局限于滞后一阶的时间序列数据,且对于统一的标准选取尚缺有效的讨论;因此,Giraitis(2003)等提出了 V/S 分析法,不同于 MR/S 方法的对经典 R/S 的 $S_{(i)}$ 修正,V/S 方法对 R/S 方法的极差进行改进,提出使用序列累计利差的方差进行分析能取得更好的效果,并在理论探讨和实证研究层面说明了该方法的有效性和稳健性。

V/S 方法的统计量定义为:

$$(V/S)_N = \frac{1}{M}\sum_{j=1}^{M}\frac{1}{NS_j^2}\left[\sum_{k=1}^{N}\sum_{i=1}^{L}(x_{L \cdot (j-1)+k} - \overline{x}_j)\right] \quad (3-7)$$

$$(V/S)_N = kN^{2H} \quad (3-8)$$

式中 S_j^2 为第 j 个区间方差,$x_{L \cdot (j-1)+k}$ 为第 j 个区间第 k 个值,$\overline{x}_j$ 为第 j 个区

间均值。

4）DFA 方法。DFA（Detrended Fluctuation Analysis）也称降趋势脉动分析，是由 Peng 等（1994）受 DFA 核苷酸组织启发提出的，该方法拓展了传统的方差分析方法，使得在发现局部相关性和局部趋势方面有更优的性能，从而成为目前研究金融时间序列长记忆性指数的常用方法之一。其原理如下：

首先，假设有一时间序列数据 $\{X_i, i=1,2,\cdots,N\}$，构造新的时间序列数据：

$$y(t) = \sum_{i=1}^{t}[x(i) - \overline{x}], t = 1,2,\cdots,N, \overline{x} \text{ 表示序列均值}。 \quad (3-9)$$

将序列数据 $\{y(t), i=1,2,\cdots,N\}$ 平均分成 L 份长度为 $[N/L]$ 的区间，记为 $K = [N/L]$，表示窗口长度，中括号表示向上取整，若 $[N/L]$ 不为整数，可从序列末端往回重复分割得到两个等长区间。令：

$$Y_k(t) = \{y(t) \mid (k-1)L \leq k \leq kL\} \quad (3-10)$$

其次，对每个窗口 $Y_k(t)$ 数据利用最小二乘法做多项式函数 $g(t)$ 拟合，其中 $g(t)$ 的选择与我们想去阶的层次有关。

再次，获得每个窗口多项式 $g(t)$ 拟合后的残差序列的方差：

$$[W_k(t)]^2 = \frac{1}{t}\sum_{j=1}^{K}[Y_j(t) - g(t)]^2 \quad (3-11)$$

计算降趋势后的残差序列的均方根：

$$W(L)^2 = \frac{1}{K}\sum_{k=1}^{K}W_k(L)^2 \quad (3-12)$$

最后，当时间序列数据 $\{X_i, i=1,2,\cdots,N\}$ 具有仿射结构和长记忆特征时，$W(L)^2 = L^H$（H 表示 Hurst 值），通过设置不同的窗口长度 L，我们可以得到一组数据，从而利用最小二乘法我们可得到 H 值。

（2）参数方法。Barllie 等（1996）为了刻画具有长记忆性特征的波动模型，构建了分整 GARCH 模型（FIGARCH），该模型如下：

$$\begin{cases} y_t = \mu_t + \varepsilon_t \\ \phi(L)(1-L)^d \varepsilon_t^2 = \omega + [1+\psi(L)]\xi_t \end{cases} \quad (3-13)$$

式中：

$\varepsilon_t = \sigma_t z_t$，$E_{t-1}(z_t) = 0$，$VAR_{t-1}(z_t) = 1$，$d \in [0,1]$，$\phi(L) = 1 - \alpha_1 L - \alpha_2 L^2 - \cdots - \alpha_p L^p$，$\psi(L) = 1 - \beta_1 L - \beta_2 L^2 - \cdots - \beta_q L^q$

$\phi(L)$ 和 $1-\psi(L)$ 所有特征根都在单位圆外。利用 Sowell（1992）提出的精确极大似然法，可得到，若 $\{y_t\}$ 为平稳高斯过程，则其对数似然函数表示为：

$$L(\theta) = -\frac{n}{2}\ln(2\pi) - \ln\left|\sum\right|/2 - y'\sum\nolimits^{-1}y/2 \quad (3-14)$$

通过极大化 $L(\theta)$,可得到参数向量 $\theta = (d, \alpha_1, \alpha_2, \cdots, \alpha_p, \beta_1, \beta_2, \cdots, \beta_q)$ 的估计。其中 $\sum$ 为原序列的协方差矩阵。由此我们可得到长记忆参数值。

(3) 半参数分析方法。半参数方法结合参数方法和非参数方法进行参数估计,因此它拥有两种优点同时也存在各自的不足。研究长记忆性特征的常用半参数方法有 CPH 方法和 LW 方法。

1) CPH 分析方法。也称对数周期图法(Log – periodogram Regression),是由 Geweke 和 Portert – Hidak(1983)基于 FND 过程提出的一种诊断时序数据长记忆性特征的半参数方法,糅合了参数方法和非参数方法的优点,既能降低数据序列的尾部分布要求,同时又能提高参数估计值的稳健性能。其原理是通过谱估计方法获得长记忆参数估计值,具体如下:

对于时间序列数据 $\{X_i, i = 1, 2, \cdots, N\}$,假设其满足以下分数差分自回归滑动平均模型 ARFIMA(p, d, q):

$$\phi(L)(1-L)^d x_t = \psi(L)\xi_t, \quad \xi_t \sim iid(0, \sigma_\xi^2) \tag{3-15}$$

$\{X_i, i = 1, 2, \cdots, N\}$ 在频率为 v 处的周期图可表示为:

$$I(v) = \frac{1}{2\pi T}\left|\sum_{i=1}^{T} e^{itv}(x_t - \bar{x})\right|^2 = \frac{1}{2\pi}\left[A_0 + 2\sum_{i=1}^{T-1} A_i \cos(kv)\right] \tag{3-16}$$

式中,A_0 和 A_i 表示 $\{X_i, i = 1, 2, \cdots, N\}$ 的方差和协方差,由此,我们可得到序列的谱回归方程为:

$$\ln\left(I\left(\frac{2\pi\gamma}{T}\right)\right) = B_0 + B_1 \ln\left[4\sin^2\left(\frac{\pi\gamma}{T}\right)\right] + \zeta_\gamma, \quad \gamma = 1, 2, \cdots, G \tag{3-17}$$

$G = g(T) << T$ 表示傅立叶低频频率数,Yajima(1989)建议使用 $N^{1/2}$ 代替。当满足条件:

$$\lim_{T\to\infty} g(T) = \infty, \quad \lim_{T\to\infty}\frac{g(T)}{T} = 0, \quad \lim_{T\to\infty}\frac{\ln(T)^2}{g(T)} = 0 \tag{3-18}$$

时,谱回归方程的斜率倒数即为长记忆性参数 d。Robinson 证明,对于 GPH 方法得到的偶的估计值 $\hat{H}$,服从分布:

$$N^{1/2}(\hat{H} - H) \overset{d}{\sim} Normal(0, \frac{\pi^2}{24}) \tag{3-19}$$

2) LW 方法(局部 Whittle 估计方法)。尽管上述提出的 GPH 方法也能得到长记忆性参数的有效估计值,但其必须满足条件:

$$\lim_{T\to\infty} g(T) = \infty, \quad \lim_{T\to\infty}\frac{g(T)}{T} = 0, \quad \lim_{T\to\infty}\frac{\ln(T)^2}{g(T)} = 0 \tag{3-20}$$

此时分数维序列是渐进对数线性。考虑到 GPH 方法在放松条件的情况下,得到的估计值存在较大的偏差。基于此,Robinson(1995)提出了更稳健的 Local Whittle 方法,但该方法有前提条件,即数据序列的谱函数必须有确定的参数形式。其原理具体如下：

假设 $\{X_i, i=1, 2, \cdots, N\}$ 为一长记忆参数为 H 的分数维时间序列，$\hat{H}$ 为其估计值，我们构造序列 $\{Y_i, i=1, 2, \cdots, N\}$，满足：

$Y_1 = X_1$，$Y_2 = X_2 - X_1$，$\cdots$，$Y_N = X_N - X_{N-1}$，$\rho_k = \text{Cov}(Y_N, Y_{N-k})$

则序列 $\{X_i\}$ 的谱密度函数可表示为：

$$\psi_H(x) = \sum_{k=-\infty}^{\infty} \rho(k) e^{ikx} = (1 - \cos(x)) \sum_{k=-\infty}^{\infty} |x + 2k\pi|^{-1-2\hat{H}} \quad (3-21)$$

通过构造函数：

$$J(\hat{H}) = \frac{1}{2\pi N} \int_{-\pi}^{\pi} \frac{\left|\sum_{i=1}^{N} Y_i e^{jx}\right|^2}{\tilde{J}(\hat{H})} dx + \int_{-\pi}^{\pi} \ln(\tilde{J}(\hat{H})) dx$$

$$\tilde{J}(\hat{H}) = \exp\left(-\frac{1}{2\pi} \int_{-\pi}^{\pi} \ln(f(\hat{H})) dx\right) f(\hat{H})$$

$$\hat{H} = \arg\max J(\hat{H}) \quad (3-22)$$

可以获得 $\hat{H}$ 值。

（4）长记忆性检验方法比较。在利用长记忆参数估计方法判别外汇市场的有效性之前，需要考察多种长记忆性检验方法的优劣性，为此我们模拟具有长记忆特征的时间序列，并以这些序列为基准，测试不同参数估计方法的估计效果，从而评判其计算性能。为了使模拟样本更能显现出统计特征，我们将模拟样本量选取为 10000 个，测试结果如表 3-3 所示。

表 3-3　长记忆参数估计方法比较

	RS	MRS	VS	DFA	Whittle	GPH	MLE
0.5	0.4733	0.4990	0.4332	0.5011	0.5036	0.4948	0.4935
0.6	0.6030	0.6271	0.5267	0.5954	0.6058	0.6028	0.6061
0.7	0.6586	0.6793	0.7440	0.6275	0.7172	0.7168	0.7621
0.8	0.7717	0.7900	0.7457	0.7594	0.8164	0.7962	0.8603
0.9	0.8645	0.8813	0.6883	0.7981	0.9238	0.9256	0.9003

表 3-3 的结果显示，修正 R/S 法（即 MRS 法）明显优于 R/S 法，测试效果也较好，而 VS 法、DFA 法和 MLE 法在部分序列的测试结果较理想，但不够稳健。相反，Whittle 法和 GPH 法则显得效果较理想。这与以往学者们的研究成果一致。

根据数据波动的特性，我们以对数收益率的绝对值序列与平方序列作为其波动情况进行分析，在上述测试结果中，MRS 法、Whittle 法和 GPH 法显示了良好的长记忆性特征度量性能。但在实际应用中，尽管 MRS 法克服了 R/S 方法的短期相关限制，但在滞后自相关阶数较大情况下容易出现估计偏差，而 GPH 的估计效率偏低，且 GPH 方法是基于分数白噪声（FDN）过程进行估计，对于较一般性的 ARFIMA 模型，其估计值在大样本情况下往往是有偏的，因此我们选择稳健有效的 Whittle 法作为长记忆参数估计标准进行研究。

（三）人民币汇率波动率长记忆性检验

外汇市场影响因素众多，因此其市场结构和波动等也可能呈现复杂多变的特性，若如此，则单一、静态的长记忆性检验似乎无法囊括市场长记忆性的真实面貌，因此我们使用基于滚动窗口的动态检验方法来给出近十年来人民币兑美元汇率市场长记忆性的波动情况，具体操作步骤如下：

（1）假设 $t=1$，设置滚动窗口长度为 L，根据这段窗口内样本 $[1, L]$ 估计长记忆性参数 d，作为 $1+L$ 时刻的最新 d 值。

（2）将时间窗口往前移动一步，窗口长度不变，继续估计长记忆性参数 d，作为 $2+L$ 时刻的最新 d 值。

（3）重复操作步骤（2）直至完成。

通过上述三个步骤，可以获得近十年内长记忆性的动态变化，为了比较不同窗口长度带来的影响，我们选择窗口长度分别为 3 个月、6 个月、1 年和 3 年，即交易天数分别为 67 天、126 天、252 天和 750 天的情况。具体结果如图 3-2 和图 3-3 所示。

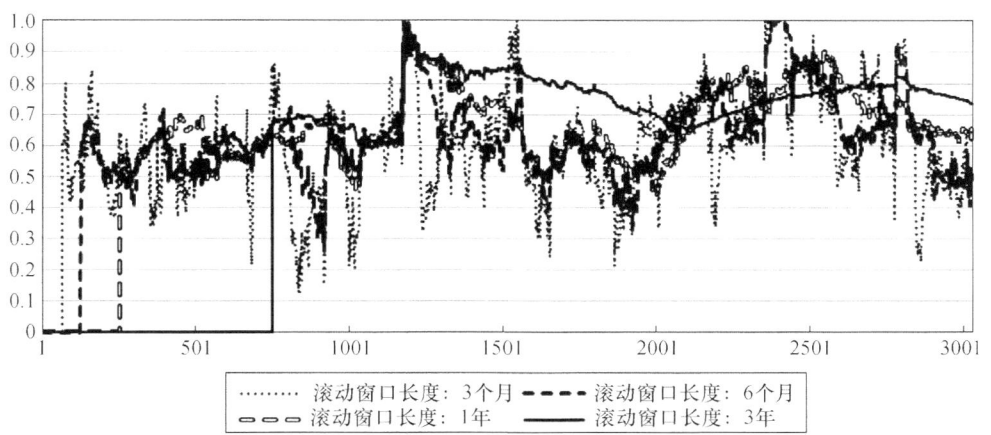

图 3-2 样本为绝对收益率

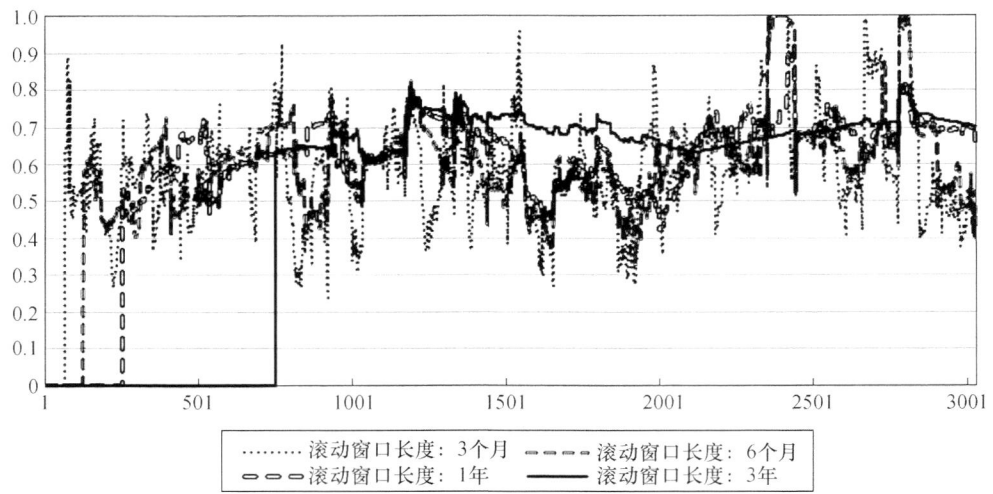

图 3-3 样本为平方收益率

从图 3-2 和图 3-3 可以看出,滚动窗口长度越小,长记忆性参数则显得越不稳定和剧烈的变动,反过来,滚动窗口长度越大,长记忆性参数越平滑和稳定,滚动窗口长度 L = 750 时,长记忆性参数比较稳定,基本均在 0.6 以上。

三、汇率波动率预测模型及尾部残差估计方法

(一) 波动率预测模型

波动率作为一种研究不确定性的指标往往与风险相联系,事实上,Markowitz (1952) 的资产投资组合理论就是用方差来度量资产的风险大小。前面的研究结果表明,人民币兑美元汇率存在显著的波动长记忆特征,这意味该外汇市场的市场风险具有可预测性,这一点对外汇风险管理而言至关重要。因此寻找能刻画波动率的模型成为关键所在,目前 GARCH 族模型在这方面的应用最广泛和成熟。

Engle (1982) 最早提出了刻画波动聚集效应的 ARCH 模型,后来人们通过大量实证研究发现金融资产价格波动率常表现出非对称性、长记忆性等特征,对此,Glosten 等 (1993)、Ding 等 (1993)、Engle (1990)、Engle 和 Ng (1993)、Barllie 等 (1996) 分别提出 GJR、非对称幂 ARCH (APARCH)、非对称 GARCH (AGARCH)、非线性非对称 GARCH (NAGARCH) 以及分整 GARCH (FI-

GARCH）等模型。

此外，金融市场收益率也往往呈现尖峰厚尾性以及有偏分布特征，学者们常使用厚尾的学生 t 分布来进行金融风险测量，但 Wagner 认为 t 分布由于不能刻画分布的有偏特征从而容易造成对市场风险的低估，Giot 和 Laurent（1995）的研究表明偏 t 分布（Skew Stundent t Distribution，SKT［50］）比 t 分布有更优的拟合效果。近年来，极值理论（Extreme Value Thoery，EVT）作为一种通过对极值尾部进行建模来研究极端事件的方法也常用于极端风险的度量，与偏 t 分布等方法不同，极值理论对收益率的尾部分布特征没有明确要求，从而也避免了尾部设定造成的偏差。

为了检验模型的风险预测效果，国内常使用基于异常值统计概率的 LR 检验（Kupiec，1998）、加入独立性因子的 LR 检验（Christoffersen，1998）以及动态分位数回归检验（Dynamic Quantile Regression，DQ），Engle 和 Manganelli（2004）等的回测方法来检验，接下来我们将逐一进行介绍。

Engle 最早开发 ARCH 模型用于刻画波动率的聚集效应，而 Bollerslev（1986）将其扩展为更具一般性的 GARCH 模型。滞后阶为 $p=1$，$q=1$ 时（下同）的模型形式如下：

$$r_t = \mu_t + \xi_t, \ \xi_t = \sqrt{h_t}\varepsilon_t$$
$$h_t = \omega + \alpha\xi_{t-1}^2 + \beta h_{t-1} \tag{3-23}$$

第一个式子为收益率模型，第二个式子为波动率模型，式中，r_t 表示人民币汇率收益率，μ_t 和 ξ_t 分别表示收益率序列的均值和残差部分，$\sqrt{h_t}$ 表示 ξ_t 时变的标准差，ω、α 和 β 表示未知参数。从公式可知，每期的波动率都与上期的集合相关，这与波动聚集特征相呼应。

然而，金融市场波动率常出现非对称特征，GARCH 模型并不能描述这种效应，因此，学者们对 GARCH 模型进行了改进，以下我们介绍几种常见刻画波动非对称特征的模型。

第一种波动非对称特征的模型为 Glosten 等（1993）的 GJR – GARCH 模型，具体形式如下：

$$h_t = \omega + \alpha\xi_{t-1}^2 + \theta I_{t-1}^{-}\xi_{t-1}^2 + \beta h_{t-1} \tag{3-24}$$

该模型引入了 I_{t-1}^{-}，表示若上期收益率为负，则值为 1，否则为 0。这将形成左偏的波动特征，与金融市场呈现的现象相符。

第二种波动非对称特征的模型为 Ding 等（1993）的 APARCH 模型，具体形式如下：

$$(\sqrt{h_t})^\delta = \omega + \alpha(|\xi_{t-1}| - \theta\xi_{t-1})^\delta + \beta(\sqrt{h_{t-1}})^\delta \tag{3-25}$$

模型引入 $|\xi_{t-1}| - \theta\xi_{t-1}$ 刻画波动不对称性，下同。

第三种波动非对称特征的模型为 Engle（1990）的 AGARCH，具体形式如下：

$$h_t = \omega + \alpha(\xi_{t-1} - \gamma)^2 + \beta h_{t-1} \quad (3-26)$$

以及 Engle 和 Ng（1993）的 NAGARCH，具体形式如下：

$$h_t = \omega + \alpha(\xi_{t-1} - \gamma\sqrt{h_{t-1}})^2 + \beta h_{t-1} \quad (3-27)$$

此外，在新兴金融市场，其波动常出现长记忆性特征，对此，我们引入 Barllie 和 Bollerslev（1996）提出的分整 GARCH 模型（FIGARCH），具体形式为：

$$\phi(L)(1-L)^d \xi_t^2 = \omega + [1-\beta(L)]\varepsilon_t \quad (3-28)$$

式中，$\phi(L)$ 和 $\beta(L)$ 为 p 阶和 q 阶的平稳算子，d 为长记忆参数，我们选取 $p=1$，$q=1$。FIGARCH 模型由于估计较困难而采用拟极大似然法，其他模型均使用极大似然法。

VaR（Value at Risk），也称在险价值，是指既定的显著水平里投资组合价值在未来可能的最大亏损。其公式为：

$$P(Loss \leq VaR) = \alpha \quad (3-29)$$

式中，Loss 表示资产组合损失的绝对额度，α 表示显著性水平。人们常使用均值方差的形式表达 VaR，即：

$$VaR = \mu + \sigma Z_\alpha \quad (3-30)$$

μ、σ 和 Z_α 分别表示均值方差和显著性水平 α 对应的分位数。

估计 VaR 的论文可谓汗牛充栋，总体说来可归结为以下三种：①均值方差方法；②历史模拟法；③蒙特卡罗方法。而其他实用且更为复杂方法基本上是对这三个方法进行优化而得到。

对于均值方差方法为代表的参数估计方法，大量学者着手于模型的构建与研究，在逐渐发展深化过程中出现了如 GARCH 族、SV 族波动模型、长记忆性波动模型等。此外，标准的参数估计方法往往离不开对于残差尾部分布的定义，由于金融市场常出现尖峰厚尾性、有偏性等，为了刻画这些尾部分布，出现了如 Normal 分布、t 分布、GED 分布、Pareto 分布、Skewed-t 分布以及 SGT 分布等研究。而为了避免尾部分布设定错误造成的估计偏差，McNeil 和 Frey（2000）将波动模型与极值理论相结合提出了条件极值理论，得到较好的实证成果。

历史模拟法的原理是利用过去历史数据的分布确定一定显著水平下的风险值，该方法直观易行，不足的地方是只适合大样本的研究对象，而且对于非简单的独立正态分布容易出现估计偏差，常见的改进方法为基于平稳 Bootstrap 抽样技术的过滤历史模拟法（Filter History Simulasion，FHS）。该方法既有普通历史模拟法不需考虑设定尾部分布造成分布设定误差的优点，同时也避免了样本不足与序列异方差等造成的估计值偏差。

(二) 尾部残差估计方法

1. 有偏 t 分布（Skewed t Distribution，SKT）

金融市场常出现尖峰厚尾和有偏性，传统的正态分布已无法合理地刻画这种现象，因此我们引入了 Fernandez 和 Steel（2003）提出的 SKT 分布来刻画这种特征，标准 SKT 分布的对数似然函数表示为：

$$l_T^{SKST} = T\left[\ln\Gamma\left(\frac{\eta+1}{2}\right) - \ln\Gamma\left(\frac{\eta}{2}\right) - 0.5\ln\pi(\eta-2) + \ln\left(\frac{2}{\zeta+\frac{1}{\zeta}}\right) + \ln(s)\right]$$

$$-\frac{1}{2}\sum\left[\ln\sigma_t^2 + (1+\eta)\ln\left[1 + \frac{(s\varepsilon+m)^2}{\eta-2}\zeta^{-2I_t}\right]\right] \qquad (3-31)$$

式中，ζ 为偏度函数，Γ 为 Gamma 函数，η 代表自由度，σ_t^2 代表方差，ε_t 代表估计偏差，T 代表样本长度。

2. 过滤历史模拟法（FHS）技术

不论是 Normal 分布还是 SKT 分布，均容易造成分布设定误差，有学者提出使用历史模拟法，但历史模拟法的前提是：①未来的收益率分布必须与过去的收益率分布相同，这限制了样本的选择范围，而小样本又无法充分发挥历史模拟法的优势，FHS 技术通过 Bootstrapping 自抽样法很好地解决这一问题；②历史模拟法的收益率必须是独立同分布的，但事实上，多数市场数据都不满足这一条件；而 FHS 技术利用估计的波动率将残差标准化，并用自抽样法把标准残差打乱，从而使得获得的标准残差满足这一条件。其操作方法如下：

步骤 1：利用波动率模型估计样本获历史波动率以及估计残差。利用 Bootstrapping 技术进行多重抽样获得模拟残差数据。

步骤 2：根据获得的模型结构以及模拟残差数据进行模型样本重构，获得服从该模型结构的足够样本。

步骤 3：利用历史模拟法估计该样本的 VaR 值。

3. 极值理论（EVT）技术

极值理论本质上是通过研究残差的极端风险概率分布的一种方法，它克服了传统的利用波动率模型估计带来的尾部分布设定误差。McNeil 和 Frey（2000）最早将极值理论与波动率模型相结合，提出了条件极值理论，使得利用极值理论估计 VaR 成为可能。

极值理论包括 POT 模型（Peak Over Threshold）和 BMM 模型（Block Maxima Model）。POT 模型利用 GPD 分布刻画残差的极端分布从而获得 VaR 的精确估计，GPD 分布的定义为：

$$GPD_{\xi,\lambda}(y) = \begin{cases} 1 - \left(1 + \dfrac{\xi}{\lambda} y\right)^{-1/\xi} & if \xi \neq 0 \\ 1 - e^{-y/\lambda} & if \xi = 0 \end{cases} \quad (3-32)$$

式中，λ、ξ 分别刻画分布的尺度和形状。假设数据尾部的累积函数为 $F(x)$，尾部阈值为 u，则超过 u 的尾部的累积函数 $F(x)$ 可表示为：

$$GPD_{\xi,\sigma}(y) = F_u(y) = P(X - u \leq y | X > u) = \frac{F(u+y) - F(u)}{1 - F(u)} = \frac{F(x) - F(u)}{1 - F(u)} \quad (3-33)$$

即：

$$F(x) = [1 - F(u)] G_{\xi,\lambda}(x - u) + F(u) \quad (3-34)$$

通过推导可得出：

$$\hat{F}(x) = 1 - \frac{N_u}{n}\left(1 + \xi \frac{x - u}{\lambda(u)}\right)^{-1/\xi}, \quad 其中 \xi \neq 0 \quad (3-35)$$

此时可得到显著性水平 α 对应的 $one-forecast-VaR$（t+1 期预测）为：

$$VaR_\alpha = \hat{F}^{-1}(1-\alpha) = u + \frac{\lambda}{\xi}\left[\left(\frac{n}{N_u}\alpha\right)^{-\xi} - 1\right] \quad (3-36)$$

根据式（3-34），利用极值理论求解 VaR 预测值需要获得 λ、ξ 和 u，其中 λ 和 ξ 可通过似然优化获得，而阈值 u 的选择会影响 VaR 估计的精确性和波动幅度，过低的 u 容易造成 VaR 估计值精确度较低而其波动幅度更小，相反，过高的 u 容易造成 VaR 估计值波动幅度较大而其精确度更高。因此 u 的选择涉及波动幅度和精确度之间的平衡。常用的 u 值选取方法一般包括有 Hill 图、Q-Q 图等。但由于这类算法往往掺杂了主观判断，因此无法进行程序化实现。为了方便，我们利用分位数值（设置10%）确定尾部阈值。

（三）回测检验方法

为了检验模型风险预测效果，常见的评价方法包括有 Kupiec *LR* 检验、加入独立性因子的 Christoffersen *LR* 检验以及更严格的 Dynamic Quantile 检验。

1. Backtesting I——Kupiec *LR* 检验

Kupiec（1995）基于失败率与设定显著水平进行比较的统计推断思路提出检验 VaR 失败率的似然比（*LR*）检验法，其原理是看检验样本失败率是否与给定显著水平接近，若失败率大于显著水平，意味着模型低估了风险，反之则高估。

首先定义零假设：失败率期望与显著水平相等。构造碰撞序列如下：

$$Hit_t = \begin{cases} 1, & 当 R_t < -VaR_t \\ 0, & 当 R_t \geq -VaR_t \end{cases} \quad (3-37)$$

Kupiec 的研究结果表明,若零假设正确,则似然函数比应服从自由度为 1 的卡方分布,即:

$$LR_{UC} = -2\ln[(1-p)^{T_0}p^{T_1}] + 2\ln[(1-T_1/T)^{T_0}(T_1/T)^{T_1}] \sim \chi^2(1) \quad (3-38)$$

式中,T 为样本长度,T_1 是 $Hit_t = 1$ 情况的次数,T_0 是 $Hit_t = 0$ 情况的次数。据此我们可对模型 VaR 预测效果做统计推断。

2. Backtesting Ⅱ——Christoffersen LR 检验

Christoffersen(1998)认为,Kupiec LR 检验忽略了不同失败观测值之间的相关性,而这种相关性往往造成连续的异常值亏损冲击,因此,他定义了一种条件回测检验(Conditional Coverage Test,LR_{CC}),该方法在 LR_{UC} 基础上引入独立因子 LR_{ind},即 $LR_{CC} = LR_{UC} + LR_{ind}$。具体如下:

首先建立零假设:失败率观察值之间独立且期望值与显著水平相等。Christoffersen 证明了以下服从结论:

$$LR_{CC} = -2\log\frac{(1-p)^{n_0}p^{n_1}}{(1-\bar{\lambda}_{01})^{n_{00}}\bar{\lambda}_{01}^{n_{01}}(1-\bar{\lambda}_{11})^{n_{10}}\bar{\lambda}_{11}^{n_{11}}} \sim \chi^2_{(2)} \quad (3-39)$$

式中,n_{ij} 表示 Hit_t 值相继为 i 和 j 的次数($i,j=0,1$),$\bar{\lambda}_{ij} = p(Hit_t = j \mid Hit_{t-1} = i)$,$\bar{\lambda}_{01} = n_{01}/(n_{00}+n_{01})$,$\bar{\lambda}_{11} = n_{11}/(n_{10}+n_{11})$。基于 LR_{CC} 我们可对模型 VaR 预测效果做统计推断。

3. Backtesting Ⅲ——Dynamic Quantile 检验

Engle 和 Manganelli(2004)认为 Christoffersen LR 检验效率过低并提出了动态分位数(Dynamic Quantile)检验。首先定义一个指示函数:

$$Hit_t = I(r_t < \hat{v}_t(\theta)) - \theta \quad (3-40)$$

式中,I 表示指示函数,θ 为给定的置信水平。与 Christoffersen LR 法相同,动态分位数检验法的零假设:失败率观察值之间独立且期望值与显著水平相等。Engle 和 Manganelli 构造了以下回归方程:

$$Hit_t = XB + \varepsilon_t \quad (3-41)$$

式中,X 可表示为 $X = [I, Hit_{t-1}, Hit_{t-2}, Hit_{t-3}, \cdots, Hit_{t-q}, f_1(x), f_2(x), \cdots, f_{K-q-1}(x)]$ 形式,I 是值全为 1 的列向量,而 Hit_{t-q} 表示滞后 q 期的 hit 冲击,$f_1(x)$ 表示附加的解释变量,我们以一步预测 VaR 代替。Engle 和 Manganelli 证明当零假设成立时,有下式成立:

$$DQ = \frac{\hat{B}'X'X\hat{B}}{\theta(1-\theta)} \sim \chi^2(K) \quad (3-42)$$

我们选取 Hit_t 滞后 5 阶,因此 $q=5$,$K=7$。

(四)人民币汇率风险预测模型比较分析

人民币兑美元汇率波动率具有显著的长记忆特征,关于长记忆波动模型常使用 FIGARCH 进行刻画,为了测试 FIGARCH 模型的估计性能,我们将该模型与其他常用的五个模型从三个方面进行测试比较,结果如表 3-4 所示。

表 3-4 GARCH-N 类模型比较

指标	置信水平				
	0.9000	0.9500	0.9750	0.9900	0.9950
GARCH-N					
失败率	0.0725	0.0450	0.0275	0.0125	0.0100
LR1	3.6209※	0.2071◎	0.1046◎	0.2391◎	1.5653◎
LR2	4.0165◎	1.9086◎	0.7284◎	0.3660◎	1.6464◎
DQ	5.2443◎	4.7216◎	3.2510◎	5.7262◎	2.5379◎
GJR-N					
失败率	0.0750	0.0400	0.0250	0.0125	0.0075
LR1	2.9597◎	0.8805◎	0.0001◎	0.2391◎	0.4404◎
LR2	3.2240◎	2.2177◎	0.5143◎	0.3660◎	0.4858◎
DQ	4.4011◎	3.6456◎	2.0039◎	3.7478◎	2.4073◎
APARCH-N					
失败率	0.0775	0.0500	0.0375	0.0175	0.0150
LR1	2.3707◎	0.0001◎	2.2542◎	1.8727◎	5.2439◎
LR2	2.5310◎	0.0001◎	3.4264◎	2.1227◎	5.4271◎
DQ	3.7519◎	3.3435◎	6.2984◎	33.3939※	82.896※
AGARCH-N					
失败率	0.0750	0.0475	0.0225	0.0125	0.0100
LR1	2.9597◎	0.0484◎	0.1010◎	0.2391◎	1.5653◎
LR2	6.0148※	1.9491◎	0.5164◎	0.3660◎	1.6464◎
DQ	7.3276◎	4.4075◎	1.8245◎	1.0799◎	2.9939◎
NAGARCH-N					
失败率	0.0750	0.0450	0.0250	0.0125	0.0075
LR1	2.9597◎	0.2071◎	0.0001◎	0.2391◎	0.4404◎
LR2	4.2869◎	1.9086◎	0.5143◎	0.3660◎	0.4858◎
DQ	5.3695◎	4.1525◎	1.5508◎	0.7558◎	1.8622◎

续表

指标	置信水平				
	0.9000	0.9500	0.9750	0.9900	0.9950
FIGARCH – N					
失败率	0.0750	0.0475	0.0300	0.0125	0.0100
LR1	2.9597◎	0.0484◎	0.3964◎	0.2391◎	1.5653◎
LR2	6.0148※	0.0591◎	1.1407◎	0.3660◎	1.6464◎
DQ	3.6173◎	3.2280◎	3.2324◎	0.7601◎	1.6212◎

注：自由度为1的卡方分布在10%、5%、2.5%、1%、0.5%的值为2.706、3.841、5.024、6.635、7.879；自由度为2的卡方分布在10%、5%、2.5%、1%、0.5%的值为4.605、5.991、7.378、9.2103、10.597；自由度为7的卡方分布在10%、5%、2.5%、1%、0.5%的值为12.017、14.067、16.013、18.475、20.278。◎表示通过接受原假设，※表示拒绝原假设，数值越小，表示VaR预测越接近真值，下同。LR1、LR2、DQ分别表示Kupiec LR检验、Christoffersen LR检验和动态分位数检验，下同。

从表3-4的结果可知，除了APARCH – N模型DQ检验拒绝原假设外，六个模型基本均通过了LR1、LR2、DQ检验，通过对比不同模型的不同检验结果，相对LR1和LR2检验而言，DQ检验值处于偏大状态，可见其对VaR预测的检验更严苛，这与Engle和Manganelli的构造DQ检验的意图一致。但从总体上看，仅依靠这三个检验，很难对模型优劣性进行更有效的判断。事实上，检验值越小，意味着模型VaR预测性能越好，偏差越小，从表3-4的结果来看，除了APARCH模型效果较差外，其他模型结果均较理想，而FIGARCH – N模型检验值相对稳健，这显示了FIGARCH模型在刻画具有长记忆特征的波动率时的优势。

事实上，由于金融市场数据常存在尖峰厚尾、有偏复杂等特性，以正态分布作为刻画尾部分布似乎显得过于简单理想。下面我们试图从 – SKT类模型、– FHS类模型和 – EVT类模型进行深入的考察。

表3-5 GARCH – SKT类模型比较

指标	置信水平				
	0.9000	0.9500	0.9750	0.9900	0.9950
GARCH – SKT					
失败率	0.0925	0.0575	0.0150	0.0025	0.0025
LR1	0.2394◎	0.4688◎	1.8906◎	3.235◎	0.6112◎
LR2	1.0237◎	0.8086◎	2.0738◎	3.240◎	0.6162◎
DQ	7.6027◎	8.8779◎	1.9989◎	2.9282◎	1.8603◎

续表

指标	置信水平				
	0.9000	0.9500	0.9750	0.9900	0.9950
GJR – SKT					
失败率	0.0975	0.0600	0.0200	0.0075	0.0025
LR1	0.0227◎	0.8150◎	0.4298◎	0.2714◎	0.6112◎
LR2	0.4450◎	1.0348◎	0.7572◎	0.3169◎	0.6162◎
DQ	5.0156◎	10.2870	1.2962◎	1.2536◎	1.2825◎
APARCH – SKT					
失败率	0.0975	0.0625	0.0225	0.0100	0.0050
LR1	0.0227◎	1.2499◎	0.1010◎	0.000◎	0.0000◎
LR2	0.4450◎	1.3769	0.5164◎	0.081◎	0.0202
DQ	8.7982◎	9.3743	4.3500◎	26.19※	0.8916◎
AGARCH – SKT					
失败率	0.1025	0.0625	0.0200	0.0075	0.0025
LR1	0.0334◎	1.2499◎	0.4298◎	0.2714◎	0.6112◎
LR2	0.8888◎	1.3769	0.7572◎	0.3169◎	0.6162◎
DQ	7.7606◎	10.5430	1.4106◎	1.1593◎	1.2043◎
NAGARCH – SKT					
失败率	0.0975	0.0650	0.0200	0.0075	0.0025
LR1	0.0227◎	1.7702	0.4298◎	0.2714◎	0.6112◎
LR2	0.4450◎	1.8303	0.7572◎	0.3169◎	0.6162◎
DQ	6.8332◎	9.0047	1.3536◎	1.1723◎	1.2458◎
FIGARCH – SKT					
失败率	0.0900	0.0550	0.0225	0.0100	0.0025
LR1	0.4365◎	0.2149◎	0.1010◎	0.0000◎	0.6112◎
LR2	0.6350◎	0.7031◎	0.5164◎	0.0810◎	0.6162◎
DQ	5.6022◎	3.2614◎	1.8772◎	0.2251◎	1.4498◎

按照理论，由于 SKT 分布具有尖峰厚尾和有偏等特性，因而利用该分布刻画尾部残差应该更精准。但从表 3 – 5 的结果来看，相比 GARCH – N 类模型，GARCH – SKT 类模型的 VaR 预测效果并没有显示出更好的性能。尽管也基本通过了 LR1 检验、LR2 检验和 DQ 检验，但从其检验值来看，并没有得到有效的降低，甚至反而拉高了。从理论上看，似乎越复杂的模型具有越好的性能。但我们

认为，复杂模型在提高性能的基础上，同时也可能提高了模型的复杂度和自由度，因此在实际应用中，只有合适的模型，没有最好的模型。

需要注意的是，GARCH-SKT 类模型中 FIGARCH-SKT 模型依然展示了其稳健且优良的 VaR 估计性能，相对其他模型占有较大的优势。另外，APARCH-SKT 检验在 90% 置信水平上的检验结果也印证了 DQ 检验相比 LR2 检验更为严格的事实。

总而言之，表 3-4 和表 3-5 展示了两种具有代表性的分布刻画尾部残差的结果，属于参数估计方法。参数估计方法在模型设定正确的情况下可以获得精准的结果，但金融市场异常复杂，很难通过某个分布进行精准的定义，从而参数估计法也存在模型设定偏差的问题，特别是针对难以估计金融市场极值异常情况。

下面展示 GARCH-FHS 类模型和 GARCH-EVT 类模型的估计结果。GARCH-FHS 类模型利用历史数据的分布情况，通过其分位数估计 VaR 值，从而避免了对模型尾部分布的设定，成为非参数方法。从表 3-6 的结果看，GARCH-FHS 模型、GJR-FHS 模型和 FIGARCH-FHS 模型的估计效果较为稳健良好，但 APARCH-FHS、AGARCH-FHS 和 NAGARCH-FHS 模型并不理想，特别是在极端值情况下，这与 FHS 的理论基础有关。FHS 缺乏严格理论推导的支撑，仅通过模拟历史数据的分位数来决定 VaR 值，这在估计极端值时极不稳定，不同随机数模拟出来的结果会有较大偏差。

GARCH-EVT 类模型与 GARCH-FHS 类模型一样避免了对残差尾部分布的定义，其发展的极值理论用于拟合残差的极端值部分，因此 GARCH-EVT 类模型对极端 VaR 的估计更有优势。从表 3-7 的结果来看，GARCH-EVT 类模型的估计性能稳健优良，DQ 检验值不仅通过且维持在较低水平。

总体上，从模型角度来看，针对不同类别的尾部分布估计方法，FIGARCH 均有较稳健优良的性能，相对其他模型占有显著优势，可见 FIGARCH 模型在估计具有长记忆性特征的金融数据方面展现了其固有的先天优势。从尾部分布拟合角度上，相比正态分布，有偏 t 分布并没有展现出较好的估计性能，但极值理论在估计极端 VaR 值时展现了其独特的优势。为了考察交叉检验效果，下面给出不同尾部分布情况下的 FIGARCH-EVT 类模型的估计效果。

从表 3-8 的结果来看，FIGARCH-EVT 类的模型估计性能很理想，检验值保持在较低水平，且失败率基本与设定的置信水平相等，与其他类别模型相比显示出较大优势。以上分析从侧面上说明了 FIGARCH 模型和极值理论在 VaR 预测上的有效性。

表 3-6　GARCH-FHS 类模型比较

指标	置信水平				
	0.9000	0.9500	0.9750	0.9900	0.9950
GARCH - FHS					
失败率	0.0950	0.0475	0.0250	0.0075	0.0025
LR1	0.1020◎	0.0484◎	0.0001◎	0.2714◎	0.6112◎
LR2	0.6906◎	1.9491◎	0.5143◎	0.3169◎	0.6162◎
DQ	3.4264◎	3.7136◎	3.1176◎	6.9494◎	6.9494◎
GJR - FHS					
失败率	0.0950	0.0425	0.0225	0.0100	0.0025
LR1	0.1020◎	0.4824◎	0.1010◎	0.000◎	0.6112◎
LR2	0.6906◎	1.9960◎	0.5164◎	0.0810◎	0.6162◎
DQ	3.4547◎	3.6293◎	2.8221◎	2.7694◎	6.4024◎
APARCH - FHS					
失败率	0.1025	0.0600	0.0450	0.0325	0.0300
LR1	0.0334◎	0.8150◎	5.3671◎	12.8972※	23.3066※
LR2	0.2079◎	1.0348◎	6.7687◎	13.5170※	24.1393※
DQ	33.3144※	83.0182※	153.5208※	214.033※	320.6935※
AGARCH - FHS					
失败率	0.0975	0.0425	0.0225	0.0100	0.0075
LR1	0.0227◎	0.4824◎	0.1010◎	0.0000◎	0.4404◎
LR2	1.3826◎	0.5857◎	1.8467◎	5.0236◎	6.7978◎
DQ	4.0937◎	7.1156◎	11.8070◎	40.5490※	99.9180※
NAGARCH - FHS					
失败率	0.1025	0.0450	0.0250	0.0125	0.0100
LR1	0.0334◎	0.2071◎	0.0001◎	0.2391◎	1.5653◎
LR2	2.0252◎	0.2519◎	1.3886◎	4.2876◎	6.5890◎
DQ	7.3331◎	11.2153◎	20.7971※	54.1472※	112.6099※
FIGARCH - FHS					
失败率	0.0833	0.0333	0.0200	0.0133	0.0067
LR1	0.9396◎	1.9432◎	0.3198◎	0.3116◎	0.1549◎
LR2	1.3645◎	2.6354◎	0.5655◎	0.4201◎	0.1819◎
DQ	3.8630◎	6.1322◎	1.6569◎	2.0562◎	1.5927◎

表3-7 GARCH-EVT类模型比较

指标	置信水平				
	0.9000	0.9500	0.9750	0.9900	0.9950
GARCH-EVT					
失败率	0.0950	0.0475	0.0200	0.0125	0.0025
LR1	0.1020◎	0.0484◎	0.4298◎	0.2391◎	0.6112◎
LR2	0.6906◎	1.9491◎	0.7572◎	0.3660◎	0.6162◎
DQ	3.3385◎	4.1419◎	8.6272◎	6.7203◎	6.5185◎
GJR-EVT					
失败率	0.0950	0.0425	0.0225	0.0100	0.0050
LR1	0.1020◎	0.4824◎	0.1010◎	0.0000◎	0.0000◎
LR2	0.6906◎	1.9960◎	0.5164◎	0.0810◎	0.0202◎
DQ	3.3424◎	3.4338◎	6.0495◎	5.7260◎	1.1359◎
APARCH-EVT					
失败率	0.0950	0.0525	0.0325	0.0175	0.0150
LR1	0.1020◎	0.0572◎	0.8601◎	1.87270◎	5.24390◎
LR2	0.6906◎	0.0687◎	1.7359◎	2.12270◎	5.42710◎
DQ	4.5030◎	6.5800◎	5.1927◎	33.4894※	82.3744※
AGARCH-EVT					
失败率	0.1000	0.0475	0.0150	0.0125	0.0075
LR1	0.0003◎	0.0484◎	1.8906◎	0.2391◎	0.4404◎
LR2	1.0923◎	1.9491◎	2.0738◎	0.3660◎	0.4858◎
DQ	5.6359◎	4.3695◎	2.3496◎	6.0975◎	3.0242◎
NAGARCH-EVT					
失败率	0.0925	0.0450	0.0175	0.0100	0.0050
LR1	0.2394◎	0.2071◎	1.0143◎	0.0000◎	0.0000◎
LR2	1.0237◎	1.9086◎	1.2643◎	0.0810◎	0.0202◎
DQ	5.2971◎	4.1366◎	1.3764◎	1.3247◎	1.3669◎
FIGARCH-EVT					
失败率	0.0975	0.0475	0.0250	0.0075	0.0050
LR1	0.0227◎	0.0484◎	0.0001◎	0.2714◎	0.0000◎
LR2	0.4450◎	0.0591◎	0.5143◎	0.3169◎	0.0202◎
DQ	4.0874◎	2.7889◎	1.0418◎	1.3880◎	2.4267◎

表3-8　FIGARCH-EVT-分布类模型比较

指标	置信水平				
	0.900000	0.950000	0.975000	0.990000	0.995000
FIGARCH-EVT-T					
失败率	0.100000	0.045000	0.017500	0.010000	0.007500
LR1	0.092500◎	0.045000◎	0.025000◎	0.010000◎	0.002500◎
LR2	0.239434◎	0.207149◎	6.42E-05◎	2.53E-05◎	0.611204◎
DQ	1.023702◎	1.908569◎	0.514260◎	0.081039◎	0.616229◎
FIGARCH-EVT-GED					
失败率	0.1000	0.0450	0.015000	0.0100	0.0050
LR1	0.0003	0.2071◎	1.8906◎	0.0000	0.0000
LR2	2.3587◎	0.2519◎	5.1798◎	5.0236◎	0.0202
DQ	3.8509◎	2.7334◎	8.7490◎	2.6910◎	0.0752◎
FIGARCH-EVT-SKT					
失败率	0.097500	0.062500	0.02250000	0.010000	0.005000
LR1	0.092500◎	0.045000◎	0.022500◎	0.01000◎	0.002500◎
LR2	0.239434◎	0.207149◎	0.101009◎	2.53E-05◎	0.611204◎
DQ	1.023702◎	1.908569◎	0.516430◎	0.081039◎	0.616229◎

四、基于多元分析的人民币汇率波动率预测

(一) 多元波动率模型

设 $\{y_t\}$ 是 $k \times 1$ 维的向量,F_t 是 $\{y_t\}$ 直到 t 时刻的信息滤子族,θ 表示参数,则:

$$y_t = u_t(\theta) + \varepsilon_t \qquad (3-43)$$
$$\varepsilon_t = H_t(\theta)\eta_t \qquad (3-44)$$
$$Cov[\varepsilon_t | F_{t-1}] = H_t(\theta) \qquad (3-45)$$

式中,$u_t(\theta)$ 可以用 ARMA 方法估计,且 $E[y_t] = u_t(\theta)$,ε_t 为随机误差,$H_t(\theta)$ 是 $k \times k$ 的正定矩阵,η_t 是 $k \times 1$ 维向量,$E[\eta_t] = 0$,$Cov[\eta_t] = I_k$。对于 H_t

(θ)，可以采用多元 GARCH 模型估计。

在此基础上，我们回顾条件协方差矩阵 H_t 的不同表示方法：一是将一元 GARCH 模型直接推广到多元的情形，比较有代表性的是 VEC 模型、BWMA 模型、BEKK 模型等；二是对条件协方差矩阵做分解，对分解的每一部分作假设，进而构造条件协方差矩阵的动态模型、如 CCC 模型、DCC 模型等；三是运用特征分解技术，先刻画一维因子的波动率变动，再结合转换矩阵，给出最初的多元资产的波动率变动规律，如因子 GARCH 模型，O – GARCH 模型，IC – GARCH 模型等。下面将对以上的部分模型进行描述及分析。

1. BEKK 模型

BEKK 模型是 Engle 和 Kroner（1995）提出的模型，它是一个一元 GARCH 模型直接推广到多元情形的模型，相对于一般的 VEC 模型，BEKK 模型有较少的参数估计，并且可以保证条件协方差矩阵 H_t 的正定性。BEKK 模型的表达式为：

$$H_t = C'C + \sum_{j=1}^{d}\sum_{i=1}^{q} A_{ij}\varepsilon_{t-i}\varepsilon_{t-i}'A_{ij}' + \sum_{j=1}^{d}\sum_{i=1}^{p} B_{ij}H_{t-i}B_{ij}' \qquad (3-46)$$

其中，C，A_{ij}，B_{ij} 是 $k \times k$ 的参数矩阵，C 是上三角矩阵，BEKK 模型将截距项分为上三角矩阵与其转置的乘积，以保证 H_t 的正定性。当 $\sum_{j=1}^{d}\sum_{i=1}^{q} A_{ij} \otimes A'_{ij} + \sum_{j=1}^{d}\sum_{i=1}^{p} B_{ij} \otimes B'_{ij}$ 的特征值的绝对值小于 1 时，BEKK 模型是稳定的，$\otimes$ 表示克罗内克积。BEKK 模型需要估计的参数个数为 $(p+q)dk^2 + d(d+1)/2$ 个，可以看出，模型需要估计的参数仍然较多，这是此模型的不足之处。

2. CCC 模型（Constant Conditional Correlation）

Bollerslev（1990）提出了 CCC（Constant Conditional Correlation）模型，对于条件协方差矩阵 H_t 可做如下的分解：

$$H_t = D_t \Gamma D_t \qquad (3-47)$$

式中，$D_t = diag(h_{11,t}^{\frac{1}{2}}, h_{22,t}^{\frac{1}{2}}, \cdots, h_{kk,t}^{\frac{1}{2}})$ 是由各个资产的条件标准差组成的对角阵，Γ 是条件相关矩阵，D_t 可由一元 GARCH 模型构建，表达式如下：

$$h_{ll,t} = \omega_l + \sum_{i=1}^{q_l} \alpha_{l,i}\varepsilon_{t-i}^2 + \sum_{i=1}^{p_l} \beta_{l,i}h_{ll,t-i} \qquad (3-48)$$

3. O – GARCH 模型（Orthogonal GARCH）

O – GARCH 模型即正交 GARCH 模型，若记 ε_t 的无条件协方差为 $H = E[\varepsilon_t\varepsilon_t']$，根据 H 的特征分解 $H = V\Lambda V'$，其中 $\Lambda = diag(\lambda_1, \lambda_2, \cdots, \lambda_k)$，是由 H 的 k 个特征根组成的向量，$V = (v_1, v_2, \cdots, v_k)$，是各个特征向量对应的正交

阵。令 $\omega_t = V'\varepsilon_t$，则 $E[\omega_t\omega'_t] = \Lambda$，显然 ω_t 是彼此正交的。如果令 $z_t = \Lambda^{-\frac{1}{2}}\omega_t$，则 $E[z_tz'_t] = I_k$，称 z_t 是标准化的主成分。根据以上分析，有下式成立：

$$\varepsilon_t = M_0 z_t \tag{3-49}$$

其中 $M_0 = V\Lambda^{\frac{1}{2}}$。

然而在实际中，我们常常采用主成分方法简化数据结构，即用尽可能少的标准主成分 $\tilde{Z}'_t = (z_{1,t}, z_{2,t}, \cdots, z_{N,t})(N<k)$ 代替原来的 $z'_t = (z_{1,t}, z_{2,t}, \cdots, z_{N,t})$，按照累计贡献率原则，$z_1, z_2\cdots z_N$ 对应的特征值满足 $\lambda_1 > \lambda_2 \cdots > \lambda_N$，令 $\tilde{\omega}_t = \tilde{V}'\varepsilon_t$，$\tilde{z}_t = \tilde{\Lambda}^{-\frac{1}{2}}\tilde{\omega}_t$，$\tilde{V}'$ 是 V' 的前 N 行组成的矩阵，$\tilde{\Lambda}^{-\frac{1}{2}}$ 是 $\Lambda^{-\frac{1}{2}}$ 的前 N 行 N 列组成的方阵，于是 $\varepsilon_t = \tilde{M}_0 z_t$，其中 $\tilde{M}_0 = \tilde{V}\tilde{\Lambda}^{\frac{1}{2}}$，下面仍记 $\tilde{z}_t$ 为 z_t，$\tilde{V}'$ 为 V'，$\tilde{\Lambda}^{-\frac{1}{2}}$ 为 $\Lambda^{-\frac{1}{2}}$。

如果进一步假设 z_t 是条件不相关的，即 $\text{cov}(z_t|F_{t-1}) = \Lambda_t = diag(\lambda_{1,t}, \lambda_{2,t}, \cdots, \lambda_{N,t})$，若对每一个主成分的动态变化用 GARCH（1，1）来刻画：

$$\lambda_{i,t} = c_i + \alpha_i z_{i,t-1}^2 + \beta_i \lambda_{i,t-1} \tag{3-50}$$

则 ε_t 的条件协方差为：

$$H_t = M_0 \Lambda_t M'_0 \tag{3-51}$$

对 O – GARCH 模型中的参数 M_0 估计，可以由无条件方差矩阵的分解 $H = \hat{V}\hat{\Lambda}\hat{V}$ 得到，$\hat{M}_0 = \hat{V}\hat{\Lambda}^{\frac{1}{2}}$，在此基础上，对于主成分的波动率分别可采用 GARCH（1，1）模型，实现对剩余参数的估计。

尽管 O – GARCH 模型目前被广泛地应用于实证中，但该模型存在不足之处：Van der Weide（2002）从模型的可识别性（Identifiability）的角度指出了模型可识别性不强，Fan 等（2008）认为，在 O – GARCH 模型中假定主成分之间具有条件不相关性，这常会导致错误的结论。

4. IC – GARCH 模型

独立成分分解（ICA）类似主成分分解（PCA），如果存在矩阵 C 和 $s_t = (s_{1,t}, s_{2,t}, \cdots, s_{k,t})$，其中 $s_{i,t}$ 和 $s_{j,t}$ 相互独立 $(i \neq j)$，满足 $\varepsilon_t = Cs_t$，则称 s_t 是 ε_t 的 k 个独立成分。通常假定各个独立成分满足 $E[s_t] = 0$，$E[s_t s'_t] = I_k$，这里 C 称为转换矩阵。

对于得到的独立成分 $s_{i,t}$，可以采用 $GARCH(P, Q)$ 来刻画其波动率：
$s_{i,t} = v_{i,t} e_{i,t} e_{i,t}$ 是独立同分布的。

GARCH（P，Q）：

$$v_{i,t}^2 = w_i + \sum_{u=1}^{P}\alpha_{i,u}s_{i,t-u}^2 + \sum_{u=1}^{Q}\beta_{i,u}V_{i,t-u}^2 \tag{3-52}$$

则 ε_t 的条件协方差为：

$$H_t = CV_tC' \tag{3-53}$$

式中，$V_t = diag(v_{1,t}, v_{2,t}, \cdots, v_{k,t})$，与 O - GARCH 模型不同的是，在 IC - GARCH 模型中，s_t 是相互独立的成分可保证条件协方差矩阵 V_t 在构造上是一个对角矩阵。

根据模型构造过程，IC - GARCH 模型的构建分为两部分：转换矩阵 C 的估计和对每一个独立成分的波动率刻画。以下将分别介绍这两部分的构建及模型的拓展过程。

（1）转换矩阵的 FastICA 算法。在模型中，C 的估计采用 FastICA 算法。该算法利用基于负熵的独立性测度，选取 C，使输出 $s_1, s_2, \cdots, s_m$ 之间各分量的独立性最强，从而实现信号的盲分离，根据文献介绍的三种对照函数 $G(\cdot)$ 及对应的导数 $g(\cdot)$，我们采用式：

$$G_1(x) = \frac{1}{a_1} \log\cosh(a_1 x), \quad g_1(x) = \tanh(a_1 x)$$

式中，a_1，a_2 为常数，满足 $1 \leq a_1 \leq 2$，$a_2 \approx 1$，作为迭代算法的对照函数。

（2）独立成分波动率的刻画。转换矩阵及独立成分确定以后，需要对每一个独立成分的波动率进行刻画。实际上，金融数据的独立成分（IC）往往具有非对称性，而 GARCH（P，Q）并不能很好地刻画其非对称特性。另外，独立成分（IC）本身具有非高斯分布的约束，需要对模型残差类别重新考虑。

因此我们将从以下两个方面对独立成分的波动率刻画模型进行改进：

1）人民币汇率的独立成分呈现非对称性，可以将 IC - GARCH 模型改进为 GJRGARCH（P，O，Q），IGARCH（P，Q），来刻画独立成分的波动率，通过人民币汇率的实证分析对比模型预测效果的优劣。

2）人民币汇率的独立成分具有非高斯性，因此对于残差类别需要考虑广义误差分布，t - 分布等。

对独立成分的波动率建立模型如下：

$s_{i,t} = v_{i,t} e_{i,t}$，$e_{i,t}$ 是独立同分布的，$e_{i,t}$ 服从 t 分布或广义误差分布：

$$GARCH(P,Q): v_{i,t}^2 = w_i + \sum_{u=1}^{p} \alpha_{i,u} s_{i,t-u}^2 + \sum_{u=1}^{Q} \beta_{i,u} V_{i,t-u}^2 \quad (3-54)$$

$$GJRGARCH(P,O,Q): V_{i,t}^2 = w_i + \sum_{u=1}^{p} \alpha_{i,u} s_{i,t-u}^2 + \sum_{u=1}^{Q} \gamma_{i,u} s_{i,t-u}^2 I_{\{S_{i,t-u}<0\}}$$
$$+ \sum_{u=1}^{Q} \beta_{i,u} V_{i,t-u}^2 \quad (3-55)$$

$$IGARCH(P,Q): v_{i,t}^2 = (1 - \sum_{u=1}^{p} \alpha_{i,u} - \sum_{u=1}^{Q} \beta_{i,u}) + \sum_{u=1}^{p} \alpha_{i,u} s_{i,t-u}^2 + \sum_{u=1}^{Q} \beta_{i,u} V_{i,t-u}^2$$
$$(3-56)$$

（3）模型的降维。在 IC - GARCH 模型中，我们将 k 维的收益率序列经转换

矩阵仍然转换为 k 维的独立成分,在维数方面并没有减少,对模型的一个改进想法是将原始的收益率序列转化为 m 个($m \leq k$)独立成分,采用累计贡献率确定 m 的取值,该降维技术在 IC - GARCH 模型中的应用,可减少运算负担,具有方便实际的可操作性。我们将对比模型降维之后的预测效果。

(二) 模型的检验

多维波动率模型的诊断以及模型的设定检验比较少,大部分由一维的情形发展而来,从纯粹的统计学模型设定的角度,可采用残差的混合检验(Portmanteau Test)及其交叉检验(Box - Pierce Test)。

1. ljung - box 的 Portmanteau 检验

如果 H_t 给出了 ε_t 的条件协方差,定义 $\eta_t = H_t^{-\frac{1}{2}} \varepsilon_t$,实际上,$H_t^{\frac{1}{2}} = V\Lambda^{\frac{1}{2}} V'$,根据模型假设,易知 $E[\eta_t \eta_t' | F_{t-1}] = k$,$E[\eta_t' \eta_t | F_{t-1}] = 1$,由此可见,无论是 $\eta_t \eta_t'$ 还是 $\eta_t' \eta_t$ 都不应该有自相关性,令 $\hat{\eta}_t = \hat{H}_t^{\frac{1}{2}} \varepsilon_t$ 为数据的残差序列,令 $\pi_t = vech(\eta_t \eta_t')$,$\pi_t$ 是 $k(k+1)/2$ 的向量,样本的自协方差矩阵函数定义为:

$$\hat{\Gamma}(K) = \frac{1}{n} \sum_{t=K+1}^{n} (\hat{\pi}_t - \bar{\pi}_t)(\hat{\pi}_{t-K} - \bar{\pi}_t)', K = 0,1\cdots \quad (3-57)$$

这里 n 为样本容量。令 $\hat{D} = diag(\hat{\Gamma}(0))$,那么样本自相关矩阵函数 $\hat{\rho}(K) = \hat{D}^{-\frac{1}{2}} \hat{\Gamma}(K) \hat{D}^{-\frac{1}{2}}$,构造以下多元的混合统计量:

$$Q_H(M) = n^2 \sum_{K=1}^{M} (n-K)^{-1} tr(\hat{\rho}(K) \hat{\rho}(0)^{-1} \hat{\rho}(K)' \hat{\rho}(0)^{-1}) \quad (3-58)$$

在原假设不存在 ARCH 条件下,$Q_H(M)$ 的渐进分布为自由度为 Mk^2 的 χ^2 分布。

2. 残差的交叉乘积 Box - Pierce 检验

设 $\hat{e}_{i,t} = \varepsilon_{i,t} / \hat{h}_{ii,t}^{1/2}$,$i=1, 2, \cdots, k$,定义:

$$A_{ij,t} = \begin{cases} \hat{e}_{i,t}^2 - 1, & i = j \\ \hat{e}_{i,t} \hat{e}_{j,t} - \hat{\rho}_{ij,t}, & i \neq j \end{cases} \quad (3-59)$$

式中,$\hat{\rho}_{ij,t} = \hat{h}_{ij,t} / (\hat{h}_{ii,t} \hat{h}_{jj,t})^{1/2}$ 是 $\varepsilon_{i,t}$ 和 $\varepsilon_{j,t}$ 之间估计的条件相关系数,若 h_t 的模型选择是合适的,则对任何的 i 和 j,$\{A_{ij,t}\}$ 都没有任何自相关性,因此可用 Box - Pierced 的 Q 统计量度量这种自相关性:

$$Q(ij, M) = n \sum_{l=1}^{M} r_{ij,l}^2 \quad (3-60)$$

这里的 $r_{ij,l}$ 是 $A_{ij,t}$ 的第 l 个样本自相关函数,为检验"前 M 个自相关函数都为零"的假设可以借用 χ_M^2 分布。

(三) 多元波动率的预测

1. 波动率预测模型

对于在 t 时刻向前 p 步的多元波动率预测,我们采用 H_{t+p} 关于信息滤子族 $\{F_t\}_{t\geq 0}$ 的条件期望来表示,记为 $H_{t+p\mid t} = E[H_{t+p} \mid F_t]$, $p \in Z$, $p \geq 1$。

(1) BEKK 模型的预测。当 $k = p = q = 1$ 时,模型向前 p 步预测为:

$$H_{t+p\mid t} = E[H_{t+p} \mid F_t] = C'C + A_{11}E[\varepsilon_{t+p-1}\varepsilon'_{t+p-1} \mid F_t]A'_{11} + B_{11}E[H_{t+p-1} \mid F_t]B'_{11} = C'C + A_{11}H_{t+p-1\mid t}A'_{11} + B_{11}H_{t+p-1\mid t}B'_{11}$$

$$H_{t+1\mid t} = E[H_{t+1} \mid F_t] = C'C + A_{11}\varepsilon_t\varepsilon'_tA'_{11} + B_{11}H_tB'_{11} \tag{3-61}$$

(2) CCC 模型的预测。由式 (3-47) 可得:

$$H_{t+p\mid t} = E[H_{t+p} \mid F_t] = E[D_{t+p}\Gamma D_{t+p} \mid F_t] = E[D_{t+p} \mid F_t]\Gamma E[D_{t+p} \mid F] \tag{3-62}$$

因此只需要对各个汇率做预测即可,再根据式 (3-62),可求出预测的条件协方差矩阵。

(3) O-GARCH 模型的预测。由式 (3-51) 可得:

$$H_{t+p\mid t} = E[H_{t+p} \mid F_t] = M_0 E[\Lambda_{t+p} \mid F_t]M'_0 \tag{3-63}$$

因此需要对每一个主成分的波动率向前 p 步预测,当每一个主成分服从 GARCH (1, 1) 模型时,可以得到如下结果:

$$\lambda_{i,t+p\mid t} = w_i + (\alpha_i + \beta_i)\lambda_{i,t+p-1\mid t}, \quad \lambda_{i,t+1\mid t} = w_i + \alpha_i z_{i,t}^2 + \beta_i \lambda_{i,t} \tag{3-64}$$

(4) IC-GARCH 等模型波动率预测。类似 O-GARCH 模型,仅需要对各独立成分进行向前 p 步预测。

IC-GARCH (1, 1) 模型的预测:

$$V_{i,t+p\mid t}^2 = w_i + (\alpha_i + \beta_i)V_{i,t+p-1\mid t}^2, \quad V_{i,t+1\mid t}^2 = w_i + \alpha_i s_{i,t}^2 + \beta_i v_{i,t}^2 \tag{3-65}$$

IC-GJRGARCH 模型的预测:

$$V_{i,t+p\mid t}^2 = w_i + \gamma_{i,1}V_{i,t+p-1}^2 I_{\{S_{it+p-1\mid t}<0\}} + (\alpha_{i,1} + \beta_{i,1})V_{i,t+p-1\mid t}^2$$

$$V_{i,t+p\mid t}^2 = w_i + \gamma_{i,1}V_{i,t}^2 I_{\{S_{i\mid t}<0\}} + (\alpha_{i,1} + \beta_{i,1})V_{i,t}^2 \tag{3-66}$$

IC-IGARCH 模型的预测:

$$V_{i,t+p\mid t}^2 = (1 - \alpha_{i,1} - \beta_{i,1}) + (\beta_{i,1} + \alpha_{i,1})V_{i,t+p-1\mid t}^2$$

$$V_{i,t+1\mid t}^2 = (1 - \alpha_{i,1} - \beta_{i,1}) + \beta_{i,1}V_{i,t}^2 + \alpha_{i,1}s_{i,t}^2 \tag{3-67}$$

2. 模型预测效果评价

由于无法直接观测到真实的波动率,需要构造真实波动率的代理值 (Proxy),才能进一步评价模型的预测效果。在模型的预测效果的评价中,参照 Pelletier (2006) 以及 Fan 等 (2007),采用 AMAD 来评价模型波动率的预测效果:

$$AMAD(p) = \begin{cases} \dfrac{1}{k^2}\sum_{i,j}^{k} E \mid h_{ij,t+p\mid t} - \dfrac{1}{2v}\sum_{d=-v}^{v} r_{i,t+p+d} r'_{j,t+p+d} \mid v \neq 0 \\ \dfrac{1}{k^2}\sum_{i,j}^{k} E \mid h_{ij,t+p\mid t} - r_{i,t+p+d} r'_{j,t+p+d} \mid v = 0 \end{cases} \quad (3-68)$$

式中，v 的作用是将随机的误差进行平均处理，当 $v=0$ 时，上述标准就变为 Pelletier（2006）采用的准则。

（四）人民币汇率波动率模型的实证分析

在现有的经济环境下，中国主要参与北美、欧洲、东南亚三大经济圈的贸易活动，因此在本模型中，主要考虑税率制度改革后的美元、日元、欧元、英镑四种货币对人民币的汇率波动率。根据各组数据的相关性，不能将各组数据割裂单独考虑，需要建立多元波动率模型。为保证数据的一致性，选择人民币汇率数据的时间跨度为 2006 年 8 月 1 日到 2011 年 6 月 30 日，每天的收益率按照对数差分并以百分数记，最终得到数据共计 1194 个。选用最后的 170 个数据进行模型的预测评价，预测的最大步长为 10 步，并选用距离现在最近的 800 天的历史数据来估计模型所需的参数。

根据上述理论，本部分将建立这四种货币对人民币汇率的各种多元波动率模型并做检验，对比各模型的波动率预测效果；针对 IC 分解下的多元波动率模型，详细分析对比残差类型对模型的影响，降维对模型的预测效果影响。

1. 数据预处理

对各汇率数据进行一阶对数差分，并乘以 100 以获得平稳的输入数据。数据基本统计描述如表 3-9 所示。建立模型之前，需要检验数据是否具有多元自相关性，根据 Ljung-box 的 Portmanteau 检验及 Box-Pierce 检验结果，各滞后期的 P 值接近 0，远小于 0.1 的置信度，故接受原假设，模型可被认定为具有多元自相关性，因此可以建立多元波动率模型以刻画其条件协方差。

表 3-9 人民币汇率数据基本统计量

	均值	方差	峰度	偏度
美元/人民币	-0.018	0.008	2.953	-0.553
欧元/人民币	-0.008	0.503	9.201	-0.602
日元/人民币	0.013	0.544	3.475	0.035
英镑/人民币	-0.030	0.501	4.638	-0.411

资料来源：国家外汇管制局（http://www.safe.gov.cn/model_safe/index.htm）。

2. 模型的预测效果

（1）多元波动率模型的预测效果对比。

表 3-10 当 v=0 时人民币汇率波动率预测效果（AMAD）

单位：%

P	IC-GARCH	IC-GJRGARCH	IC-IGARCH	BEKK	CCC	OGARCH
1	0.3740	0.3649	0.3612	0.23081	0.92170	0.6122
2	0.6356	0.6753	0.6365	0.02329	0.30579	0.9324
3	0.6764	0.6607	0.6637	0.34111	0.88103	0.5572
4	0.9103	0.8555	0.9015	0.20500	0.82307	0.6826
5	0.7747	0.7468	0.7628	0.39246	0.84432	0.3511
6	0.9826	0.0743	0.9765	0.02449	0.50124	0.9724
7	0.2205	0.1259	0.2253	0.32144	0.03006	0.9861
8	0.8017	0.7588	0.7919	0.12337	1.40113	0.8764
9	0.6824	0.6416	0.6824	0.18249	0.30732	0.6348
10	0.2764	0.1078	0.2804	0.02261	0.03909	2.4593

表 3-11 当 v=1 时人民币汇率波动率预测效果（AMAD）

单位：%

P	IC-GARCH	IC-GJRGARCH	IC-IGARCH	BEKK	CCC	OGARCH
1	0.3045	0.2540	0.3399	0.2047	0.5698	0.4712
2	0.4156	0.3555	0.3922	0.1260	0.4896	0.4126
3	0.3513	0.3444	0.3916	0.2598	0.4120	0.4157
4	0.5478	0.4815	0.3970	0.2495	0.4257	0.4210
5	0.4189	0.3657	0.3685	0.2410	0.4279	0.4614
6	0.5123	0.1253	0.2251	0.2516	0.4510	0.4513
7	0.2108	0.2255	0.2253	0.2596	0.4591	0.4689
8	0.4057	0.3984	0.2116	0.2696	0.6579	0.4719
9	0.3843	0.3025	0.2111	0.2790	0.5698	0.4789
10	0.2565	0.2035	0.2309	0.2895	0.3521	0.5988

表 3-12 当 v=2 时人民币汇率波动率预测效果（AMAD）

单位：%

P	IC-GARCH	IC-GJRGARCH	IC-IGARCH	BEKK	CCC	OGARCH
1	0.2742	0.1842	0.2259	0.1345	0.3357	0.2754

续表

P	IC-GARCH	IC-GJRGARCH	IC-IGARCH	BEKK	CCC	OGARCH
2	0.2742	0.1594	0.2542	0.1490	0.3106	0.2842
3	0.2742	0.1717	0.2591	0.1499	0.2921	0.2951
4	0.2742	0.1850	0.2615	0.1584	0.3489	0.3013
5	0.2742	0.1591	0.2658	0.1698	0.3511	0.3021
6	0.2742	0.1954	0.2647	0.1499	0.3516	0.3158
7	0.2742	0.2024	0.2146	0.1765	0.3692	0.3254
8	0.2742	0.2213	0.2810	0.1822	0.3505	0.3201
9	0.2742	0.2846	0.2315	0.2055	0.3815	0.4584
10	0.2742	0.2084	0.2605	0.2584	0.3782	0.3699

由表3-10、表3-11、表3-12的AMAD的标准来看，随着v取值的增大，各模型的AMAD都在减小，预测结果最好的是BEKK模型，其次是IC-GJRGARCH模型，预测效果最差的是CCC模型。然而在该实证分析部分，比较各个模型需要估计的参数，BEKK需要估计33个参数，CCC模型需要估计18个参数，O-GARCH模型需要估计28个参数，在获得独立成分之后，对每个独立成分进行GJRGARCH建模仅需要估计4个参数，且IC分解下的波动率模型参数估计方法具有很强的自适应性。当维数增大时，BEKK模型的计算将变得非常复杂，计算负担比较重。综上考虑，IC分解下的波动率模型具有较好的预测能力及较小的运算负担。需要指出的是，人民币汇率数据的独立成分（IC）往往具有非对称性，GARCH模型并不能很好地刻画其波动率特性，需要GJRGARCH及IGARCH这类可以刻画波动率非对称性的模型的改进，而实证数据表明，GJR-GARCH与IGARCH模型的预测效果要优于GARCH模型，从而验证了我们之前的结论。

（2）IC-GJRGARCH模型下不同的残差类型的预测结果比较。

表3-13 当$v=0$时不同残差类型的IC-GJRGARCH模型预测效果

单位：%

P	高斯分布	广义误差分布	t-分布
1	0.3649	0.2268	0.2191
2	0.6753	0.2711	0.2715
3	0.6607	0.2510	0.2187
4	0.8556	0.3129	0.2733

续表

P	高斯分布	广义误差分布	t-分布
5	0.7469	0.3872	0.3484
6	0.0744	0.3639	0.4131
7	0.1259	0.2343	0.2348
8	0.7588	0.3174	0.2736
9	0.6417	0.3867	0.3871
10	0.1078	0.3207	0.3149

由表3-13预测结果可以看出，残差类型为广义误差分布与t分布的预测效果都要好于高斯分布的预测效果。实际上，这是可以预见的，独立成分（IC）本身具有非高斯分布的约束，因此，采用广义误差分布或t分布对独立成分的波动率刻画具有更好的效果。

（3）降维情形下IC-GJRGARCH模型的预测结果比较。

表3-14 当v=0时降维IC-GJRGARCH模型预测效果

单位：%

p	4维（广义误差分布）	3维（广义误差分布）
1	0.2268	0.2657
2	0.2711	0.2832
3	0.2510	0.1164
4	0.3130	0.2499
5	0.3872	0.1429
6	0.3640	0.1476
7	0.2344	0.2023
8	0.3174	0.1291
9	0.3868	0.2074
10	0.3207	0.1271

在v=0情况下，对IC-GJRGARCH模型进行降维处理时，在向前两步预测之后，降维模型的预测效果要优于没有降维情形下的模型预测效果，在降维之后，需要估计的参数个数减少，这是提高模型预测能力的一个重要因素。降维的

处理，在模型维数众多时，将大大减轻运算负担，使 IC 情形下的波动率模型具有很好的适应性和精确度。

（五）结论

本章的研究发现了人民币汇率波动率具有尖峰厚尾特征、有偏性和长记忆性。此外，由于人民币汇率之间具有联动性，人民币汇率波动率的刻画及预测可以采用多元模型，与一元的波动率模型相比，多元波动率模型需要估计大量的参数以及对条件协方差矩阵的正定性要求，选择既有较小运算负担又能合理刻画多元波动率的模型是一项比较困难的工作，我们主要给出近几年关于多元 GARCH 模型预测波动率研究的一些主要进展，包括 BEKK 模型，CCC 模型，O - GARCH 模型，IC - GARCH 模型，其中 IC - GARCH 模型能减少参数估计，对独立成分波动率的刻画方法具有自适应性，具有广阔的发展前景。我们对 IC - GARCH 模型做了三方面的拓展：首先，将 IC - GARCH 模型扩展到 IC - GJRGARCH 模型，IC - IGARCH模型；其次，对于模型残差类别考虑广义误差分布，t - 分布；最后，做了降维之后与降维前的模型预测效果对比。

通过人民币汇率实证比较分析，可以得到以下结论：

（1）BEKK 和 IC - GJRGARCH 模型的预测效果较好，但是由于 BEKK 模型需要估计的参数远多于其他模型，因此实际操作性不强，预测效果最差的模型是 CCC 模型。

（2）当残差类别为广义误差分布时，IC - GJRGARCH 模型往往能提供较准确的预测结果。

（3）当模型提取三维独立成分之后，模型的预测效果变化不大甚至优于降维之前的预测效果。

我们还发现，通过四维的人民币汇率数据实证分析，验证了此前的推理，IC 情形下的波动率预测模型可以提高预测精度，并减小运算负担，具有良好的实际可操作性。本章内容也为本书后面研究外汇汇率波动对企业价值的影响奠定了数据与方法基础。

第四章 人民币汇率波动对进出口制造业的影响分析

一、引言

随着中国金融深化与国际化程度不断增大，人民币汇率市场化及其调整频率的问题与中国经济增长、对外贸易总量增长、对外贸易结构息息相关。面对新的宏观环境，我国各进出口行业的企业也要求对人民币汇率变化作出适当调整。以人民币升值的影响为例，人民币升值会使得以外币计价的出口产品价格上涨，从而影响出口行业与企业的海外销售数量，那些生产初级产品和劳动密集型加工产品的出口行业和出口企业尤其会受到较大的影响。与此同时，人民币升值使得以人民币表示的进口商品价格和进口支付费用下降，从而影响进口量的变化。此外，人民币升值使得进口商品价格降低，这将对国内进口替代产品和相关同类产品构成一定威胁，尤其是那些较低端的替代产品与同类产品面临着较大的冲击。但是由于不同行业进出口幅度不同，同时面临的市场竞争又各不相同，因此人民币汇率波动对中国进出口制造业中各个具体行业的影响也不尽相同，接下来本章将分别从中国制造业的进出口发展概况、汇率波动对中国进出口制造企业和行业的影响现状以及汇率变动对一国制造行业或企业利润的影响渠道四个方面展开分析。

二、中国制造业的进出口发展概况

工业是一国国民经济的基础和支柱。工业对于国民经济的意义，不仅在于它直接创造经济价值,更体现在它对于国民经济长期增长的驱动作用,工业的发展是其他产业发展的先决条件。而制造业是工业的主体,是一国工业的主导力量。对于大多数发达国家和发展中国家而言,制造业的主导地位和基础作用是其他产业所无法替代的。虽然随着经济发展,制造业在国家经济总量中的比重逐渐下降,但制造业本身所蕴含的生产能力和知识积累是一国经济长期发展的关键。

中国改革开放 30 多年,制造业快速发展,已经建立和积累了雄厚基础,是中国国民经济增长的重要支撑力量;随着中国全方位改革开放的深入发展,尤其是在 2001 年加入世界贸易组织(WTO)后,国内市场与国际市场联系日益紧密,中国逐渐成为世界制造业战略性重组格局中的重要一环,中国制造业在国际市场中的占有率不断提高,国际竞争力显著增强,逐渐发展为世界的制造中心。根据联合国工业发展组织的统计资料,1991~1995 年、1995~2000 年、2000~2006 年,中国制造业增加值年均增长率分别为 12.3%、8.3% 与 10.3%,不仅远高于同期的世界平均增长速度(1.7%、3.3% 与 1.7%),而且也高于发展中国家的增长速度(4.9%、4% 与 5%)。另据联合国统计署数据,2003~2007 年,中国制造业增加值年度增长率连续 5 年超过 10%,不仅高于美国、德国、日本与法国等工业化国家,而且高于巴西、印度与墨西哥等主要发展中国家。由于增长速度相对较快,中国制造业的国际地位明显提高。1995 年,中国制造业增加值占世界份额为 5.11%,位列第四;中国制造业出口额占世界份额仅为 3.38%,进口额的世界份额为 2.81%,不仅低于美国、日本与德国,而且低于法国与英国;制成品净出口额 208.7 亿美元,远低于日本与德国。2007 年,中国制造业增加值占世界份额提高到 11.97%,已成为仅次于美国的第二大制成品生产国;2007 年,中国制造业出口额占世界份额提高到 11.95%,与德国仅相差 0.1 个百分点;2008 年,中国商品出口 14285 亿美元,而德国出口 14060 亿美元,中国商品出口总额已经超过德国,进口额占世界份额提高到 7.13%,位列世界第三;制成品净出口额达到 457.20,位列世界首位,相当于 1995 年的 20 多倍。在这一时期,中国的各类大中小型企业也主动或被动地加入到国际化竞争中,中国本土企业(尤其是制造业企业)占整个世界的出口份额由 2000 年的 2.23% 迅速增长到 2005 年的 4.06%,年均增长率达 16.41%(姚洋等,2008)。中国制造业企业迅速成长,不仅已成为决定中国出口扩张的一支重要力量,而且在世界制造业体系中的分量也与日俱增。中国成为众多重要工业品的世界性生产基地。

在这一时期,从中国企业的出口贸易模式来看,中国大型企业和中小型企业所侧重的出口行业往往不同。如大型企业往往偏重资本密集型或技术密集型产品的贸易出口,如钢铁、机械、电子、医药、数控机床等,由于大型企业所从事的贸易出口产品技术含量偏高,较多地采用一般贸易形式,产品附加值也相对高,利润相对高；而中小型企业则在劳动力密集型和资源密集型产品的贸易出口中占有优势，如纺织服装、鞋袜、玩具、手工艺品、家具等，而且较多地采用加工贸易的形式，产品附加值相对低，其利润也相对低。外国直接投资的企业主要出口电动设备及零件、通信设备等技术含量高、资本密集的产品，一般采用"大进大出"的加工贸易模式。在这段时期的出口贸易中，美国、日本和欧盟是最大的出口市场。从中国主要从事出口贸易的区域来看，浙江以民营企业为贸易主体，劳动力密集型产品为主的商品贸易结构，中小企业出口大多采用的是一般贸易形式；江苏以外资企业为贸易主体，以高新技术商品为主的商品贸易结构，多偏重加工贸易的方式；广东珠三角地区由于外商直接投资力度大，大型外企、为大企业做产品加工的中小企业的加工贸易特征明显。

在中国的"十二五"时期，中国制造业在取得巨大成绩的同时，制造业发展的内外部环境已发生深刻变化：国际金融危机给中国的制造业带来严重冲击，国内企业从事生产经营所处的宏观环境面临着外部需求萎缩、人民币汇率升值、原材料价格上涨、劳动力成本提高和银行信贷紧缩等多重约束，而中国制造业本身的发展也遇到产业转型升级的紧迫要求。中国制造业面临着诸多亟待解决的重要发展问题，迫切需要实现中国由"制造业大国"向"制造业强国"的转变，实现制造业的产业升级。随着中国经济步入新常态，"中国制造"进一步显现疲态，出口贸易也出现新的变化。一方面，以往中国出口贸易对象主要集中于发达经济国家或地区，在这一时期美、日、欧盟的比重有所下降，分别从2008年的17.63%、20.47%、8.12%、降至2013年的16.47%、15.24%、6.77%；相反地，新兴市场与自由贸易协定伙伴国的比重有所增加，其中东盟占比从2007年的7.72%升至2013年的10.66%。此外，在出口贸易方式上，自2011年一般贸易首次超过加工贸易出口规模以来，其比重呈直线上升趋势，加工贸易企业的转型加快；2013年，一般贸易规模达1.18万亿美元，贸易比重由2008年的46.31%增长至2013年的52.8%；而同期加工贸易在经历2009年的下跌后，2010年缓慢增长，比重不断降低，2013年降至32.7%。近1/3的外贸加工企业延长在国内的产业链，86.4%的加工贸易为进料加工，意味着正逐步形成加工贸易梯度的转移升级。另一方面，中国进出口制造业企业的国际化经营也从起步探索逐渐发展到加快步伐、提升国际化经营层次新阶段，尤其是在通信设备、计算机及其他电子设备制造业，交通运输设备制造业，电器机械及其器材制造业，化学原料及化学制品制造业，专业设备制造业，通用设备制造业六大行业的国际化经营得到了很大的提高。

中国进出口制造业企业外汇风险测定与管理

三、汇率波动影响中国进出口制造企业的现状分析

在 2005 年人民币汇率制度放弃盯住美元的固定汇率制度之前，国内业界与学界一直热烈地对如下问题展开讨论：实行浮动汇率制度后人民币汇率波动对中国经济，尤其是出口贸易将带来怎样的成本与收益；其核心议题之一是如果采取浮动汇率制度引起人民币汇率大幅波动，中国经济从宏观到微观、从行业到企业，能否承受巨大的过度升值压力以及大大增加的外汇风险？[①]

自 2005 年 7 月 21 日起，中国开始实行以市场供求为基础、参考一篮子货币进行调节、有管理的浮动汇率制度，人民币汇率不再盯住单一美元，而是采取更富弹性的人民币汇率机制，人民币兑美元汇率随即升值 2%。由于当时整个市场对人民币汇率单边升值预期明显，汇率调整幅度远低于预期水平，再加上国家相关政府部门相应调整了出口退税、出口补贴等政策，因此在汇改初期，学界与媒体对有关人民币汇率变动对中国行业或企业影响的判断一直持谨慎的态度，普遍认为汇率变动对多数行业或企业利润的影响有限[②]。

然而，2007 年国家统计局对全国 2.6 万家大中型工业企业进行"生产经营状况及趋势"的调查结果显示，汇率波动影响不断加剧是造成 2006 年工业企业出口增幅持续回落的主要原因。另外，由中国工业和信息化部在 2010 年组织的相关企业调查结果也显示，即便是中国在 2008 年曾短暂恢复盯住美元的固定汇率制度，以使中国制造业企业在全球金融危机中得以喘息，但在 2009 年之后，人民币汇率双向波动幅度进一步增强，美元、欧元、日元和英镑等货币相对人民币贬值幅度不断加大，这些事实再次给企业造成巨大的利润压力，甚至难以维持正常的生产经营；剔除全球经济危机所致海外需求萎缩，国内工资、原材料成本上涨的影响，人民币汇率短期发生非预期性波动，会给中国服装、鞋类、机电、家具、汽车、电子行业等工业生产企业的利润带来严重损失。此外，根据 2010

---

① 我们利用中国资讯行高校财经数据库中的"中国经济新闻库"，使用"人民币升值"等关键词进行新闻检索后发现，从 2003 年欧美掀起"人民币升值论"风波起至 2005 年 7 月 21 日人民币汇率制度改革宣布之日止，共有 99 条相关新闻讨论，其中专门涉及人民币汇率波动对行业或企业经济影响议题的新闻数量占全部新闻数量的 1/4（25.3%）。

② 根据中国期刊网数据库与中国资讯行"中国经济新闻库"数据，在中国 2005 年 7 月允许人民币兑美元汇率升值至 2008 年 7 月恢复人民币汇率盯住美元政策期间，共有 4 篇公开发表的论文和 38 篇新闻专题讨论汇率波动对中国企业或行业经济的影响，有趣的是，几乎所有论文都认为约有 1/4 样本企业面临着显著的外汇风险影响；53% 的新闻评论支持汇率波动对中国行业经济影响有限的观点。

年环球资源的一项针对239家中国出口企业的调查显示,超过六成出口企业认为人民币兑美元汇率若升值2%或以上将对其出口带来负面影响。

学术界也有类似的发现,不过在哪种企业类型会遭受到更大外汇风险的问题上尚存在争议。谷宇和高铁梅(2007)认为中国出口对价格的较大弹性是中国出口产品结构单一、附加值较低、出口市场集中、国内厂商恶性竞争等不合理贸易现象的一个集中体现;他们发现上述因素的共同作用导致中国出口商在国际市场上主要依赖价格进行竞争,议价能力低,出口产品的竞争优势脆弱;当国内厂商过度依赖出口、议价能力低、利润空间较小时,人民币汇率波动将对国内厂商的利润产生较大影响,从而导致出口下降;此外,国内厂商的外汇风险意识薄弱以及金融避险工具的缺乏也使得他们无法规避汇率风险,最终影响利润及出口。丁晖等(2008)选取海外贸易分别占主营业务70%、80%和90%以上的具有代表性的企业进行了短期、中期和长期的人民币汇率波动对国际企业价值的影响分析,研究发现外汇风险随着企业外贸收入比重的增加而增大,比例大于70%的企业都要特别留意对外汇风险进行防范和规避,同时中国国际企业的外汇风险主要集中在短期和中期;此外他们还对21个非金融行业进行了研究,最终发现食品饮料、木材家具、机械、设备、仪表、金属、非金属、农林牧渔业、采掘业、纺织、服装、皮毛等工业行业等较显著地受到中期外汇风险的影响。李宏彬等(2011)从企业层面研究汇率变动对企业进出口的具体影响,最终发现私营企业的进出口值在人民币升值过程中将遭受最大幅度的降低,其次遭受较大进出口值降幅的企业类型是外资企业;他们还发现所在行业技术水平越高、资本密集度越高,人民币升值对其企业进出口值的冲击越大;此外他们按不同贸易方式考察了人民币汇率波动对企业的影响,得到了从事进料加工贸易企业和从事一般贸易的企业所遭受的影响更大。张会清和唐海燕(2012)则认为,人民币升值对国有企业出口的负面影响最大,对私营企业和集体企业的负面影响次之,对外资企业出口的负面影响最小;他们还指出人民币升值对高生产率企业的负面冲击明显大于低生产率企业。

对于中国企业自身而言,对外汇风险的影响与管理方面的认识仍然比较落后。国内大多数在这些方面有一定程度认识的企业只关注人民币汇率波动给他们带来在合同交易过程中的汇兑风险,即出口(进口)企业从签订合同到出口完成期间,由于收汇(付汇)时间跨度大,受汇率波动的影响也大,人民币升值(贬值)加速意味着以美元或欧元计价的出口(进口)企业收入(支出)会直接遭受汇兑损失。由于企业外汇风险意识的薄弱,我国企业对于外汇风险管理的认识也十分粗浅。国家外汇管理局陕西省分局课题组走访60家陕西省外商投资企业和借用外债企业发现,38%的被调查企业采取远期售汇、贸易融资、延期付款、债务置换、加速直接投资款和债务性外汇资金流入等措施，有33%的被调查企业表示对衍生避险工具不太了解，16%的被调查企业没有采取任何规避汇率风险措施，还有的被调查企业由于对汇率预测失误，采用远期结汇工具反而产生了一定程度的汇兑损失。中国人民银行货币政策司对辽宁、天津、北京、山东、江苏、上海、浙江、福建、广东和湖北10省市的323家工业企业进行了抽样调查，结果显示在人民币汇率改革后企业虽然有想办法规避人民币汇率变动所带来的风险，但避险工具以贸易融资和提高产品价格为主，企业使用避险工具的规模仍然偏小，这种现状显然与我国进出口总体规模极不相称①。中国人民银行南充市中心支行课题组（2007）经过调研发现，江苏南充市大部分进出口企业通过贸易融资来降低外汇风险，只有很小比重的企业会选择使用避险工具和金融衍生产品来规避外汇风险。朱永行（2009）认为，我国企业外汇风险监控体系不完善，由于外贸企业受到规模、资金、管理能力等方面的限制，因而缺乏相应风险监控体系，无法有效对企业面临的汇率风险进行识别、计量和规避。周俐（2015）则以珠三角为例，发现在近5万家港资企业中，大部分企业从事出口贸易，但这些企业有60%以上都没有做人民币汇率对冲，传统的风险管理方式仍然占据重要地位，即大多数企业尤其是中小企业仍然通过选择结算货币、价格调整、提前或推迟付款等传统方式来应对外汇风险，使用外汇衍生品进行风险管理的水平非常有限。

四、汇率波动影响中国进出口制造行业的现状分析

通过观察1995~2014年我国43种主要出口产品金额数据发现（见图4-1），我国43种主要出口产品占我国出口货物总额的比重逐年增加，说明出口产品所属的行业在我国出口贸易中发挥的作用越来越重要。从出口产品结构来看（见表4-1），我国出口产品结构发生了较大的变化，呈现如下特征：一是农产品和纺织品的比重逐年下降，而电子类、计算机类产品的出口比重逐年上升；二是初级产品在我国出口产品结构中所占的比重越来越小，工业制成品逐渐成为出口结构的主体。由于出口产品对应着所属行业，因此由表4-1可知，我国主要的出口行业有纺织服装、鞋类制造业、硬件制造业、电气设备制造业、农产品业、金属采矿业、汽车及汽车零件制造业、塑料制品业、玩具业、能源业、耐用消费品制造业、交通运输设备制造业等。

---

① 中国人民银行货币政策司. 企业规避汇率风险情况调查［EB/OL］. http://www.pbc.gov.cn/eportal/fileDir/history_file/files/att_13742_1.pdf.

通过对我国1995~2014年的主要31种进口产品金额数据进行观察可以发现（见图4-1），初级产品占我国进口货物总金额的比重呈现总体上升的趋势，工业制成品的比重呈总体下降的趋势。由于进口产品对应着所属行业，由表4-2可知，目前我国主要的进口行业有能源行业、金属采矿业、汽车及汽车零件制造业、塑料制品业、交通运输设备制造业、林业纸业、食品业和化工行业等。

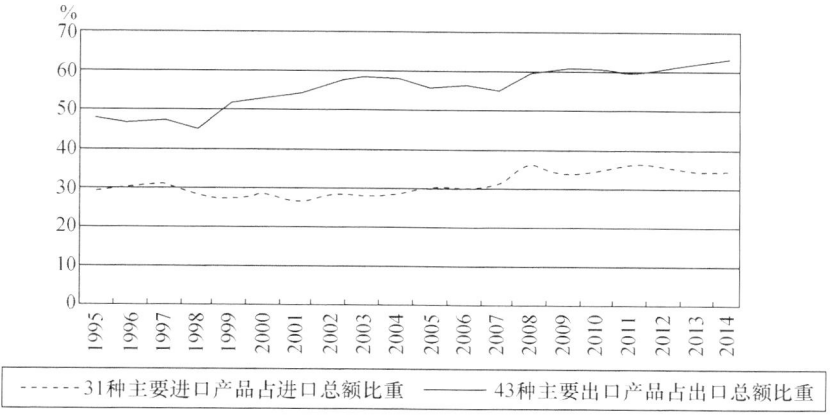

图4-1　1995~2014年主要进出口产品占进出口总额比重

资料来源：国家统计局、Wind数据库。

表4-1　我国主要出口产品出口金额累计值占当年出口总金额比例的排序

单位：%

排名	我国主要出口产品	1995年	我国主要出口产品	2005年	我国主要出口产品	2014年
1	服装及衣着附件	16.14	自动数据处理设备、部件	10.01	服装及衣着附件	7.95
2	纺织纱线、织物及制品	9.36	服装及衣着附件	9.70	自动数据处理设备、部件	7.76
3	鞋类	4.48	纺织纱线、织物及制品	5.40	电话机	5.01
4	玩具	2.31	自动数据处理设备的零件	3.72	手持或车载无线电话机	4.92
5	塑料制品	1.66	手持或车载无线电话机	2.71	纺织纱线、织物及制品	4.79
6	钢材	1.57	鞋类	2.50	农产品	3.05

续表

排名	我国主要出口产品	1995年	我国主要出口产品	2005年	我国主要出口产品	2014年
7	原油	1.50	电视、收音机等	2.38	钢材	3.02
8	集装箱	0.79	家具及其零件	1.77	集成电路	2.60
9	灯具、照明装置及类似品	0.78	钢材	1.72	鞋类	2.40
10	家具及其零件	0.74	塑料制品	1.48	家具及其零件	2.22
11	钢坯及粗锻件	0.72	彩色电视机	1.08	汽车零件	2.10
12	手表	0.69	旅行用品及箱包	0.96	贵金属或包贵金属的首饰	2.07
13	煤	0.68	汽车零件	0.86	塑料制品	1.58
14	通断保护电路装置及零件	0.62	玩具	0.86	灯具、照明装置及类似品	1.33
15	电动机及发电机	0.60	成品油（海关口径）	0.84	自动数据处理设备的零件	1.30
16	船舶	0.59	游戏机	0.84	旅行用品及箱包	1.16
17	贵金属或包贵金属的首饰	0.56	集装箱	0.77	成品油（海关口径）	1.10
18	电视、收音机等	0.55	灯具、照明装置及类似品	0.71	通断保护电路装置及零件	1.05
19	成品油（海关口径）	0.53	印刷电路	0.70	船舶	0.98
20	焦炭及半焦炭	0.46	通断保护电路装置及零件	0.70	电线和电缆	0.90
21	彩色电视机	0.41	静止式变流器	0.69	静止式变流器	0.78
22	自行车	0.36	电线和电缆	0.64	玩具	0.60
23	静止式变流器	0.35	船舶	0.60	印刷电路	0.59
24	电线和电缆	0.34	空调	0.57	彩色电视机	0.58
25	汽车零件	0.25	未锻造的铝及铝材	0.57	未锻造的铝及铝材	0.57
26	生丝	0.20	煤	0.56	电视、收音机等	0.57
27	活猪（种猪除外）	0.19	电动机及发电机	0.45	电动机及发电机	0.46
28	锯材	0.13	原油	0.35	空调	0.43
29	食糖	0.13	钢坯及粗锻件	0.35	集装箱	0.38
30	玉米	0.01	摩托车等	0.32	摩托车等	0.24

接下来将简要分析人民币汇率波动对我国几个主要进出口制造行业的影响。对于我国的纺织服装行业而言，近年以来中国纺织服装产品出口额较大，但我国纺织服装行业进口较少，可见纺织服装行业是典型的出口大于进口的行业，汇率波动主要影响纺织服装行业的出口。由于纺织服装的出口市场通常是以美元标价，若人民币升值则可能会影响以美元标价的外币定价，进而影响我国纺织服装企业在出口市场的竞争力，最终影响我国纺织服装的出口数量。若纺织服装企业按人民币升值的幅度同比例提高外币标价，以维持原来的产品利润率不变，但提价带来的出口量下降和市场占有率的下降，销售利润总额必然会减少。若企业采取继续保持出口产品原有的外币标价的策略，以保持原有的销售额和市场占有率不变，则会面临因人民币升值而导致外汇收入换回的人民币减少，企业的产品利润率与销售利润总额必定双双减少。考虑到我国出口的纺织服装本身的附加值不高，在国际市场上面临来自印度、巴基斯坦、斯里兰卡等国家的激烈竞争，故我国纺织服装出口企业的平均利润率低，所以一旦生产成本上升、人民币升值将给平均利润率偏低的纺织服装企业带来巨大经营压力。

表4-2 我国主要进口产品出口金额累计值占当年进口总金额比例的排序

单位:%

排名	我国主要进口产品	1995年	我国主要进口产品	2005年	我国主要进口产品	2014年
1	钢材	5.05	原油	7.23	原油	11.65
2	初级形状的塑料	4.52	钢材	3.73	铁矿砂及其精矿	4.78
3	肥料	2.83	初级形状的塑料	3.67	汽车和汽车底盘	3.10
4	谷物及谷物粉	2.73	铁矿砂及其精矿	2.78	初级形状的塑料	2.63
5	原油	1.78	成品油（海关口径）	1.58	大豆	2.05
6	食用植物油	1.75	未锻造的铜及铜材	1.41	未锻造的铜及铜材	1.82
7	金属加工机床	1.67	大豆	1.18	飞机	1.33
8	成品油（海关口径）	1.56	金属加工机床	0.98	成品油（海关口径）	1.20
9	汽车和汽车底盘	1.16	飞机	0.87	钢材	0.91
10	纺织用合成纤维	1.00	汽车和汽车底盘	0.77	纸浆	0.62
11	铁矿砂及其精矿	0.93	纸浆	0.56	原木	0.60
12	飞机	0.80	纸及纸板（未切成形的）	0.54	废铜	0.56
13	合成纤维纱线	0.77	未锻造的铝及铝材	0.50	金属加工机床	0.55
14	ABS树脂	0.65	原木	0.49	锯材	0.41
15	纸浆	0.51	废铜	0.48	谷物及谷物粉	0.32

续表

排名	我国主要进口产品	1995年	我国主要进口产品	2005年	我国主要进口产品	2014年
16	木质薄板制胶合板	0.42	肥料	0.46	食用植物油	0.30
17	废铜	0.37	食用植物油	0.43	鲜、干水果及坚果	0.26
18	原木	0.28	氧化铝	0.39	天然橡胶	0.25
19	聚酯切片	0.25	ABS树脂	0.39	合成橡胶	0.20
20	氧化铝	0.20	合成纤维纱线	0.28	未锻造的铝及铝材	0.19
21	农药	0.12	天然橡胶	0.28	纸及纸板（未切成形的）	0.18
22	废铝	0.11	合成橡胶	0.27	ABS树脂	0.18
23	锯材	0.11	锯材	0.23	废铝	0.18
24	钢坯及粗锻件	0.08	谷物及谷物粉	0.21	肥料	0.17

金属采矿业包括有色金属和钢铁业。对于有色金属行业中的铝业而言，一方面是进口原铝和氧化铝，另一方面通过来料加工将氧化铝转化为原铝出口，最终仍属于一个净出口行业。在不考虑其他情况前提下，对于以一般贸易方式进口原料的铝业企业而言，人民币升值将降低其国外的采购成本，然而人民币升值使得其出口商品的相对价格上升，不利于企业在国际市场中的竞争力和出口；反之，若人民币贬值时，其出口商品的美元价格下降，这使有色金属企业在国际市场中更有竞争力，有利于扩大海外销售，加上境内原材料价格相对降低，加大有色金属企业的采购选择权。对于以来料加工贸易方式进口原料从事生产的铝业企业而言，人民币升值会降低其以人民币计价的加工费收入，最终导致利润下降；反之，若人民币贬值，对进口而言，则从国外进口的原料等产品的相对价格上涨，生产成本增加，影响有色金属企业的盈利能力。总体而言，有色金属行业属于净出口行业，有色金属企业在进出口贸易中大量使用外币结算，矿业原料及有色金属产品与人民币汇率波动呈现较强的相关性。

对于钢铁行业而言，一方面，钢铁行业主要从国外进口铁矿石、钢坯及粗锻件与钢材，出口焦炭、钢坯及粗锻件与钢材，属于净进口行业。"汇改"后我国钢铁进出口一直保持整体上的增长态势，2012年开始增幅有所减缓，进口比较平稳。人民币升值可以帮助钢铁企业抵消部分进口铁矿石成本价格上涨压力，降低进口铁矿石的采购成本，取得一定程度的竞争优势。另一方面，人民币升值对我国钢铁业进出口贸易的影响具有一定的时滞效应。到2014年，中国钢铁出口增速放量，并呈现两位数的增长。2015年人民币双向波动增大，人民币贬值的可能性增大，这可能有利于提高国内钢铁产品出口竞争力，加大出口。人民币适度贬值有利于进一步促进国内高端装备、家电等优势产品出口，而下游用钢行业产品出口增长将刺激国内钢铁产品需求，从而改善国内钢材市场目前低迷的需求现状，缓解现阶段我国钢铁企业的经营压力。

作为我国国际化程度高的行业——汽车及其汽车零件制造业主要从国外进口汽车与汽车底盘，出口汽车零件。汽车行业的出口方面，对于出口型或有部分出口业务的零部件企业而言，人民币升值会导致在国际市场价格竞争力减弱，影响到这些企业的产品出口。而进口方面，由于国内大部分整车生产企业进口大都是关键零部件，进口存在相当刚性，因而人民币升值将使其生产成本降低，国内汽车制造企业可能从中获益。

五、汇率变动影响一国制造行业或企业利润的渠道分析

由第二章与第三章的论述可知，无论是从逐日测量或更长时间间隔的数据看，人民币汇率（无论是实际汇率还是名义汇率）双向波动幅度确实在显著增加。由上述分析亦可知，随着中国企业出口贸易模式越来越复杂化，人民币汇率波动对中国行业或企业经济的影响也变得越来越多变和难以确定。虽然中国企业正在逐渐意识到，人民币汇率波动是一种正常的经济现象，然而企业自身对于外汇风险的意识，以及相应的抗风险能力并未随之增强。自2005年起，人民币汇率形成机制改革已历经10年。时至今日，人们关于汇率波动对行业或企业经济存在影响的认识，仍然局限于"本币升值使得进口行业得益、出口行业受损"如此简单的逻辑中。事实上，汇率变动给企业带来的变化要复杂得多，汇率波动可能通过多种渠道来影响一国行业或企业利润，具体如下：

首先，无论是对有海外业务的出口企业或进口企业，还是对没有海外业务的本土企业而言，这些企业的利润都有可能会直接或间接地受到外汇汇率波动的影响。

对于那些将产品出口到海外市场、在本国安排生产的企业而言，如果其生产的产品售价会随着本币贬值而变得更便宜，产品市场份额变得更高的话，企业就能从本币贬值中获得好处；但对于原材料或中间产品依赖进口的企业而言，会感到产品成本上升以及企业利润的压缩。如一家中国玻璃企业使用进口原材料（以欧元标价），欧元升值导致人民币贬值，因而增加该企业的进口成本。如果这家企业在国内生产，国内产品售价又具有价格黏性，强势欧元将压

缩该企业的利润空间。如果这家企业的产品是出口到美国,恰逢人民币对美元处于升值,虽已经采取了外汇风险套期保值措施,抵消了部分美元变动影响,但又同时可能失去部分市场份额与未来盈利能力。汇率波动甚至对于那些没有从事任何国际贸易的企业而言,它们的利润也会受到影响,如存在进口竞争的本土企业会在进口竞争对手的情况发生改变时而间接获益或受损。又如国内家电产品零配件供应商,即使企业的会计账簿上没有外汇收支项,不涉及汇兑损益,然而它们的客户群是以出口业务为主、经营活动与产品需求价格弹性无不受到汇率波动影响的家电制造企业,那么这些零配件供应商的利润也会间接受到汇率波动的影响。

其次,汇率波动的风险可能导致企业内部的资源重新配置、战略改变等,从而改变未来的现金流情况,最终影响企业的价值。

企业如果提前考虑到未预期的汇率大幅波动会对企业产生较大影响,那么对于汇率波动风险的估计可能会导致企业内部的资源重新配置,以及企业战略、风险管理的重新考虑。汇率波动加剧了国际贸易摩擦,增加进口和出口企业产品的进入成本(Entry Cost)①。不像"改变相对价格的简单汇率变动使得企业利润各有升降"这种情况,真实汇率波动会促使企业将生产和采购活动分散在不同国家或地区开展活动,这种行为被称为企业在各国间调整的经营策略,这种经营策略可以应对汇率波动带来的成本变化、减少外汇风险带来的损失,形成一种经营对冲,但也可能暴露在更多样的外汇汇率风险中,从而造成更大的损失。除此之外,这种经营策略还将大大增加企业国际化经营中的资本成本和协调成本。近些年来我们已经能看到,由于人民币持续升值等诸多因素影响,中国越来越多纺织服装、电子、家电、家具等行业的生产企业向海外市场拓展业务,包括在海外建立销售渠道和开设工厂,若没有合理的外汇风险管理及相应的经营对冲策略,企业可能会进一步暴露在汇率变动之中。

可见,汇率波动对行业或企业的影响效应是十分复杂的,并不是某一种经济学理论能解释所有的经济现象。汇率波动不仅影响企业的一笔或几笔进出口合同的价值,而且还会影响企业未来的经营决策,并长期影响企业的未来现金流、未来的利润和价值。这种专门探讨外汇汇率波动对于企业价值影响的问题,就是企业的外汇经济风险暴露问题研究。随着人民币汇率形成机制改革的不断推进,进出口企业迫切需要提升对外汇风险的认识,如何从更全面视角来看待企业的外汇风险问题,不仅要考虑企业可能面临的汇兑风险,还应该看到更长期的外汇经济风险,增进企业外汇风险管理能力,已成为影响中国进出口企业生存竞争的重要

---

① 进入成本指的是向特定市场引入一项新产品所涉及的所有成本,包括新产品的研发、生产、测试、营销、推广、渠道成本。

课题。此外，对于中国这样一个有着独特的经济体制和经济运行模式的经济大国，在西方经济学与管理学的基本原理基础上，对于中国进出口企业的外汇风险问题进行基于本土特征的描述和解释，使理论研究更靠近实际也是十分有必要的。

第五章 企业外汇风险暴露的基本理论与实证分析

一、引言

随着经济全球化的推进,企业在对外贸易、利润转移、国际投资、国际融资等方面都会遇到汇率波动带来的一系列问题。外汇风险(Foreign Exchange Risk 或 Exchange Risk)指企业的国际经济活动中,不可预期的汇率波动给企业带来价值变动的风险。与外汇风险的识别和度量有关的概念是外汇风险暴露(Foreign Exchange Rate Exposure)。外汇风险暴露指汇率变化的不确定性导致公司价值变化的影响程度。Dumas(1978)是最先对外汇风险与外汇风险暴露概念进行区分的学者。本章分为三个部分:一是对外汇风险暴露概念进行界定,根据研究目的,我们研究的是狭义的外汇风险暴露;二是介绍国际外汇风险暴露的理论研究情况,指出了以往研究的不足与空白;三是介绍国内外外汇风险暴露测量的实证研究情况,对国内外主要文献的实证结果进行比较。

二、外汇风险暴露的概念与界定

由第四章的分析可知,在全球化的经营环境中,企业不论经营形态如何,汇率的非预期性波动都会直接或间接影响企业的利润、净现金流量以及企业的市场价值。外汇风险暴露就是用来分析这种情况的工具(Williamson,2001)。人们对外汇风险暴露概念的理性认识有一个从模糊到清晰的渐进发展过程。

(一) 外汇风险暴露与外汇风险溢价

最初的外汇风险暴露概念曾经与国际资本资产定价（International Capital Asset Pricing Models）理论中的外汇风险溢价（Exchange Rate Risk Premium）概念混合在一起。Wurster（1978）将外汇风险定义为"与外币表示的收益（或成本）有关的系统性风险"，并且使用汇率波动率与国内市场收益之间的协方差系数来测量。在这种假设下，由于系统性风险无法通过多样化和投资组合来化解，企业的外汇风险管理显然是多余的，因而风险管理的工作便转移到个体投资者角度。遵循这种逻辑，一系列范式研究开始致力于将资本资产定价模型扩展到涉及多国货币的国际资本市场，得到国际资本资产定价模型（International CAPM），并且将研究视角定位在个体投资者，把外汇风险因子纳入外币表示的资产定价中，讨论外汇风险溢价，即以外币表示的证券资产的暴露部分，此后逐渐形成了国际资本资产定价理论（Solnik，1973、1974；Fama & Farber，1979；Dumas & Solnik，1995；De Santis & Gerard，1998；Carrieri et al.，2006）。至今，仍有不少国际资本资产定价文献如 Francisa 等（2008）在研究中将外汇风险溢价等同为外汇风险暴露。其实上述系列文献并没有很好地回答投资者如何有效地化解外汇风险问题，而是走向了不同的研究领域。显然，该领域中所提及的外汇风险暴露与我们的研究对象大相径庭。

(二) 会计角度的外汇风险暴露

有鉴于国际资本资产定价角度的研究并未解决企业的外汇风险管理问题，越来越多的学者站在企业管理者角度，分析如何最大限度地减少汇率波动对企业外币收入带来的风险。最初研究者们纷纷站在企业会计角度给出外汇风险暴露的定义，并且进行了大量细致的理论研究（Folks，1973；Wheelwright，1975；Kohlhagen，1978；Schwab & Lusztig，1978；Makin，1978；Calderon - Rossel，1979）。后来 Wihlborg（1980）、Jacque（1981）等学者尝试总结这些研究成果，将这些成果中提及的外汇风险暴露观点用二分法（Dichotomy）进行梳理，将外汇风险暴露划分为会计暴露（Translation Exposure）和交易暴露（Transaction Exposure）。

他们进一步指出，会计暴露是会计账面资产与负债的外币净头寸在未来某一时刻不确定的本币价值，所以会计暴露偏重于资产负债表（Balance Sheet）各项目的测度；由于会计暴露只是账面损益，并不涉及企业真实的现金流，因此在一般情况下，会计暴露不被企业视为外汇风险管理和控制的重点。

交易暴露指已订立的交易合同相关的外汇敞口头寸在未来某一时刻不确定的本币价值，即在未履约合同的存续期内汇率波动会引起该合同价值损益，因此交易暴露以损益表（Income Statement）为评估对象。然而，这种定义只考虑了汇率波动对企业过去的财务报表数据和企业已达成交易合同的外汇头寸的影响，存在明显的局限性（Dufey，1972；Shapiro，1975）。

总之，会计暴露及交易暴露是暂时性、账面上、过去发生的有限度的损益。

（三）外汇风险暴露的广义与狭义之分

1972年，Dufey研究发现，如果跨国企业子公司所在国的货币发生贬值，该公司的收入和成本现金流量并不会按照贬值发生前公司预估现金流量的流入流出模式来进行，而会有明显的变化。因此他认为，企业必须对以子公司所在国货币表示的预期收入和成本现金流量进行重新估计调整之后，才能最终确认贬值对跨国企业母公司的利润产生怎样的影响；企业如果认为汇率波动对企业未来现金流量毫无影响，将导致企业对外汇风险的错误认识。Dufey所强调的正是企业所应该重视的外汇风险的经济暴露。Shapiro（1975）也批评了只站在会计角度采用所谓的资产负债表法（Balance Sheet Approach）定义外汇风险暴露的做法，他认为由于企业价值等于未来各期税后现金流量的贴现值之和，因此外汇风险暴露的会计定义（Accounting Technique 或者 Accounting Method of Exposure）不能真实而全面地反映汇率波动对企业价值的深远影响。在此基础上，Jacque（1981）将外汇风险暴露细分为三种形式：会计暴露、交易暴露和经济暴露。会计暴露偏重于汇率波动引起跨国企业合并财务报表中会计科目的数据变动；交易暴露主要用于评估在交易结清时汇率波动产生的风险；经济暴露则涉及汇率波动对企业经济价值（如企业利润、未来现金流量等）的长期影响，它指的是未预期的汇率变动引起企业在未来经营现金流发生变化的潜在风险。这种暴露所导致的外汇损益由企业未来竞争状况决定，并且影响企业生产、销售以及融资方面的决策战略。经济暴露的度量基于企业未来的经营活动，其受险部分是企业长期的现金流量和企业未来的价值，因此对于涉外企业而言，经济暴露比其他外汇风险暴露更重要。

此后，许多从事国际财务管理研究的学者如 Eiteman 和 Stonehill（1989）、Madura 和 Fox（2011）均沿用 Jacque（1981）的三类法，学界也逐渐形成了外汇风险暴露的范围较广的定义（广义）和范围较窄的定义（狭义）。

广义的外汇风险暴露包含会计暴露、交易暴露和经济暴露。狭义的外汇风险暴露仅指外汇的交易暴露和经济暴露。Shapiro（1972）、Jorion（1990）等学者按照这种狭义概念的思路提出了另一种外汇风险暴露分类方法，将之分为两类：会计暴露和经济暴露，即将交易暴露纳入经济暴露概念中，并将经济暴露定义为汇率波动对企业价值的影响程度。由于会计暴露不涉及真实的企业损益，因此学界主要以狭义的外汇风险暴露为研究对象（Dumas，1978；Alder 和 Dumas，1984；Hodder，1982；Booth 和 Rotenberg，1990；Jorion，1990）。鉴于研究目的，本书中所提的外汇风险暴露是指狭义的外汇风险暴露。

我们进一步观察到，学者们对于狭义的外汇风险暴露又有着各自不同的定义：

Hodder（1982）将外汇风险暴露定义为单个资产的真实收益率（Real Rate of Return）与汇率波动的随机关系。

Alder 和 Dumas 是对外汇风险暴露研究领域有着深远影响的两位学者。他们在 1984 年的研究中将外汇风险暴露定义为实体性或金融性资产价值对汇率随机波动的敏感程度，并且对外汇风险暴露的定义做了深入阐述：①所有企业，只要是参与了国际贸易，无论企业是否有海外经营或投资、外币资产、负债或交易，甚至只是纯国内企业，都普遍存在外汇风险暴露。②强调外汇风险暴露中的外汇风险是由非预期性汇率变动引起的。一种货币，不管它是硬通货还是软通货，若其升值或贬值的幅度和时间确定，即未来的汇率变化可以被预期，那么这种货币的波动不具有风险性，换言之，只有非预期的、不确定的汇率波动才真正具有风险性。③强调外汇风险暴露不同于外汇风险（Foreign Exchange Risk）。外汇风险指反映在未来某一时刻一国货币国内实际购买力偏离其预期购买力的可能性的各种统计量，而外汇风险暴露则是指暴露于外汇风险中的企业资产、负债或权益，反映在未来某一时刻以实际本币汇率表示的实体性或金融性资产价值相对于外币兑本币所表示的购买力随机变化的敏感程度①。

之后的研究基本都是在 Adler 和 Dumas（1984）这两位学者提出的定义基础上给出外汇风险暴露的概念。进入 20 世纪 90 年代，学者 Jorion（1990、1992）在这两位学者的研究基础上，将汇率波动视为外生变量，将外汇风险暴露定义为企业股票收益率与汇率波动之间的敏感程度。他所开创的测量外汇风险暴露的市场模型（Market Model）和两阶段研究框架被国内外学者们广泛地沿用至今。

综上所述，无论汇率波动是否为影响股价预期收益的一个定价因子，抑或是影响企业价值变动的因子，确认企业面临的外汇风险暴露也就是确认企业以外币表示的资产、负债、权益受汇率波动影响的程度。当外币兑本币的汇率发生波动时，将使外币资产、负债或权益的未来价值发生损益，即暴露在汇率波动的风险之中，故本书对外汇风险暴露的定义是：汇率的非预期性波动对企业的利润、净现金流量或企业的市场价值的影响程度。

---

① 需要注意的是，此处的汇率标价法为间接标价法。

三、外汇风险暴露的理论研究

(一) 外汇风险会计暴露、交易暴露的理论研究

外汇风险的会计暴露是最初的理论研究对象。Shapiro（1977）发展了一种基于效用理论的外汇风险暴露分析框架，通过该框架帮助跨国企业得到最优的会计暴露水平。他首先假设国际贸易环境中存在两种货币，美元和当地国货币（Local Currency，LC），两种货币之间的汇率 S 采用美元标价法（即间接标价法）。假设 R 等于企业未来美元收入的现值，R 的价值受到 S 的影响，则有 $R = R(S)$，$\mathrm{cov}(R, S) \neq 0$。$x$ 等于企业以当地货币表示的净资产，那么企业的现值（PV）可写为：

$$PV = R + Sx - A_0 \tag{5-1}$$

式中，$A_0 = S_0 x$，S_0 表示汇率的当期价格。按照外汇风险暴露的定义，汇率波动对企业价值的影响程度可以表示为：

$$\frac{\partial PV}{\partial S} = \frac{\partial R}{\partial S} + x \tag{5-2}$$

式（5-2）中包含两部分，第一部分表示外汇风险的经济暴露，第二部分表示会计暴露。

为得到企业最优的暴露水平，假设企业效用函数 U 满足 $U' > 0$，$U'' < 0$。企业的期望效用可写为：

$$E(U) = E\{U[R + S(x - y) + cy - A_0]\} \tag{5-3}$$

考虑到企业减少暴露的手段通常是在企业预期美元贬值时则削减以当地货币表示的债务，在企业预期美元升值时则削减当地资产。设 y 等于套期保值金额，套保成本为 $(S - c)y$，则会计暴露为 $(x - y)$ 的剩余。由于 R 和 S 均为随机变量，最优会计暴露水平取决于 $[dE(U)]/dy = 0$ 时的 y 值。

当套保的期望成本等于套保的期望收益，则有：

$$y = \frac{[x\sigma_S^2 + \mathrm{cov}(R, S)]}{\sigma_S^2} \tag{5-4}$$

由式（5-4）可知，只要 $\mathrm{cov}(R, S) \neq 0$，最优会计暴露水平永远不会为零。

Shapiro（1977）考虑两国经济下的跨国企业收益和成本函数，结合效用分析和套期保值策略分析，描述了汇率波动给企业的净资产带来的影响；虽然分析对象只局限于会计暴露，但为该领域后续的理论研究提供了一种建模分析框架。

为更进一步了解外汇风险暴露的形成机理，Hodder（1982）在分析中剔除了企业套期保值策略，构建了一个更简洁清晰的分析框架。他发现了企业资产净值的外汇风险暴露就是企业实际报酬率对汇率波动做回归所得的系数。具体而言，Hodder 首先构建了两国跨国企业资产与负债头寸的单期模型，分别将企业拥有的净实体资产（Net Physical Assets）、净货币化负债（Net Monetary Liabilities）和资产净值（Net Worth）定义为：

$$A = P^d X^d + SP^f X^f$$
$$L = L^d + SL^f$$
$$NW = A - L = P^d X^d + SP^f X^f - L^d - SL^f \quad (5-5)$$

式中，A 表示企业净实体资产，X^f 和 X^d 分别代表在国外和国内的资产数量，P^f 和 P^d 分别表示在国外和国内资产的未来随机的单位价格，均以资产所在国货币表示。L 表示企业的净货币化负债，L^f 和 L^d 分别表示外币和本币表示的负债。A、L 和 NW 均用本国货币表示。

在此基础上，资产净值的单期百分比变动率可写为：

$$N\dot{W} = \frac{1}{NW}[P^d X^d (\dot{P}^d + \dot{X}^d) + SP^f X^f (\dot{S} + \dot{P}^f + \dot{X}^f) - L^d i^d - SL^f (\dot{S} + i^f)] \quad (5-6)$$

式中，变量上加点表示其百分比变化率，i^f 和 i^d 分别指企业净负债的国外与国内利息率。

定义 $\dot{I}$ 为不确定的单期国内通货膨胀率，企业的实际报酬率（R）可定义为 $R = N\dot{W} - \dot{I}$，继而可定义外汇风险暴露为 $dR/d\dot{S}$，最终证明了资产净值的外汇风险暴露由与国内价格相关的暴露、外国资产暴露、与通货膨胀相关的暴露和外国借贷头寸暴露等因素共同决定。综上所述，Hodder（1982）仍然只是分析了会计角度的外汇风险暴露，不过他的分析指明了企业外汇风险暴露的决定因素不仅来自国外还包括了国内的因素，从理论上首次证明了不仅参与国际贸易的企业有外汇风险暴露，纯国内企业也存在外汇风险暴露。

同时期的其他类似研究还包括：Levi（1983）对即期汇率与企业贸易利润、投资组合收益之间的关系构建模型；Hekman（1985）将资产价值构造为投资带来各种未来现金流量的现值，基于预期理论模拟期望汇率对企业未来投资价值的影响。这些理论研究主要与外汇风险的会计暴露和交易暴露有关，仍然忽略了企业的外汇风险的经济暴露。

（二）外汇风险经济暴露的理论研究

Cornell 和 Shapiro（1983）、Flood 和 Lessard（1986）专门讨论了经济暴露问题对于企业的重要意义，为上述文献的研究缺陷做出了一定补充，但这些研究主要是在直觉上进行了讨论,对相关概念与研究思路做了简单的探讨。为弄清楚经济暴露是如何通过改变企业内部经营决策影响企业价值,Booth 和 Rotenberg(1990)的论文从一开始便强调其所研究的外汇风险暴露就是经济暴露,他们从产品市场暴露(Product Market Exposure)①的角度,以企业产品的销售价格在本国与外国两个市场间存在套利约束为前提条件,思考了企业生产的最优化问题。

Booth 等(1990)定义了企业的价值是企业未来经营性现金流量的现值,具体表示如下:

$$V = \sum_{t=1}^{\infty} \frac{CF_t}{\prod_{j=1}^{t}(1+k_j)}$$

$$CF_t = P_t X_t - C_t A_t \tag{5-7}$$

式中,CF_t 为第 t 期期望现金流量,k_j 为风险调整后的贴现率。P_t 为产品价格,X_t 为产品产量,C_t 为投入要素成本,A_t 为投入要素数量。假若产品价格是外币售价经双边汇率折算后的价格,则有 $P_t = S P_{t,FC}$,其中 $P_{t,FC}$ 为产品的外币售价,S 为直接标价法下的双边汇率。假设存在交易成本使得同一产品的外币价格与本币价格间不存在套利机会,则交易成本的约束条件可写为:

$$P_{t,FC} \frac{S}{(1+\beta_t)} \leq P_t \leq P_{t,FC} S(1+\alpha_t) \tag{5-8}$$

式中,α_t、β_t 分别表示外企在本国市场和海外市场销售涉及的额外交易成本。Booth 等(1990)进一步考虑了通货膨胀与汇率变动率(ϕ_t),再结合交易成本约束条件、产品价格和成本变化等影响因子,经过推导,最终得到:

$$V = v[P'_t, C'_t, A'_t, S, \phi_t, \beta_t, \alpha_t; t = 1\cdots\infty] \tag{5-9}$$

也就是企业价值是汇率即期价格的函数。遗憾的是,Booth 等(1990)的研究并没有给出外汇风险暴露的具体函数形式。即便如此,Booth 等(1990)的研究还是开创了从产品市场角度研究外汇风险暴露理论的思路,后续文献基本都是沿着这一思路展开论述的。

Williamson(1997)在 Shapiro(1975)、Levi(1994)等学者的研究基础上,假设市场不存在通货膨胀和交易费用,分析国内企业(企业1)和国外企业(企业2)的外汇风险暴露。假设两家企业在国内、国外市场均有生产和销售,则企业1的价值可写为:

$$V = \frac{TR - TC}{\rho}(1-\tau) + S x_f$$

---

① 外汇风险暴露研究中"产品市场暴露"的提法首见于 Booth 等(1990)的研究论文,但他并未给出定义。根据我们的理解,产品市场暴露的相关研究往往着重于对产品市场类型以及产品市场中产品价格形成做出严格假设。

$$TR = p_d q_{1d} + S p_f q_{1f}$$
$$TC = c_d q_{1d} + \alpha c_f(S) q_{1f} + (1-\alpha) c_d q_{1f}$$
$$p_d = f(q_{1d}, q_{2d}, S)$$
$$p_f = f(q_{1f}, q_{2f}, S) \tag{5-10}$$

式中，V 表示企业的市场价值，TR 为企业总收入，TC 为企业总成本，ρ 为风险调整后的资本成本，τ 为税率，S 为直接标价法下的汇率，x_f 为以外币表示的净资产或负债；p_j 表示在国内和国外的产品销售价格，$j=d,f$；q_{ij} 表示企业 1 和企业 2 分别在国内和国外市场的产品销售数量，$i=1,2$。α 表示企业在海外市场完成生产的比例。

因此企业价值对汇率波动的反应函数可由式（5-10）求导得到：

$$\frac{\partial V}{\partial S} = \left[p_f q_{1f} + S q_{1f} \frac{\partial p_f}{\partial S} - \alpha c_f(S) q_{1f} - \alpha S q_{1f} \frac{\partial c_f(S)}{\partial S} \right] \left[\frac{1-\tau}{\rho} \right] +$$
$$\left[\frac{\partial p_f}{\partial S} \left(S p_f \frac{\partial q_{1f}}{\partial p_f} - (1-\alpha) c_d \frac{\partial q_{1f}}{\partial p_f} \right) - \alpha S c_f(S) \frac{\partial q_{1f}}{\partial p_f} \right] \left[\frac{1-\tau}{\rho} \right] +$$
$$\left[q_{1d} \frac{\partial p_d}{\partial S} + \frac{\partial p_d}{\partial S} \left(p_d \frac{\partial q_{1d}}{\partial p_d} - c_d \frac{\partial q_{1d}}{\partial p_d} \right) \right] \left[\frac{1-\tau}{\rho} \right] + x_f \tag{5-11}$$

Williamson（1997）在满足企业利润最大化的假设前提下，引入国内外市场的需求价格弹性系数 η_d 和 η_f，以简化式（5-11）。最终发现企业价值变动是海外市场销售额、国内外市场产品需求价格弹性、企业生产所在国和企业外币资产或负债的价值和位置的函数。这一结论意味着：只要知道上述函数中的自变量数据，即可估算出企业的外汇风险暴露。通过观察两个企业外汇风险暴露的极端情况，他进一步发现：①假设企业只在本国安排生产，使得 $\alpha=0$，结果显示，只在本国安排生产的企业的外汇风险暴露是海外市场需求价格弹性、海外利润、本国市场需求价格弹性与海外净资产头寸的函数。②假设企业全部生产都在海外市场，即 $\alpha=1$，结果发现，对既有海外销售又有海外成本的企业，海外销售与海外成本之间能够形成一种减少外汇风险暴露的经营对冲。

但 Williamson（1997）等学者的研究主要强调了产品供给和需求条件对外汇风险暴露的重要作用，可能忽略了一个简单的事实：即在某些市场竞争情况下，一家出口企业的经济风险暴露只是与企业外币净收入成比例而已；因此企业不一定需要通过计算产品需求价格弹性或边际成本来得到企业的外汇风险暴露，市场竞争结构也可能对企业的外汇风险暴露存在一定的影响（至少从直觉上可以这么认为）。在这种背景下，Marston（2001）借助微观经济理论中的产业组织理论，分析在行业内不同竞争（如垄断、双寡头等）环境下的企业外汇风险暴露情况。

首先，考虑市场是垄断（Monopoly）的情况。假设一家在行业中处于垄断地位的美国企业，其生产和销售业务都部分依赖海外市场（此处指德国）。企业的

总产量为 $(X_0 + X_1)$,其中生产 X_1 单位产品以 P_1 的价格销售到海外,$P_1 = D_1(X_1)$;生产 X_0 单位产品以 P_0 的价格供应本国市场,$P_0 = D_0(X_0)$。

企业的总成本为 $C_\$(X_0 + X_1) + SC_M(X_0 + X_1)$,此处 $S = \$/mark$。考虑确定条件与不确定条件,汇率波动对企业利润($\pi$)的影响程度即外汇风险暴露的非随机与随机模型分别如下:

$$d\pi_{1\$}/dS = [X_1 D_1 - C_M] \tag{5-12}$$

$$dE_{t-1}\pi_{1\$}/dS_t = [X_{1,t} D_1(X_{1,t}) - C_M(X_{0,t} + X_{1,t})] \tag{5-13}$$

可知,无论是汇率和企业利润变量处于非随机情况还是随机情况,垄断企业的外汇风险暴露都等于公司在海外销售的净收入。若美元升值,即($dS<0$),企业的美元收益将随着公司在海外销售净收益的减少而下降。

其次,考虑双寡头竞争(Duopoly)情况。假设市场存在两家企业,一家美国出口企业(即企业1)和一家外国企业(即企业2),两家企业均在自己本国进行产品生产,均在外国市场(此处仍指德国)销售产品。企业1生产 X_1 单位产品以 P_1 的价格出口到外国市场,$P_1 = D_1(X_1, X_2)$,以美元表示的总成本为 $C_1(X_1)$;企业2生产 X_2 单位产品以 P_2 的价格供应本国市场,$P_2 = D_2(X_1, X_2)$,以马克表示的总成本为 $C_2(X_2)$。由于两家企业的产品在市场上属同质产品(Homogeneous Products),可互为替代,因此有 $D_1^1, D_2^2, D_1^2, D_1^2 < 0$。在古诺竞争(Cournot Competition)假设下,汇率波动对两家企业利润的影响最终表示为:

$$d\pi_1/dS = X_1 D_1 - SX_1 D_2^1 MR_2^2 r_2/R \tag{5-14}$$

$$d\pi_2/dS = -X_2 D_1^2 MR_2^2/R \tag{5-15}$$

式中,MR_j 表示企业 j 的边际收益,$j=1,2$;r_2 表示企业2的反应函数,R 表示两家企业收益极大化的二阶条件。最终推导结果显示,参与海外竞争的出口企业除了受到海外净销售收入($X_1 D_1$)的影响外,还受到企业自身产品需求价格弹性、竞争对手企业产品的需求价格弹性、边际成本以及其他需求函数、成本函数推导结果的影响。总而言之,Marston(2001)的研究证明了行业内部的竞争结构也是影响外汇风险暴露的重要因素。

还有学者重新思考了企业的价格与汇率之间的关系,认为另一个与外汇风险暴露理论并行发展的汇率经济学理论——汇率的价格传递理论——应该和外汇风险暴露相关。于是 Bodnar 等(2002)在不完全竞争情况下设计了出口公司的模型(本书简称为 BDM 模型),用以研究这种关联现象。BDM 模型是在双寡头垄断竞争框架下利用数量竞争和价格竞争的基本经济学原理构建出数学模型,从模型中可以得到最佳传递决策和相应的外汇风险暴露。

Bartram 等(2010)在 BDM 模型基础上建立了跨国企业的全球竞争模型

(Global Competition Model，本书简称为 GCM 模型），用以描述一家同时拥有国内经营业务和海外经营业务的跨国企业所遭受的外汇风险暴露。相比于 BDM 模型，GCM 模型进一步放宽了进口竞争厂商成本来源的条件。从企业的适用面上，GCM 模型是对 BDM 模型扩展，BDM 模型是 GCM 模型的特例，因此 GCM 模型能够适应更多的跨国企业。该模型的基本思路是：为了用数学公式表示既有海外业务又有国内业务的跨国企业的外汇风险暴露，依次分析企业的国外经营暴露和国内经营暴露，最后以国内和国外销售额占总销售额之比进行加权求和，得到跨国企业的总暴露。

Bartram 等的文章通过在双寡头垄断竞争下假设两家业务对称的企业，在国外市场上以同样的产品竞争，国内企业（即企业 1）在国内和国外安排生产，产品全部提供给海外市场；国外企业（即企业 2）在国内和国外安排生产，产品全部在自己国内的市场销售（即国外企业的母国），且与企业 1 竞争，因此企业 2 是企业 1 在海外市场上的进口竞争企业。推导得到企业 1 的外汇风险暴露模型如下：

$$\delta_f = \frac{d\ln \pi_1^*}{d\ln S} = 1 + (1 - \lambda_f)\rho_f\mu_f + \frac{(1-\lambda_f)\lambda_f\rho_f^2\mu_f}{1 - \rho_f(1-\lambda_f)} \tag{5-16}$$

式中，λ_f 为企业 1 在海外市场的市场份额，ρ_f 为海外市场的产品替代率，μ_f 为出口企业与进口竞争企业的成本比参数。

相应推导出企业 2 的外汇风险暴露：

$$\delta_2 = \frac{d\ln \pi_2}{d\ln S} = -\lambda_f\rho_f\mu_f - \frac{(1-\lambda_f)\lambda_f\rho_f^2\mu_f}{1 - \rho_f\lambda_f} \tag{5-17}$$

利用式（5-17），将进口竞争企业对称转换为出口企业母国的企业，得到跨国企业国内经营中的外汇风险暴露，具体如下：

$$\delta_d = (1 - \lambda_d)\rho_d\mu_d + \frac{(1-\lambda_d)\lambda_d\rho_d^2\mu_d}{1 - \rho_d(1-\lambda_d)} \tag{5-18}$$

式中，λ_d 为跨国企业在国内市场的市场份额，ρ_d 为国内市场的产品替代率，μ_d 为跨国企业的国内业务与进口竞争企业的成本比参数。

最终跨国企业的外汇暴露是国外经营的外汇暴露和国内经营的外汇暴露的销售额加权平均：$\delta = \phi\delta_f + (1 - \phi)\delta_d$。Bartram 等（2010）的研究发现跨国企业的外汇风险暴露除了是海外销售收入、海外生产成本的函数外，还是海外市场销售份额以及海外市场产品替代率的函数。

总而言之，国际上外汇风险暴露的理论研究成果十分丰富，但同时我们也注意到企业外汇风险暴露除了由企业海外销售收入、海外生产成本、海外产品市场的需求价格弹性、产品替代率和市场份额等因素决定外，还应该重视企业生产成本中的投入要素价格和投入要素市场结构对企业外汇风险暴露的影响。以往的研究虽然有涉及生产成本，但基本上是总生产成本，并没有对成本中的要素价格与要素市场特点进行具体而深入的分析，企业在要素市场中所处的竞争地位同样也会影响企业的外汇风险暴露。而且已有的模型基本局限在两国经济范围内，无法用于解释分析三国经济间的外汇风险暴露情况；显然，适用于三国间进出口企业外汇风险暴露分析的模型研究目前在该领域尚属空白。此外，以往的文献基本局限在对企业的外汇风险暴露模型研究，而与行业相关的外汇风险暴露模型研究尚不多见。对于上述理论方面的研究缺陷，我们将在本书第六章的内容中尝试一一予以补充。

四、早期关于外汇风险暴露测量的实证研究

在外汇风险暴露形成机理方面的理论研究推进的同时，学界和业界一直主张"先评估，再管理"（Be Assessed before Be Managed）的观点，因此实际上，众多西方学者对外汇风险暴露具体的评估测量研究更感兴趣。

早期的外汇风险暴露测量主要是从公司财务角度出发，研究汇率变化对企业现金流的影响，如 Shapiro（1975）、Hodder（1982）、Levi（1983）、Hekman（1985）以及 Flood 和 Lessard（1986）。很多研究认为，企业现金流对汇率波动的敏感性取决于企业经营活动性质，如企业的进出口量、是否为跨国公司、竞争中所使用的主要货币、投入品和产出品的市场竞争程度等。这就意味着可以通过模型化企业实际的现金流来测量外汇风险暴露。这种方法最先被一家制药公司 Merck 采用，他们提出了企业外币现金流模型（Lewent & Kearney，1990）。然而，通过模型化企业现金流来计算外汇风险暴露有一个较大的缺陷：模型很难包含所有影响现金流的因素，而且这种测量需要大量企业的内部信息和竞争对手的内部特定信息，因而无法应用到大规模的企业样本中，也很难得到更普遍的规律。因此，需要寻找其他方法，以使研究数据更容易获得，研究样本范围更广。

自从 Adler 和 Dumas（1984）将外汇风险暴露定义为实际汇率的非预期性波动引起某一实体资产或金融性资产的价值变动，并且用线性回归系数表述外汇风险暴露，该领域的研究便不再局限于用理论模型推导、模拟汇率波动对企业价值的影响，而是可以采用企业的时间序列数据（Time Series Data）或横截面数据（Cross - sectional Data）进行测量外汇风险暴露，将外汇风险暴露概念运用到实际的外汇风险管理活动中。Adler 和 Dumas（1984）的研究恰恰提供了一种实际测量外汇风险暴露的新方法。

他们的思路是：最佳的套期保值比率（α）是使证券组合收益率方差最小化时的数值，这一问题的解便是 α = [cov(P, S)] / [var(S)]；在此基础上，他们讨论并证明了最佳测量暴露的方式是通过用当期汇率对企业本币表示的实体资产做线性回归，暴露作为（一组）购买力变量（即国内通货膨胀为零时的汇率，用 S 表示）的回归系数。这种做法的实质是用暴露弹性的概念替代具体的外币资产暴露数量概念。由此设定回归模型如下：

$$P_t = \beta_{0,t} + \beta_{1,t} S_t + \varepsilon_t \tag{5-19}$$

$$\beta_1 = [\text{cov}(P, S)] / [\text{var}(S)] \tag{5-20}$$

式中，P 为第 t 期风险资产的随机本币价格；β_0 为回归常数截距项；β_1 为回归系数，即外汇风险暴露，它等于风险资产价格与汇率的协方差除以汇率的方差；ε 为随机误差项，有 $E(\varepsilon) = 0 = \text{cov}(\varepsilon, S)$。

这种外汇风险暴露的定义将风险资产在未来某一时刻本币价格变动的概率分布分解为两部分，一部分是与（一组）汇率有关的价格风险，此部分只需要买入 β_1 单位的外汇远期合约或外汇期货，就可以完全避险；另一部分则是与汇率无关的价格风险。

如果考虑一组包含多国货币的汇率，式（5-19）可改写为：

$$P = \beta_0 + \sum_{k=1}^{K} \beta_k S_k + \varepsilon \qquad k = 1, \cdots, K \tag{5-21}$$

式中，S_k 表示在 t 时刻第 k 国的即期汇率，β_k 表示企业 i 由第 k 国货币汇率波动引起的外汇风险暴露，ε_t 为残差项。

Jorion（1990）在 Adler 和 Dumas（1984）所提出资产的外汇风险暴露测量方法基础上，进一步对跨国企业价值与汇率波动之间的关系进行测量。他假设资本市场为有效市场。在有效市场中，不可预测的汇率波动能够实时地、合理地反映在股价上，因此企业的股价可以作为企业价值的代理变量。这种外汇风险暴露的测量方法不再聚焦在汇率波动如何影响企业的各种现金流量上，而是将研究的对象转向在市场上可测的企业价值，这种转变使得研究数据更容易获得，研究样本范围更广，更容易得到普遍的结论与规律。有鉴于此，自 Jorion（1990）采用这种方法测量外汇风险暴露之后，该领域绝大部分的实证文献都是依循此法进行外汇风险暴露的测量，可以说，Jorion 所提出的模型与测量方法大大推进了外汇风险暴露的实证研究，该领域的研究文献数量快速增加。

Jorion（1990）所依据的模型如下：

$$R_{it} = \beta_{0i} + \beta_{1i} S_t + \varepsilon_{it}, \qquad t = 1, \cdots, T \tag{5-22}$$

式中，R_{it} 为企业 i 在 t 时刻的真实股票收益；β_0 为截距项；S_t 表示在 t 时刻的贸易加权汇率；β_{1i} 表示企业 i 由贸易加权汇率波动引起的外汇风险暴露，被称为总外汇风险暴露；ε_t 为残差项。式（5-22）的残差项包含了普遍的市场因素,这些市场因素在企业股票收益产生过程中发挥着非常显著的决定作用,这些市场因素可能同时与汇率波动和股票收益相关协变,那么若没有在模型中考虑到这些可能存在的协变,便有可能高估汇率变动对股票收益的影响程度。因此 Jorion(1990)将市场收益包含在回归方程中,作为控制变量,得到了如下二因子回归公式:

$$R_{it} = \beta_{0i} + \beta_{2i}S_t + \beta_{3i}R_{mt} + \varepsilon_{it}, \quad t = 1, \cdots, T \quad (5-23)$$

式中,R_{mt} 为该国股票市场的市场投资组合收益率;β_{2i} 表示经市场指数调整后(除去了汇率变动对整个市场作用后)的外汇风险暴露系数,即剩余外汇风险暴露(Residual Exposure);β_{3i} 为企业的市场贝塔值。因此,式(5-23)测量的是经过调整后的剩余外汇风险暴露。

此外,基于过往文献中有关企业价值与外汇风险暴露之间的理论模型,Jorion(1990)进一步利用实证方法来检验影响外汇风险暴露值的因子,他将可能与式(5-23)中 β_{2i} 相关的影响因子对 β_{2i} 做回归,得到回归方程如下:

$$\hat{\beta}_{1i} = \gamma_0 + \gamma_1 F_i + u_i \quad i = 1, \cdots, N$$
$$\hat{\beta}_{2i} = \gamma_0 + \gamma_1 F_i + u_i \quad i = 1, \cdots, N \quad (5-24)$$

式中,F_i 表示企业海外销售额占总销售额的比率。这种研究框架被称为二阶段估计方法(Two-step Estimation)。Jorion(1990)利用上述模型分析了 287 家美国跨国企业的外汇风险暴露情况,发现只有 5.2% 的企业在 5% 的显著性水平下有显著的外汇风险暴露。此外,Jorion(1991)从行业角度重新测量美国企业的外汇风险暴露,也发现大部分行业投资组合并没有呈现出在统计上显著的外汇风险暴露。显然 Jorion(1990、1991)挑选的样本企业与行业都是有着显著国际贸易活动特征,却未能得到与理论相符的实证结果。

Amihud(1993)选取在 1982~1988 年位居《财富》杂志"出口商 50 强"中的 32 家企业样本进行外汇风险暴露的测量,没有发现任何显著的外汇暴露结果。作为最先采用多国样本开展外汇暴露实证研究的 Bodnar 和 Gentry(1993)使用同样的方法发现,不仅在美国只有 23% 的企业在 5% 的显著性水平下有显著外汇风险暴露,而且在出口导向型经济更明显的国家如加拿大和日本,存在显著外汇暴露的企业的比例也很低,分别只有 21% 和 25%。在 Choi 和 Prasad(1995)的研究中,只有 14.9% 的美国私营企业以及 10% 的行业投资组合在 10% 的显著性水平下有显著的外汇风险暴露。Bodnar 和 Wong(2003)、Griffin 和 Stulz(2001)、He 和 Ng(1998)的实证结果表明,即便非金融企业拥有大量的国际业务或竞争,似乎企业价值并没有受到外汇风险的影响。

五、外汇风险暴露测量的实证研究改进

上述早期暴露研究"不完美"的结果促使大量实证文献诞生,学者们在各种研究设计下检视所谓的外汇风险暴露难题(Foreign Exchange Rate Exposure Puzzle)。学者们纷纷通过改变样本范围、汇率数据、控制变量、数据频率等方法对外汇风险暴露进行测量和检验,希望能提高企业外汇风险暴露的显著程度以及外汇风险暴露在企业中存在的普遍程度,使其达到理论上或人们直觉上的水平,遗憾的是,这些实证研究得出的结果仍然和早期的研究结果相似。1990~2012 年学术界主要外汇风险暴露测量文献的研究情况汇总在表 5-1 中。

表 5-1 主要外汇风险暴露测量的实证研究比较

研究文献	研究期间	数据频率	研究样本范围	汇率数据	显著家数占总样本数比例	模型控制变量的使用
Jorion (1990)	1971~1987 年	月度	156 家企业(美国)	汇率指数	5.2%	R_m
Jorion (1991)	1971~1987 年	月度	20 个行业(美国)	汇率指数	20%	R_m
Bodnar, Gentry (1993)	1979~1988 年	月度	39 个行业(美国) 19 个行业(加拿大) 20 个行业(日本)	汇率指数	23.1% 21.1% 25%	R_m
Amihud (1993)	1979~1988 年	月度	3 个企业组合(32 家出口商)(美国)	汇率指数	33.3%	R_m,收益滞后项
Bartov, Bodnar (1994)	1978~1990 年	季度	208 家企业(美国)	汇率指数	20%	R_m
Walsh (1994)	1982~1993 年	月度	391 家非金融企业(美国)	双边汇率	8.2% (USD) 6.3% (JPY) 4.3% (DEM) 17.8% (GBP)	R_m
Choi, Prasad (1995)	1978~1989 年	月度	409 家跨国企业(美国)	汇率指数	14.9%	R_m

续表

研究文献	研究期间	数据频率	研究样本范围	汇率数据	显著家数占总样本数比例	模型控制变量的使用
Simkins, Laux (1997)	1989~1993 年	月度	395 家"财富 500 强"企业（美国）	汇率指数	14.2%	R_m
Allayannis (1996)	1978~1986 年 1987~1990 年	月度	137 个制造业企业组合（美国） 124 个制造业企业组合（美国）	汇率指数	29.2% 37.1%	R_m
Chow, Chen (1998)	1975~1992 年	月度	1110 家企业（日本）	汇率指数	30.1%	股息率，利率利差
Dominguez (1998)	1984~1995 年	周度	18 个行业（日本）	双边汇率	38.9%	R_m
He, Ng (1998)	1978~1993 年	月度	171 家跨国企业（日本）	汇率指数	26.3%	R_m
Miller, Reuer (1998)	1988~1992 年	月度	404 家制造业企业（美国）	双边汇率	13.6%（JPY, CAD, MXN） 14.6%（DEM, KRW, HKD）	无控制变量
Allayannis, Ihrig (2001)	1979~1995 年	月度	82 个行业组合（美国）	汇率指数	22.2%	R_m
Griffin, Stulz (2001)	1975~1997 年	周度	58 个行业指数	双边汇率	65.5%（USD）	R_m
Bodnar, Wong (2003)	1977~1996 年	月度	910 家企业（美国）	汇率指数	14.6%	无控制变量
Bartram (2004)	1991~1995 年	月度	373 家非金融企业（德国）	汇率指数，双边汇率	7.5%（汇率指数） 7.8%（USD）	R_m
Bartram, Karoyi (2006)	1990~2001 年	周度	701 家跨国企业（18 个欧洲国家，美国、日本）	汇率指数	9.9%	R_m
Doidge, Griffin, Williamson (2006)	1975~1999 年	月度	17929 家非金融企业（18 个国家）	汇率指数	8.2%	R_m

续表

研究文献	研究期间	数据频率	研究样本范围	汇率数据	显著家数占总样本数比例	模型控制变量的使用
Dominguez, Tesar (2006)	1980~1999年	周度	2387家企业（8个国家）	汇率指数	最高比例为31%（日本）	R_m
Bartram (2007)	1976~2000年	月度	6917家非金融企业（美国）	双边汇率	13.2%（资本市场法）5.6%（现金流量法）	R_m
Choi, Jiang (2009)	1983~2003年	月度	889家企业（美国）	汇率指数，双边汇率	面板估计，整体不显著	R_m，Fama-French三因子
Bartram, Brown, Minton (2010)	1998~2002年	月度	1150家企业（16个国家）	汇率指数	未给出具体显著比例，整体不显著	R_m
Hutson, O'Driscoll (2010)	1990~2008年	月度	1154家企业（欧洲11国）	汇率指数	10.5%（欧元诞生前）10.6%（欧元诞生后）	R_m
Jongen, Muller, Verschoor (2012)	1995~2005年	月度	935家企业（美国）	汇率指数	31.9%	R_m
Pan, Liu (2012)	1974~2006年	季度	20个制造业行业（美国）	汇率指数	30%	R_m

注：R_m表示股票市场收益率。

有关外汇风险暴露测量的实证研究具体的改进方法包括：

（一）企业样本范围的选择

一些实证研究试图通过选择不同国家和地区的企业样本来解决这个问题。如Griffin和Stulz（2001）对不同国家和行业的外汇风险暴露水平进行分析，发现外汇风险暴露水平在经济上和统计上都很小。Bartram和Karoyi（2006）选取了18个欧洲国家以及美国、日本的非金融企业，采用贸易加权汇率指数进行检验，发现这些国家的企业只有很小的外汇风险暴露。Doidge等学者（2006）通过收集欧洲、亚洲和北美洲17929家企业的数据，对这些企业的外汇风险暴露水平进行分析，发现即使是如此大的样本范围，也只有8.2%的企业在5%的显著性水平下有显著的外汇风险暴露。这些实证研究结果说明了企业样本范围的选择在企业外汇风险暴露普遍存在性低这个问题的解决上用处不大。

（二）外汇汇率变量的选择

大部分早期的外汇风险暴露研究采用的是贸易加权的多边汇率，然而，这种多边汇率对于单个企业而言可能不具有代表性，因为如果企业只受多边汇率中的一种或几种汇率波动的影响，加权后的多边汇率则会分散、减弱这几种汇率对企业的影响，降低企业外汇风险暴露的显著性。因此，一些实证研究开始采用双边汇率去测量企业的外汇风险暴露。然而，双边汇率的使用也同样不能很好地提高非金融类企业的外汇风险暴露程度。Khoo（1994）采用单个汇率变量研究了澳大利亚煤矿企业的外汇风险暴露水平，发现存在显著美元、南非兰特、日元、英镑、德国马克、墨西哥比索外汇风险暴露的企业占总样本企业的比例仍然很低，分别为 8.2%、12.2%、6.3%、17.8%、4.3%、14.3%。Miller 和 Reuer（1998a）在调查加拿大元、德国马克、日元、墨西哥比索、港元、韩元的双边外汇风险暴露水平后，发现使用双边汇率并不能改善外汇风险暴露普遍存在显著性低的问题，因为在所研究的企业样本中对这些货币存在显著的外汇风险暴露的比例均不超过15%。Bartram（2004）同时采用了双边汇率和多边汇率对企业的外汇风险暴露程度进行研究，发现两种汇率变量得出的实证结果相差不大，而且均不能解决外汇风险暴露难题。

（三）回归方程控制变量的选择

大部分用于测量企业外汇风险暴露的实证研究模型在 Adler 和 Dumas（1984）的原始模型上加入了市场指数收益率或套利定价理论因子等控制变量。Bodnar 和 Wong（2003）指出控制变量的使用、控制变量和汇率变量的相关关系会对企业外汇风险暴露的分布、符号、大小以及显著性产生重要影响。Bartram 和 Bodnar（2007）也认为控制变量的使用可以减少回归方程的标准误差，改善外汇风险暴露估计的精确度，确保估计出来的外汇风险暴露反映的是与控制变量无关的汇率波动影响，同时也使得估计出来的外汇风险暴露反映的是剔除掉控制变量后的剩余外汇风险暴露，而不是没使用控制变量时呈现出的总风险暴露。

一般而言，采用汇率变量作为股票收益率唯一的解释变量并加入与汇率变量正交化过的市场指数控制变量时可以获得更显著的外汇风险暴露，因为在这种模型下汇率变量可以捕获与汇率相关的、但在经济上不能被认为是外汇风险的额外效应。如 Booth 和 Rotenberg（1990）的研究发现，156 家样本企业中有 67.3% 的企业有显著的外汇风险暴露，只是理论上预期是正的风险暴露系数在实证中呈现的结果是负的。Kiymaz（2003）发现当模型中没有加入市场指数变量时，109家样本企业中有46.8%的企业有显著的外汇风险暴露，而当模型中加入与汇率变量正交化过的剩余市场指数变量时，有显著外汇风险暴露的企业比例上升到了61.5%。但总体来说，大部分实证研究发现采用正交法得出的外汇风险暴露显著性水平与没有采用正交法的外汇风险暴露显著性水平差别不大，如 Bodnar 和 Gentry（1993）、Choi 和 Prasad（1995）等。因此用汇率变量正交控制变量这种方法并没有有效解决外汇风险暴露显著的普遍性远低于理论预期这一实证难题。

（四）当期或滞后汇率变量的选择

实证研究中，除了使用当期的汇率数据进行回归分析，一些实证研究考虑到因为一家企业的内部关系是复杂的，汇率变动给企业造成的影响等信息的揭露会有延迟，使得股票价格变动在完全反映企业信息这一过程中可能会存在时滞，所以采用了滞后的汇率数据。Amihud（1993）用月度和季度数据对美国部分最大出口商进行研究，证明了滞后的外汇风险暴露的存在。Bartov 和 Bodnar（1994）认为滞后汇率变量对所选择的美国企业有显著影响。他们把滞后外汇风险暴露与企业会计处理方法联系起来，发现汇率的滞后效应会随着时间的过去而减少。Walsh（1994）、Donnelly 和 Sheehy（1996）发现滞后的汇率只有弱的显著性，而 Bartram（2008）等研究认为滞后变量没有显著效果，股票价格能很快反映汇率波动的信息，因而与有效市场假说一致。

（五）回归模型的选择

Bartram（1999、2004）指出企业外汇风险暴露显著性水平低、行业普遍不存在显著外汇风险暴露的原因之一是传统方法只测量了线性的风险暴露部分而没有考虑到非线性的或不对称的外汇风险暴露。事实上，财务理论认为外汇风险暴露在一定程度上是非线性的，因为企业现金流是汇率的非线性函数。Miller 和 Reuer（1998b）、Koutmos 和 Martin（2003）、Bartram（2004）等研究了外汇风险暴露的非线性和非对称特征，虽然证明了非线性外汇风险暴露比线性风险暴露有更高的显著性水平，但是仍然不能完全解决外汇风险暴露难题，因为实证结果得出的有显著外汇风险暴露的企业比例依然很低。

很多实证研究测量的外汇风险暴露都是基于股票价值的，但事实上，在企业风险管理的理论文献中，出于税收、破产成本、投资决定、管理表现或者报酬补偿等原因，管理者也很重视外汇风险对企业现金流量的影响。早期大部分具有开创性的企业外汇风险暴露研究，如 Shapiro（1975）、Hodder（1982）、Adler 和

Dumas（1984）、Flood 和 Lessard（1986）等都是基于企业现金流量以及外汇汇率对企业现金流波动的影响展开的。但是大样本的企业现金流数据通常难以获得，如 Bodnar 和 Wong（2003）。Bartram（2008）提出因为股票价格反映了企业当前和未来所有现金流现值的总和，所以企业现金流的风险暴露和股票价格的风险暴露是相互联系的，这也为大部分外汇风险暴露的研究都采用股票收益率数据来代替现金流数据的研究事实提供了支持证据。

从国内相关研究看，吴娓等（2007）、罗航和江春（2007）以及倪庆东（2011），也都发现有显著外汇风险暴露的国内上市公司比例不高，基本在 17.82%~28.36%（见表 5-2）。

表 5-2 国内重要文献实证结果比较

研究文献	样本范围	研究期间	数据频率	汇率数据	依据模型	显著家数占样本总数比例
吴娓，付强，涂燕（2007）	67 家企业（有非大陆销售收入的公司）	2005 年 7 月 25 日~2006 年 6 月 16 日	日度	双边汇率（USD）	Jorion	28.358%
罗航，江春（2007）	1364 家企业（所有深市、沪市上市公司）	2005 年 7 月 22 日~2007 年 3 月 30 日	日度	双边汇率（USD）	Jorion	17.815%
陈学胜，周爱民（2008）	143 家企业（沪市 180 指数规模最大流动性最强的股票）	2002 年第 1 季度~2007 年第 3 季度	季度	汇率指数 双边汇率	现金流量模型	23.1%（指数）74%（USD）38.4%（EUR）62.9%（HKD）8.4%（JPY）
倪克勤，倪庆东（2010）	18 个行业（非金融类深市贸易类和非贸易类行业指数）	2005 年 7 月~2009 年 6 月	月度	双边汇率（USD）	Jorion	56%
倪庆东（2011）	157 家企业（上证 180 指数非 ST 的上市公司）	2005 年 7 月~2010 年 6 月	月度	汇率指数	Jorion	36%

尽管国际上对市场模型下的外汇风险暴露的研究已相当丰富，但仍然具有局限性：①所有研究方法都是在"股票收益真实反映企业价值"的假设下构建市场模型进行测量，针对新兴资本市场特点的市场模型思考几乎是空白，国际文献对这个问题并没有予以足够关注。②以发达国家的企业为研究对象，极少针对发展中或新兴市场的企业做研究。

因此，本书的后续章节将弥补这些不足。

第六章 外汇风险暴露扩展模型

一、引言

以往的外汇风险暴露理论文献，几乎都是以企业利润最大化模型为研究起点，而且研究对象都是以本国和外国两国之间的直接生产销售模式来进行，如 Bodnar 和 Marston（2001）针对在两国间直接生产销售模式的跨国企业，提出了一个比较简单的外汇风险暴露模型。Marston（2001）分析企业面临其他竞争企业时的外汇风险暴露问题，主要结论认为市场结构是决定外汇风险暴露的主要因素。Bartram（2010）同样利用 Bodnar 和 Marston（2001）的模型来探讨一家同时在国内和国外生产经营的大型跨国企业的外汇风险暴露，并且针对实证文献中常常出现外汇风险暴露值远低于理论值的现象，推论主要是由于跨国企业采取经营性对冲和融资性对冲所致。

总而言之，现有理论研究主要从产品市场角度，在企业间存在数量竞争的情况下，构建了适用于分析在两国产品市场间进行生产经营的企业外汇风险暴露模型，但是并没有涉及国际市场间的成本分析；有鉴于此，我们将在 Bartram 等（2010）的模型基础上构建一个从成本（要素）市场角度出发，在两国经济范围内处于价格竞争环境下的企业外汇风险暴露模型。

已有的模型基本局限在两国经济范围内，并没有解释分析三国经济间的外汇风险暴露情况。显然，这对于目前中国越来越多企业前往第三国（如越南、巴基斯坦、斯里兰卡、巴西等）投资所面临的外汇风险无法提供进一步的分析。鉴于以往文献的不足，在本章中，我们将在 Bodnar 和 Marston（2001）的思想基础上，尝试拓展构建一个存在于三国市场间的进出口企业外汇风险暴露模型，在三国经济范围内对不同的企业生产经营模式（如出口导向型、进口导向型、进口导向型且无第三国生产工厂、出口导向型且无第三国生产工厂、出口导向型且有第三国生产工厂等)下的企业外汇风险暴露展开详细分析。

此外,以往的文献基本局限在对企业的外汇风险暴露模型研究,针对这一不足,我们将在 Bartram 等 (2010) 的建模基础上尝试构建行业的外汇风险暴露模型,以便于后续章节的行业外汇风险暴露测量与影响因素分析。

二、基于成本角度的企业外汇风险暴露模型

我们借鉴 Bartram 等 (2010) 的研究思路,假设在双寡头垄断竞争下存在两家对称的企业(企业 1 和企业 2),它们都在同一个海外市场竞争,市场只有一种产品。定义企业 1 为总部在 A 国的进出口企业(Exporting and Importing Firm),企业 1 的产品同时在 A 国和 B 国安排生产,产品销往 A 国和 B 国。企业 2 的母国是 B 国,它是企业 1 的进口竞争企业(Import-competing Firm)。企业 1 和企业 2 都生产同质产品(Homogeneous Products)。需要指出的是,设定 A 国为企业 1 的国内市场,B 国为企业 1 的海外市场。

我们的研究与以往的区别在于:一是以往的研究集中在数量竞争情况下的外汇风险暴露研究,而我们将在价格竞争情况下对企业的外汇风险暴露进行详细推导,利用伯川德均衡得出均衡厂商多个变量的基本等式,用这些等式来推导外汇风险暴露的形成机理,价格竞争的假设更符合中国企业实际情况。二是现有的模型强调产品市场的外汇风险暴露,但对成本市场的外汇风险暴露研究较少。我们不仅强调企业的成本来自国内和国外,同时还将引入新的成本变量,考虑企业在成本市场中的市场力量,重新分析外汇风险暴露的形成机理。

借鉴 Dixit 和 Stiglitz (1977) 在其不完全竞争研究中使用的一个允许产品替代率发生改变的效用函数——CES 函数(Constant Elasticity of Substitution Production Function,固定替代弹性生产函数)来构建企业 1 在海外市场销售的效用函数。具体的 CES 效用函数表示如下:

$$U(X_1, X_2) = [\alpha X_1^\rho + (1-\alpha) X_2^\rho]^{1/\rho} \qquad (6-1)$$

式中,$U(X_1, X_2)$ 是海外市场(即 B 国)的消费者效用函数;X_1 是出口企业 1 销往海外的产品数量;X_2 是进口竞争企业 2 销往当地市场的产品数量;α 为消费者偏好加权参数;ρ 是衡量产品替代程度的参数,我们称之为产品替代率。

根据相关效用理论,产品的边际替代率(MRS)等于交换比率,因此可写为:

$$\frac{\partial U/\partial X_1}{\partial U/\partial X_2} = \frac{P_1}{P_2} \qquad (6-2)$$

预算约束则为：

$$P_1 X_1 + P_2 X_2 = Y \qquad (6-3)$$

式中，Y 为 B 国市场的产品总额；P_1 是出口企业 1 的产品在 B 国的售价；P_2 是进口竞争企业 2 的产品售价。

为得到价格的反需求函数，由式（6-1）、式（6-2）和式（6-3）整理，得到反需求函数如下：

$$P_1 = D_1(X_1, X_2) = \frac{\alpha X_1^{\rho-1} Y}{\alpha X_1^{\rho} + (1-\alpha) X_2^{\rho}} \qquad (6-4)$$

$$P_2 = D_2(X_1, X_2) = \frac{(1-\alpha) X_2^{\rho-1} Y}{\alpha X_1^{\rho} + (1-\alpha) X_2^{\rho}} \qquad (6-5)$$

进一步定义 λ 为出口企业 1 在海外市场销售产品所占的市场份额。市场份额可写为：

$$\lambda = \frac{P_1 X_1}{Y} = \frac{\alpha X_1^{\rho}}{\alpha X_1^{\rho} + (1-\alpha) X_2^{\rho}} \qquad (6-6)$$

将出口企业 1 以本国货币计值的利润写为：

$$\pi_1^* = S P_1 X_1 - (C_1^* + S C_1) X_1 \qquad (6-7)$$

式中，C_1^* 表示企业 1 以 B 国货币计值的海外生产成本；C_1 表示企业以本国货币计值的本国生产成本；S 表示间接标价法下的汇率。

相应地，进口竞争企业 2 以 B 国货币计值的利润可写为：

$$\pi_2 = P_2 X_2 - \left(\frac{C_2^*}{S} + C_2 \right) X_1 \qquad (6-8)$$

式中，C_2^* 表示企业 2 进口来自 A 国以 A 国货币计值的生产成本；C_2 表示企业 2 在 B 国当地采购并以 B 国货币计值的生产成本。

与 Bartram 等（2010）模型不同，此处我们将允许两家公司的成本来自国内和国外，因此定义以 A 国货币计值相对成本比率 R，记为：

$$R = \frac{C_2^* + S C_2}{C_1^* + S C_1} \qquad (6-9)$$

根据伯川德均衡条件下两家企业均实现利润最大化，可得 $\frac{\partial \pi_1^*}{\partial X_1} = 0$，$\frac{\partial \pi_2}{\partial X_2} = 0$，与式（6-6）一并整理得到：

$$X_1 = \frac{\rho(1-\lambda)}{1-\rho\lambda} \times \frac{S \lambda Y}{C_1^* + S C_1} \qquad (6-10)$$

$$X_2 = \frac{\rho\lambda(1-\lambda)Y}{[1-\rho(1-\lambda)]\left(\dfrac{C_2^*}{S}+C_2\right)} \tag{6-11}$$

将式 (6-10)、式 (6-11) 代入式 (6-4)、式 (6-5) 中，可得：

$$P_1 = \frac{C_1^* + SC_1}{S} \times \frac{1-\rho\lambda}{\rho(1-\lambda)} \tag{6-12}$$

$$P_2 = \frac{[1-\rho(1-\lambda)]\left(\dfrac{C_2^*}{S}+C_2\right)}{\rho\lambda} \tag{6-13}$$

式 (6-10)、式 (6-12) 代入式 (6-7)，可得：

$$\pi_1^* = SY\lambda\frac{1-\rho}{1-\rho\lambda} \tag{6-14}$$

将式 (6-11)、式 (6-13) 代入式 (6-8)，可得：

$$\pi_2 = (1-\lambda)Y\frac{1-\rho}{1-\rho(1-\lambda)} \tag{6-15}$$

从前面的推导可知，汇率引入企业1的利润函数有两种方式：第一，价格作为汇率的函数，汇率将通过影响价格从而影响企业的市场份额；第二，海外边际成本转化为本币计价的成本时，汇率通过这种货币转换对企业的利润产生影响。由此可知，出口企业1的利润可以表述为海外市场总额中由出口企业所占市场份额带来的利润部分与海外市场的利润率之和，其中海外市场利润率可表示为 $[SP_1-(C_1^*+SC_1)]/SP_1=(1-\rho)/(1-\rho\lambda)$。

根据 Adler 和 Dumas (1984) 阐述的公司未来的现金流和公司价值的关系，以及外汇风险暴露的定义，遂把外汇风险暴露定义为外汇风险暴露是可能遭受外汇风险的公司价值大小，同时将公司价值 (V) 视为企业未来现金流的贴现值。因此，最简洁的衡量外汇风险暴露 (δ) 的方式可写为：

$$\delta = \frac{d\ln V}{d\ln S} \tag{6-16}$$

假设公司的价值 V 是税后利润的折现值，并且假定税收、贴现率和利润增长率不变，那么外汇风险暴露可表示为汇率的一单位百分比变动所引起的利润百分比变动。

$$\delta = \frac{d\ln V}{d\ln S} = \frac{d\ln \pi}{d\ln S} \tag{6-17}$$

由式 (6-14) 对汇率做对数差分产生的外汇风险暴露表示如下：

$$\delta = 1 + \frac{[1-\rho(1-\lambda)](1-\lambda)\rho\mu}{(1-\rho)[1-(1-\lambda)\rho^2\lambda]} \tag{6-18}$$

式中，$\mu_f = (1-\gamma_1)\gamma_2 - \gamma_1(1-\gamma_2)$，$\gamma_1 = SC_1/C_1^* + SC_1$，$\gamma_2 = SC_2/C_2^* +$

SC_2。由式（6-18）可知，出口企业 1 的外汇风险暴露是由产品替代率（ρ）、外国和本国的海外成本比（μ）、市场份额（λ）的函数。

假设产品替代率满足 $0<\rho<1$，当 ρ 接近 1 时，竞争产品之间存在完全替代率。μ 表示出口企业的相对价格，它的正负符号依赖于企业 1 和企业 2 投入的以外币表示的边际成本（γ）。假设 $0 \leq \gamma_1, \gamma_2 \leq 1$，那么则有 $-1 \leq \mu \leq 1$。λ 的符号通常为正。因此，式（6-18）第二项的符号取决于 μ 的符号。如果 μ 为负号（正号），那么第二项也相应为负号（正号）。此时的 $\delta \in [-2, 3]$。

由于模型中含有 ρ_j 和 λ_j，在现实中难以统计刻画，为便于模型能实证外汇暴露值的形成机理，我们尝试引入新的变量，既尽量简化原有模型，又努力保持原有复杂模型的分析意义，为外汇风险暴露的形成机理研究提供新的视角。

考虑企业在海外市场进行价格竞争的同时，汇率升值使得产品外币价格不变而本币价格减少，从而压缩了企业的利润空间；与此同时，企业在国内市场又有可能面临日益增加的原材料、劳动力等成本，进一步削弱了缺乏价格竞争话语权的企业的产品国际竞争优势，也给企业带来更大的外汇风险。因此，成本负担的加重有可能使得出口导向型企业在面临汇率波动加大的情况下抵抗外汇风险的能力减弱。在这种背景下，我们接下来将从成本的角度切入，引入了新的成本变量，进一步把模型转换为由成本决定的模型。

为了得到产品的成本变量，考虑加入销售毛利率，通过 1 减销售毛利率得到产品成本率。销售毛利润率（简称为"毛利率"）等于毛利润占销售净值的百分比，其中毛利润等于销售收入与产品成本的差。毛利率可写为：

$$\omega = \frac{\pi_1^*}{SP_1X_1} = \frac{1-\rho}{1-\rho\lambda} \tag{6-19}$$

由于毛利率（ω）与产品成本率（c）之间的关系可表示为 $\omega + c = 1$，那么出口企业 1 的产品成本率可写为：

$$c = \frac{\rho(1-\lambda)}{1-\rho\lambda} \tag{6-20}$$

如上所述，出口企业的外汇风险暴露可以通过用利润函数对汇率进行对数差分得到，因此我们得到引入产品成本率之后外汇风险暴露的新表达方式：

$$\sigma = 1 + \frac{1}{1-\rho\lambda} \times \frac{d\ln\lambda}{d\ln S} = 1 + \frac{c\mu}{\omega + \frac{(1-\rho)^2 c}{1-(2-\rho)c}} \tag{6-21}$$

注意到式（6-21）分母中的第二项每一变量都是小于一的值相乘得到，其值是微不足道的，数值几乎接近于零，因而省去这部分，从而可以将式（6-21）简化为：

$$\delta = 1 + \frac{c\mu}{\omega} = 1 + c'\mu \tag{6-22}$$

式中，$c' = c/\omega$ 表示产品成本比值，即是产品成本率和销售毛利率的比值，与产品成本率本质上是一致的，它同样也是产品替代率和市场份额的函数，只是由原来的数值范围 $[0, 1]$ 改为 $[0, \infty]$ 产品成本率与产品成本比值之间存在如下关系：产品成本率越小，产品成本比值就更小；反之，产品成本率越大，成品成本比值就更大。由此可知，价格竞争下成本变量对外汇风险暴露的影响相比数量竞争下的企业外汇风险暴露值要大。这意味着，如果企业在市场上拥有较强的定价权和竞争优势，企业能够轻易地将汇率波动带来的价格风险转移到产品的售价上，从而使得企业的外汇风险暴露降低。μ 表示出口企业的相对成本优势，而这些成本优势来自企业的经营管理策略，如不同的生产销售模式安排，或者是企业的生产成本在国际间的配置。同样，它的符号也决定了外汇风险暴露的符号。

通过模型的简化，我们可以从两类变量 C_j 和 μ_j 中，对理论外汇风险暴露进行拆解，以此获得减少企业外汇风险暴露的思路。C_j 变量是用 $C_j = f(\rho_j, \lambda_j)$ 表示的，是由 ρ_j 和 λ_j 决定的，这两个变量反映了汇率传递（Pass-through）大小，即企业是否拥有足够强的市场力量和竞争优势，把成本转嫁到消费者身上。由此，C_j 变量反映了汇率传递。汇率传递是价格对汇率的弹性：$\eta = \ln P / \ln S$，反映汇率波动能在多大程度上传递在价格上，从而将成本转嫁到消费者上。

μ_j 变量有 $\mu_j = (1 - \gamma_{j1})\gamma_{j2} - \gamma_{j1}(1 - \gamma_{j2})$，它是出口企业海外边际成本和国内边际成本、进口竞争企业的海外边际成本与国内边际成本组成的相对成本，能够反映企业相比同行业得到的成本优势。这种成本优势来自如工厂选址的策略、生产销售模式、成本配置等。因此，相对成本 μ_j 可以反映经营性对冲策略（Operation Hedge）。

要使外汇风险暴露达到企业能够承受的范围，我们所构建的基于成本变量的外汇暴露模型能够清晰地刻画两种对冲途径对理论暴露的影响。由模型可以看出，一个不具有较强市场垄断力量的公司一旦成本减小，外汇暴露将显著减小。因此从我们提出的模型角度，企业可以通过以下两方面进行外汇风险管理：

其一，企业成本合理配置。企业在产品生产过程中使用海外成本比例高于同行业竞争者的比例（如投资设厂等），汇率升值将使企业相比同行业竞争者在产品成本方面拥有更大的成本优势，这种优势是从汇率变动中得来的，反映在了 μ_j 中，即 μ_j 越小，企业越受益于汇率升值。同时成本优势和利润空间的扩大增加了企业抵御外汇风险能力。

其二，控制生产的成本。降低成本（即 C_j 越小）有两个方面的含义：一是降低生产过程的费用和成本；二是提高生产效率。通过技术革新、提升管理水平等方式，使得企业提高生产效率，相应生产成本下降，利润空间得到了扩张。当汇率波动时，利润空间的扩大能帮助企业抵御外汇风险。模型得出的结果直观地告诉我们，降低成本可以用来减少企业外汇风险暴露。

进一步地，产品成本率在模型中表示为 $C_j = f(\rho_j, \lambda_j)$。因此企业可以从 ρ_j 和 λ_j 角度来降低产品成本率，从而减少企业外汇暴露。事实上模型中的产品成本率由产品替代率和市场份额决定。产品成本率的降低得益于产品差异化（ρ_j 越低）和市场份额（λ_j 越大）的提高。原因在于 ρ_j 和 λ_j 可以使企业把外汇风险通过产品价格转嫁给消费者，以此提高产品收入，从而降低产品成本率。具体的做法包括企业可以通过技术革新、建立品牌和获取更大的竞争优势等因素在模型角度上都能削减成本上涨。

总而言之，我们所提供的外汇风险暴露表达方式大大简化了以往模型的表达，同时也依然包含了以往模型分析中所强调的重要影响参数。从模型形式上看，我们成功地将企业的成本因素引入了外汇风险暴露模型，并且通过将成本拆分成两部分：一部分成本是与企业的竞争力有关，另一部分的成本则与企业的生产模式有关，以此来从不同类型的成本角度分析对企业外汇暴露的影响。从模型结果方面看，和以往的 Bartram 等（2010）提出的模型对比，我们的结果与他们保持了一致，但是我们的模型显示了处于价格竞争中的企业的外汇风险暴露的波动范围将更大，即（$-\infty$，$+\infty$），同时出口活动较多的企业更容易获得正的外汇风险暴露，通过后面的实证分析我们会发现，这一结论显然更符合中国的现实。

为了进一步了解不同的生产销售模式安排，或者是企业的生产成本在国际间的配置对企业外汇风险暴露的影响，我们将在下一节进行深入讨论。

三、三国模式下的企业外汇风险暴露模型

（一）问题的提出

随着全球金融危机带来的负面影响愈发严重，尤其是美国、欧洲等中国传统出口市场的需求量急剧萎缩，以往的出口盈利模式已经"风光不再"；与此同时，国内原材料价格和劳动力成本不断上升，进一步压缩企业的利润空间。在这种背景下，一方面，不少中国进出口企业将目光投向生产成本更低廉的东南亚、非洲等地区，通过搬迁生产线、组建生产加工工厂等方式来利用当地相对廉价的投入成本要素，从事生产与出口经营。由于进出口企业的盈利状况与其生产销售

模式息息相关，因此不少中国企业期望在通过拓展海外业务自主掌握产品销量和销路的同时，又能够规避种种国际贸易壁垒。Ahme 等（2002）指出，企业进入国际市场时需要注意各种类型的风险尤其是外汇风险的影响。另一方面，也有不少企业从原来单纯依赖出口业务，逐渐转变为同时开拓国内市场，即所谓的"出口转内销"。由此我们不禁想知道，如果企业将部分生产线从本国转移至低成本国家，然后一方面将部分生产的产品销往别国，另一方面决定将部分产品转销国内，这种三国间生产和销售模式是否对企业的外汇风险暴露产生影响呢？由于目前的国内外理论研究只是局限在了企业在两国经济间的生产销售模式，为了回答这个问题，我们将部分参照 Bodnar 和 Marston（2001）的两国经济间生产销售模式的分析思路，重新构建一个适用于三国间进出口企业外汇风险暴露分析的模型，并且依据我们所构建的模型进一步分析企业在这种模式下的外汇风险暴露各种可能性。

（二）研究假设

为便于我们构建模型，具体参数将作出如下假设：

（1）在开放经济下存在三个国家（A 国、B 国和 C 国）以及三家企业（企业 1，企业 2 和企业 3），其中企业 1 和企业 3 的母公司均在 A 国，同时 A 国被定义为本节所指的国内（Domestic），企业 2 的母公司位于 B 国，B 国家被定义为我们所指的海外销售市场（Oversea Market），C 国是企业 1 的海外生产工厂所在国家，C 国被定义为第三国。企业 1、企业 2 和企业 3 均生产同质产品（Homogeneous Product）。企业 1 在本国（A 国）和 C 国设厂，即有两个位于本国和他国的生产工厂，所有的生产工厂同时使用来自 A 国、B 国和 C 国的投入要素；企业 1 在 A 国与 B 国的市场销售其产品；可知企业 1 为一家进出口企业。企业 2 在 B 国生产、B 国销售，是企业 1 在海外销售市场上的进口竞争企业（Import-competing Firm）。企业 3 也是只在 A 国生产、A 国销售，是企业 1 在本国市场上的国内竞争企业（Domestic Competing Firm）。

（2）A、B 和 C 三国都不存在通货膨胀，也没有交易成本（如海运以及保险成本）和税负，这一假设使得汇率波动是真实永久的变动。企业 1 所面临的两个竞争市场均为寡占市场。

（3）令产量 Q_{ij} 表示企业 1 在 i 工厂生产后销售到 j 市场的数量，其中 $i=1$ 和 3，分别表示 A 国和 C 国工厂，$j=1$ 和 2，分别表示 A 国和 B 国销售市场。产量 Q_2 表示企业 2 在 B 国的产量。产量 Q_3 表示企业 3 在 A 国的产量。

（4）企业在不同销售市场间存在价格歧视，因此企业 1 的价格函数 P_{1j} 表示该企业在 j 市场的产品价格，$j=1$ 和 2，企业 2 的价格函数为 P_2，企业 3 的价格

函数为 P_3。

（5）令成本函数 C_{ij} 表示企业 1 在 i 工厂使用 j 国投入要素的单位产品成本，其中 $i=1$ 和 3，$j=1$，2，3，分别表示 A 国、B 国和 C 国。令 C_2 表示企业 2 在国内生产的单位产品成本。C_4 表示企业 3 在国内生产的单位产品成本。设 R_f 为进口竞争企业 2 与企业 1 在海外市场的生产成本比，记为 $R_f=(S_1C_2)/(C_{11}+S_1C_{12}+S_2C_{13})$，假设 R_d 为国内竞争企业 3 与企业 1 在国内市场的生产成本比，记为 $R_d=(C_4)/(C_{11}+S_1C_{12}+S_2C_{13})$。

（6）在汇率方面，采用间接标价法设定企业间的汇价，令 S_1 表示 A 国货币/B 国货币，S_2 表示 A 国货币/C 国货币。

（三）模型的构建

在上述前提下，企业 1 的利润可表示为：

$$\pi_1 = (P_{11}Q_{11} + S_1P_{12}Q_{12} + P_{11}Q_{31} + S_1P_{32}Q_{32}) - (C_{11} + S_1C_{12} + S_2C_{13}) \times (Q_{11} + Q_{12}) - (C_{31} + S_1C_{32} + S_2C_{33}) \times (Q_{31} + Q_{32}) \tag{6-23}$$

由于企业 1 在海外销售市场有来自企业 2 的市场竞争，企业 2 的利润函数可写为：$\pi_2 = P_2Q_2 - C_2Q_2$，其中产量 Q_2 表示企业 2 在 B 国生产并销售到该国市场的数量，P_2 表示企业 2 在 B 国市场的产品价格，C_2 表示企业 2 在 B 国工厂的单位生产成本。因此海外销售市场的总量（Y_f）为：

$$Y_f = P_{12}Q_{12} + P_{12}Q_{32} + P_2Q_2 \tag{6-24}$$

依据上一节所提供的 CES 效用函数，企业 1 的海外销售市场占有率可表示为：

$$\lambda_f = \frac{P_{12}(Q_{12}+Q_{32})}{Y_f} = \frac{\alpha(Q_{12}+Q_{32})^{\rho_f}}{\alpha(Q_{12}+Q_{32})^{\rho_f}+(1-\alpha)Q_2^{\rho_f}} \tag{6-25}$$

式中，ρ_f 表示企业 1 和企业 2 的产品在海外销售市场中的产品替代率。α 表示海外销售市场的消费者偏好参数。

同理可得国内市场总量（Y_d）企业 1 的国内市场占有率如下：

$$\lambda_d = \frac{P_{11}(Q_{11}+Q_{31})}{Y_d} = \frac{\beta(Q_{11}+Q_{31})^{\rho_d}}{\beta(Q_{11}+Q_{31})^{\rho_d}+(1-\alpha)Q_{22}^{\rho_d}} \tag{6-26}$$

式中，β 表示国内市场的消费者偏好参数，ρ_d 表示国内市场的产品替代率。

根据式（6-25）和式（6-26），可将式（6-23）改写为：

$$\pi_1 = \frac{\beta(Q_{11}+Q_{31})^{\rho_d}}{\beta(Q_{11}+Q_{31})^{\rho_d}+(1-\alpha)Q_{22}^{\rho_d}}Y_d + \frac{\alpha(Q_{12}+Q_{32})^{\rho_f}}{\alpha(Q_{12}+Q_{32})^{\rho_f}+(1-\alpha)Q_{22}^{\rho_f}}S_1Y_f - (C_{11}+S_1C_{12}+S_2C_{13}) \times (Q_{11}+Q_{12}) - (C_{31}+S_1C_{32}+S_2C_{33}) \times (Q_{31}+Q_{32}) \tag{6-27}$$

因此，在利润极大化的决策中，企业 1 的目标函数共有 4 个数量函数。整理得到一阶条件分别如下：

$$\frac{\partial \pi}{\partial Q_{11}} = \frac{Y_d \rho_d \lambda_d}{Q_{11} + Q_{31}} - \frac{Y_d \rho_d \lambda_d^2}{Q_{11} + Q_{31}} - (C_{11} + S_1 C_{12} + S_2 C_{13}) = 0$$

$$\frac{\partial \pi}{\partial Q_{12}} = S_1 \left(\frac{Y_f \rho_f \lambda_f}{Q_{12} + Q_{32}} - \frac{Y_f \rho_f \lambda_f^2}{Q_{12} + Q_{32}} \right) - (C_{11} + S_1 C_{12} + S_2 C_{13}) = 0$$

$$\frac{\partial \pi}{\partial Q_{31}} = \frac{Y_d \rho_d \lambda_d}{Q_{11} + Q_{31}} - \frac{Y_d \rho_d \lambda_d^2}{Q_{11} + Q_{31}} - (C_{31} + S_1 C_{32} + S_2 C_{33}) = 0$$

$$\frac{\partial \pi}{\partial Q_{32}} = S_1 \left(\frac{Y_f \rho_f \lambda_f}{Q_{12} + Q_{32}} - \frac{Y_f \rho_f \lambda_f^2}{Q_{12} + Q_{32}} \right) - (C_{31} + S_1 C_{32} + S_2 C_{33}) = 0 \qquad (6-28)$$

将上述一阶条件代入式（6-23）中，可得：

$$\pi_1^* = Y_d \lambda_d [1 - \rho_d (1 - \lambda_d)] + S_1 Y_f \lambda_f [1 - \rho_f (1 - \lambda_f)] \qquad (6-29)$$

由式（6-29）可知，企业 1 的利润由两部分构成：一部分是企业 1 在国内市场销售所得（π_{1d}^*），由国内市场总量、国内市场份额和国内市场的产品替代率决定；另一部分则为企业 1 在海外销售市场利润（π_{1f}^*），由汇率、国外市场总量、国外市场份额和国外市场产品替代率决定。

同样根据 Adler 和 Dumas（1984）的外汇风险暴露的定义，则外汇风险暴露可表示为：

$$\delta = \frac{d\ln V}{d\ln S} = \frac{d\ln \pi}{d\ln S} \qquad (6-30)$$

由式（6-30）可知，要测量外汇风险暴露需要对企业的利润函数中的 S_1 取对数微分。

如前所述，由于企业 1 的利润由两部分构成，即 $\pi_1^* = \pi_{1d}^* + \pi_{1f}^*$，因此分别从国内利润和国外利润考虑汇率波动对其影响。

考虑企业 2 的利润 $\pi_2 = P_2 Q_2 - C_2 Q_2$，因此企业 2 利润极大化一阶条件可写为：

$$\frac{d\pi_2}{dQ_2} = \frac{(1 - \lambda_f) \rho_f Y_f}{Q_2} - \frac{(1 - \lambda_f)^2 \rho_f Y_f}{Q_2} - C_2 = 0 \qquad (6-31)$$

由式（6-31）可得利润极大化时的产量（Q_2^*）表示如下：

$$Q_2^* = \frac{(1 - \lambda_f) \rho_f Y_f}{C_2} \qquad (6-32)$$

将式（6-32）代入式（6-25），并且已知进口竞争企业 2 与企业 1 在海外市场的产品成本比可写为 $R_f = (S_1 C_2)/(C_{11} + S_1 C_{12} + S_2 C_{13})$，国内竞争企业 3 与企业 1 在国内市场的成本比可写为 $R_d = (C_4)/(C_{11} + S_1 C_{12} + S_2 C_{13})$，最终整理得到：

$$\lambda_f = \frac{aR_f^{\rho_f}}{1 + aR_f^{\rho_f}} \tag{6-33}$$

式中，$a = \alpha/(1-\alpha)$。那么对 λ_f 求 S_1 的偏导，整理可得：

$$\frac{d\lambda_f}{dS_1} = \frac{r_1 \lambda_f^2 \rho_f}{S_1(aR_f^{\rho_f})} \tag{6-34}$$

式中，$r_1 = \dfrac{C_{11} + S_2 C_{13}}{C_{11} + S_1 C_{12} + S_2 C_{13}}$，表示企业1在国内市场的国内成本与第三国成本之和占企业所有成本的比例，即企业1依赖于国内和第三国的投入要素的比例。

同理得到对 λ_d 求 S_1 的偏导函数如下：

$$\frac{d\lambda_d}{dS_1} = -\frac{r_2 \lambda_d \rho_d}{bR_d^{\rho_d}} \tag{6-35}$$

式中，$b = \beta/(1-\beta)$，β 表示企业1在国内销售市场的消费者偏好参数；此外，$r_2 = \dfrac{C_{12}}{C_{11} + S_1 C_{12} + S_2 C_{13}}$，表示企业1在海外销售市场由外币表示的生产成本占总生产成本的比重。

将式（6-34）和式（6-35）代入式（6-29）和式（6-30）做出相应整理后，企业1的外汇风险暴露（δ），可写为：

$$\delta = \frac{d\ln \pi_1^*}{d\ln S_1} = 1 + \left[1 + \frac{\lambda_f \rho_f}{\lambda_f \rho_f + (1-\rho_f)}\right] \times \lambda_f \rho_f \left(\frac{r_1}{aR_f^{\rho_f}}\right) +$$

$$\left[\frac{\rho_d(1-\lambda_d) - \lambda_d(1+\rho_d)}{1 - \rho_d(1-\lambda_d)}\right] \times \lambda_d \rho_d \left(\frac{r_2}{bR_d^{\rho_d}}\right) \tag{6-36}$$

由式（6-36）可知，在三国间从事生产销售的企业1的外汇风险暴露公式经过简化分解，最终其值大小将取决于企业在海外销售市场的市场份额（λ_f）及产品替代率（ρ_f）、在国内市场的市场份额（λ_d）及产品替代率（ρ_d），企业的国内及第三国成本占全部成本的比重（r_1），企业的海外成本占全部成本的比重（r_2）、进口竞争企业与企业1成本之比（R_f），以及国内竞争企业与企业1成本之比（R_d）等内生因素。总而言之，式（6-36）隐含着进出口企业具有经营性对冲避险的操作空间，如果企业能够调整经营策略得当，将使得企业不仅能获得低成本的全球配置，同时还可以规避外汇风险。

因此，我们将进一步借助上述内生因素来分析企业在各种生产销售模式下的外汇风险暴露。

（四）不同生产销售模式下的外汇风险暴露影响因素分析

第一种情况：纯出口导向型企业（$\lambda_f \neq 0$，$\lambda_d = 0$，$C_{12} = 0$，$C_{13} = 0$）。

假设企业1只在国内工厂安排生产,而且将所有的产品全部销往海外市场,在这种情况下该企业的外汇风险暴露可表示为:

$$\delta_1 = 1 + \left[1 + \frac{\lambda_f \rho_f}{\lambda_f \rho_f + (1-\rho_f)}\right] \times \lambda_f \rho_f \left(\frac{1}{aR_f^{\rho_f}}\right) \quad (6-37)$$

此时 $r_1 = 1$,$R_f = \dfrac{S_1 C_2}{C_{11}}$。企业外汇风险暴露($\delta_1$)由海外市场份额、海外市场产品替代率以及企业的国内成本与进口竞争企业的成本之比共同决定。我们假设此时海外市场份额有 $\lambda_f \in (0,1)$,如果 $\lambda_f = 1$ 则表示企业垄断海外市场的全部份额,$\lambda_f > 0$ 说明企业在海外市场面临一定的竞争和存在一定的销售份额;由于产品替代率 ρ_f 与企业的产品边际替代弹性(σ)相关,存在如下关系:$\sigma = 1/(\rho - 1)$,因此 $\rho_f = 1$ 说明企业1与进口竞争企业之间的产品完全替代(即 $\sigma \to -\infty$),$\rho_f = 0$ 说明企业1与进口竞争企业之间的产品完全互补,$1 > \rho_f > 0$ 说明该企业产品在海外市场有类似的替代产品竞争,因此假设海外市场产品替代率有 $\rho_f \in (0,1)$。对于企业1的国内成本与进口竞争企业的成本之比 $\dfrac{1}{R_f}$,有 $\dfrac{1}{R_f} \in (0, +\infty)$,$\dfrac{1}{R_f} = 1$ 说明企业1的国内成本与进口竞争企业的成本相等,因此从成本角度来看,企业1的外汇风险暴露不会因为与进口竞争企业之间成本效率存在差距而增大;$\dfrac{1}{R_f} < 1$ 说明进口竞争企业的单位产品成本高于企业1的单位产品成本,显示出企业1在成本使用效率方面的竞争优势,而这种成本竞争优势使得企业1的外汇风险暴露降低;当 $\dfrac{1}{R_f} > 1$ 时,相应分析的结果则告诉我们完全相反的故事:当企业1与进口竞争企业相比,不具备成本使用效率上的竞争优势时,这种劣势会进一步增加企业1的外汇风险暴露值,这也正是为什么在经济危机深重导致企业原材料采购成本大幅上升的时候,企业更加能够明显感受到汇率波动对企业利润的严重影响的原因。

δ_1 的符号由 $1 + [\lambda_f \rho_f / \lambda_f \rho_f + (1-\rho_f)]$ 部分决定。当海外市场份额与海外产品替代率存在 $\lambda_f \rho_f > 2\lambda_f \rho_f + (1-\rho_f) > 0$ 关系时,该部分符号为负。因此可以发现 δ_1 的符号可能为负值,也可能为正值。对于出口导向的企业而言,我们认为 δ_1 为负值的情况应该更常见。

第二种情况:纯进口导向型企业($\lambda_f = 0$,$\lambda_d \neq 0$,$C_{12} \neq 0$,$C_{13} \neq 0$)。

假设企业1从三个国家都进口生产需用的投入要素,并且在本国和第三国安排生产,而将所有的产品全部销往国内市场,在这种情况下该企业的外汇风险暴露可表示为:

$$\delta_2 = 1 + \left[\frac{\rho_d(1-\lambda_d) - \lambda_d(1+\rho_d)}{1-\rho_d(1-\lambda_d)}\right] \times \lambda_d \rho_d \left(\frac{r_2}{bR_d^{\rho_d}}\right) \quad (6-38)$$

此时的 $r_2 = \frac{C_{12}}{C_{11} + S_1 C_{12} + S_2 C_{13}}$，$R_d = \frac{C_4}{C_{11} + S_1 C_{12} + S_2 C_{13}}$。企业 1 在这种经营模式下的外汇风险暴露（$\delta_1$）由国内市场份额、国内市场产品替代率，企业用外币表示的海外成本占总生产成本之比重，以及企业 1 的生产成本与国内竞争企业生产成本之比共同决定。其中，国内市场份额、国内市场产品替代率的概念与海外市场份额、海外市场产品替代率的概念本质上相同，因此同理国内市场份额（λ_d）也符合 $\lambda_d \in (0,1)$，国内市场产品替代率（ρ_d）则是 $\rho_d \in (0,1)$。企业以外币表示的海外成本占总生产成本之比 r_2，有 $r_2 \in (0,1)$，当企业的海外成本占生产成本的比例越高，企业面临的外汇风险暴露就越大，反之亦然。企业 1 的生产成本与国内竞争企业生产成本之比 $\frac{1}{R_d}$，有 $\frac{1}{R_d} > 0$，当 $\frac{1}{R_d} = 1$ 说明企业 1 的国内成本与国内竞争企业的成本相等，因此企业 1 的外汇风险暴露没有因为其与国内竞争企业之间成本效率存在差距而增大，即此时的成本竞争因素对企业外汇风险暴露没有影响；当 $\frac{1}{R_d} > 1$ 时，表明企业 1 单位产品中的多国投入要素成本要高于本国相应成本，不具备成本使用效率上的优势，这种劣势反而将增加企业 1 的外汇风险暴露；$\frac{1}{R_d} < 1$ 说明国内竞争企业在本地生产使用的单位产品成本要高于企业 1 利用多国投入要素产生的单位产品成本，显示出企业 1 在成本使用效率方面的竞争优势，而这种成本竞争优势同样使得企业 1 的外汇风险暴露降低。

δ_2 的符号由 $\rho_d(1-\lambda_d) - \lambda_d(1+\rho_d)$ 部分的符号决定。如果 $\frac{\rho_d - \lambda_d}{\lambda_d \rho_d} > 2$，那么这部分值为正，$\delta_2$ 的符号为正；如果 $\frac{\rho_d - \lambda_d}{\lambda_d \rho_d} < 2$，那么这部分值为负，$\delta_2$ 的符号可能为正，也可能为负。对于进口导向的企业而言，我们认为 δ_2 为正值的情况应该更常见。

第三种情况：出口导向型且无第三国生产的企业（$\lambda_f \neq 0$，$\lambda_d = 0$，$C_{12} \neq 0$，$C_{13} = 0$）。

假设企业 1 除了在本国采购生产需用的投入要素外，还将在海外销售市场国进口部分投入要素，或者建立一定的销售渠道，并且该企业仅在本国安排生产，将所有的产品全部销往海外销售市场，在这种情况下该企业的外汇风险暴露可表示为：

$$\delta_3 = 1 + \left[1 + \frac{\lambda_f \rho_f}{\lambda_f \rho_f + (1-\rho_f)}\right] \times \lambda_f \rho_f \left(\frac{r_1}{aR_f^{\rho_f}}\right) \quad (6-39)$$

此处的 $r_1 = \dfrac{C_{11}}{C_{11}+S_1 C_{12}}$，$R_f = \dfrac{S_1 C_2}{C_{11}+S_1 C_{12}}$。企业 1 在这种经营模式下的外汇风险暴露（$\delta_3$）由海外市场份额、海外市场产品替代率，企业国内生产成本占总生产成本之比，以及企业的生产成本与进口竞争企业的生产成本之比共同决定。假设在其他条件相同的情况下，如果 $\dfrac{dr_1}{dR_f^{\rho_f}} > 1$，即企业国内生产成本占总生产成本之比的下降幅度大于企业生产成本与进口竞争企业的生产成本之比的增加幅度，那么企业做出在海外销售市场进口投入要素、设立销售分支机构的决策，能够降低企业的外汇风险暴露，这种策略可以视为经营性对冲的一种。与不采取上述策略的企业外汇风险暴露（δ_1）相比，$\delta_3 < \delta_1$。如果 $\dfrac{dr_1}{dR_f^{\rho_f}} < 1$，则企业采取上述经营性对冲策略并不能帮助企业减少外汇风险暴露，即 $\delta_3 > \delta_1$。

第四种情况：进口导向型且无第三国生产的企业（$\lambda_f = 0$，$\lambda_d \neq 0$，$C_{12} \neq 0$，$C_{13} = 0$）。

假设企业 1 只从本国采购和海外销售市场国进口生产需用的投入要素并且在本国安排生产，而将所有的产品全部销往国内市场，在这种情况下该企业的外汇风险暴露可表示为：

$$\delta_4 = 1 + \left[\frac{\rho_d(1-\lambda_d)-\lambda_d(1+\rho_d)}{1-\rho_d(1-\lambda_d)}\right] \times \lambda_d \rho_d \left(\frac{r_2}{bR_d^{\rho_d}}\right) \qquad (6-40)$$

式中，$r_2 = \dfrac{C_{12}}{C_{11}+S_1 C_{12}}$，$R_d = \dfrac{C_4}{C_{11}+S_1 C_{12}}$。企业在这种经营模式下，国内市场份额、国内市场产品替代率，企业用外币表示的海外成本占总生产成本之比重，以及企业 1 的生产成本与国内竞争企业生产成本之比都将影响企业的外汇风险暴露值大小。假设其他条件相同的情况下，当 $\dfrac{dr_2}{dR_d^{\rho_d}} > 1$ 时，即企业的海外成本占总成本之比的增加幅度大于竞争对手相对成本比的下降幅度时，没有在第三国安排生产经营的企业面临的外汇风险暴露（δ_4）可能要大于有在第三国安排生产经营的企业的外汇暴露（δ_2），即 $\delta_4 > \delta_2$；当 $\dfrac{dr_2}{dR_d^{\rho_d}} < 1$ 时，即企业的海外成本占总成本之比的增加幅度小于竞争对手相对成本比的减少幅度时，在第三国安排生产经营不一定就会减少企业的外汇风险暴露，即 $\delta_4 < \delta_2$。

第五种情况：出口导向型且有第三国生产的企业（$\lambda_f \neq 0$，$\lambda_d = 0$，$C_{12} \neq 0$，$C_{13} \neq 0$）。

$$\delta_5 = 1 + \left[1 + \frac{\lambda_f \rho_f}{\lambda_f \rho_f + (1-\rho_f)}\right] \times \lambda_f \rho_f \left(\frac{r_1}{aR_f^{\rho_f}}\right) \qquad (6-41)$$

式中，$r_1 = \dfrac{C_{11} + S_2 C_{13}}{C_{11} + S_1 C_{12} + S_2 C_{13}}$，$R_f = \dfrac{S_1 C_2}{C_{11} + S_1 C_{12} + S_2 C_{13}}$。企业 1 在这种经营模式下的外汇风险暴露（$\delta_5$）由海外市场份额、海外市场产品替代率，企业国内生产成本与第三国生产成本占总生产成本之比，以及企业的生产成本与进口竞争企业的生产成本之比共同决定。假设在其他条件相同的情况下，与出口导向且无第三国生产的企业的外汇风险暴露（δ_3）相比，δ_5 中的 r_1 更大、R_f 更小，使得 $\delta_5 > \delta_3$。这表明如果企业的母公司在本国，但采取由一国海外市场进行生产，再销售到另一国海外市场的生产经营模式，这一方式将产生比传统出口模式更大的外汇风险暴露。

另外，进口导向且有第三国生产的企业情况与纯进口导向企业的情况相同，此处不再赘述。

（五）研究结论

总之，比较上述不同类型企业的外汇风险暴露，发现以下结果：

（1）企业的成本使用效率高低将影响企业的外汇风险暴露。对于出口导向型企业而言，企业在与进口竞争企业的竞争过程中，如果在成本使用效率方面取得相对竞争优势，这种成本竞争优势能够帮助出口企业降低外汇风险暴露降低。反之，如果企业不具备成本使用效率上的竞争优势时，这种劣势会进一步增加出口企业的外汇风险暴露值。对于进口导向型企业而言，企业在与国内竞争企业的竞争过程中，其生产成本与国内竞争企业生产成本之比将会影响进口企业的外汇风险暴露。如果进口企业的多国投入要素成本高于本国竞争企业的相应成本，意味着企业不具备成本使用效率上的优势，这种劣势将增加进口企业的外汇风险暴露；如果进口企业在成本使用效率方面具备竞争优势，这种成本竞争优势将使得进口企业的外汇风险暴露降低。

（2）企业经营性对冲策略对于外汇风险的降低效果是有成立条件的。由于出口企业有海外销售收入，因此如果企业在同一个海外市场有海外成本支出的话，这将使外币收入与外币成本形成一种配合，从而规避掉大部分外汇风险，构成一种经营性对冲策略。但是，通过我们的研究可以发现，企业经营性对冲策略的避险效果需要在一定条件下才能实现。具体而言，无论出口企业有无在第三国开展生产，如果企业国内生产成本占总生产成本之比的下降幅度大于企业生产成本与进口竞争企业的生产成本之比的增加幅度，那么企业做出在海外销售市场进口投入要素、设立销售分支机构的决策，能够降低企业的外汇风险暴露。如果企业的国内生产成本占总生产成本之比的降幅小于企业生产成本与进口竞争企业的生产成本之比的增幅，则企业采取上述经营性对冲策略并不一定能帮助企业减少外汇风险暴露。

（3）在第三国生产经营策略产生效果的成立条件。对于进口导向型企业而言，当进口企业的海外成本占总成本之比的增幅大于国内竞争对手相对成本比的降幅时，没有在第三国安排生产经营的企业面临的外汇风险暴露可能要大于有在第三国安排生产经营的企业的外汇暴露；意味着在满足上述条件下，企业在第三国采取设厂生产的策略能够在企业利润极大化的同时降低企业的外汇风险暴露。反之，当企业的海外成本占总成本之比的增幅小于竞争对手相对成本比的减幅时，在第三国安排生产经营不一定就会减少企业的外汇风险暴露。对出口导向型企业而言，如果企业的母公司在本国，采取由一国海外市场进行生产，再销售到另一国海外市场的生产经营模式，这一方式将产生比传统出口模式（如本国生产，出口海外）更大的外汇风险暴露。

（4）三国模式下的进出口企业的外汇风险暴露模型。对于进出口企业而言，其外汇风险暴露是海外市场份额、海外市场产品替代率，企业国内与第三国生产成本和占总生产成本之比，企业的海外生产成本占总生产成本之比，国内市场份额、国内市场产品替代率，企业成本与国内竞争企业成本之比，以及企业的海外生产成本与进口竞争企业的生产成本之比等因素的函数。

四、行业外汇风险暴露模型

根据前几节所提供的思路，我们将在本节中进一步探讨行业的外汇风险暴露问题。从整个行业的角度对外汇风险暴露模型进行研究是十分有必要的，行业外汇风险暴露的模型构建将提供一种理论分析框架，有利于企业管理者尤其是相关国家政策制定者从全局上考察不同政策颁布对整个行业外汇风险暴露的影响效果，帮助政策制定者加深对政策传导渠道的理性认识。然而，以往的绝大多数模型研究（如 Booth，1990；Williamson，1997；Bodnar & Marston，2001；Bodnar，Dumas & Marston，2002；Bartram，Brown & Minton，2010 等）都是从企业层面对外汇风险暴露进行建模，Marston（2001）是我们所仅见的在企业外汇风险暴露模型的研究中讨论了行业因素，但他仍不是从行业整体角度出发构建外汇风险暴露模型；我们的研究将弥补此类分析的不足。此外，我们的研究还将强调行业内的竞争程度对于整个行业外汇风险暴露的影响。

遵循 Bodnar 等（2002）的分析思路，考虑最简单的一种行业外汇风险暴露情况：假设行业内的各企业都同时存在进出口业务，忽略企业规模之间的差异，对汇率波动的反应函数一致，因此行业外汇风险暴露可以看成是所有企业外汇风险暴露的简单加总。令 X_{11}，X_{21} 分别为该行业国内生产产品的国内销售额、海外销售额；X_{12}，X_{22} 分别为该行业海外生产产品的国内销售额、海外销售额；C_{11}，C_{21} 分别为国内产品生产所需的国内成本、海外成本；C_{12}，C_{22} 分别为海外产品生产所需的国内成本、海外成本；S 为间接标价法下的双边汇率。以本国货币表示的行业利润 π 写为：

$$\pi = [X_{11} + SX_{21} - C_{11} - SC_{21}] + [X_{12} + SX_{22} - C_{12} - SC_{22}] \quad (6-42)$$

该行业的利润对汇率的导数可表示为：

$$d\pi/dS = \frac{d\pi}{dX_{11}} \cdot \frac{dX_{11}}{dS} + \frac{d\pi}{dX_{12}} \cdot \frac{dX_{12}}{dS} + (X_{21} - C_{21}) + (X_{22} - C_{22}) \quad (6-43)$$

依式（6-43）可知，汇率波动使行业收益发生改变存在两种效应：一是由汇率波动引起生产产量变动而产生；二是通过海外净收入的变化所致。由于已知该行业达到均衡产量，因此第一种效应在目前均衡状态下为零。式（6-43）可简化为：

$$d\pi/dS = (X_{21} - C_{21}) + (X_{22} - C_{22}) \quad (6-44)$$

根据式（6-30）给出的外汇风险暴露定义，结合式（6-44），该行业的外汇风险暴露 δ_{IND} 写为：

$$\delta_{IND} = d\ln\pi/d\ln e = [(X_{21} - C_{21}) + (X_{22} - C_{22})] \times (S/\pi) \quad (6-45)$$

假设 h_1 为行业外币收入占全部收入的比值，h_2 为行业外币成本占全部成本的比值，m 为行业利润率，式（6-45）可变换为一个简单的形式。那么进出口行业的总外汇风险暴露可表示为：

$$\delta_{IND} = h_1 + (h_1 - h_2)(1/m - 1) \quad (6-46)$$

由式（6-46）可得，当行业为净出口行业时，$h_2 = 0$，该行业 $\delta_{IND} = h_1/m$；当行业为净进口行业时，$h_1 = 0$，该行业 $\delta_{IND} = h_2(1/m - 1)$。由此可见净出口行业与净进口行业的外汇风险暴露差异取决于这些行业不同的海外经营活动。

接下来，我们遵循 Bartram 等（2010）和前几节的分析思路扩展上述分析，将行业内部的竞争程度变量考虑进来。

进一步假设该进出口行业内存在两个企业（即企业1和企业2），这两家企业的总部均位于 A 国，并且生产经营模式类似，即它们都从国外进口原材料并都在国内和国外安排生产，两家企业的产品均销往国内和海外市场，因此它们在产品市场和投入要素市场上都存在竞争关系。假设该行业的产品价格和产品销售数量都处于均衡状态，使得行业利润最大化。

将行业的总外汇风险暴露 δ_{IND} 进一步分解为行业中两家企业的外汇风险暴露之加权平均和，可写为：

$$\delta_{IND} = \phi\delta_1 + (1-\phi)\delta_2 \quad (6-47)$$

式中，ϕ 表示企业1的销售收入在总行业销售收入的比值。由于企业1和企业 2 都是在国内和国外进行生产，但产品全部销往国内市场和海外市场，为便于分析，分别将企业 1 和企业 2 内部业务分为外国业务（Foreign Operations）和本国业务（Domestic Operations）。由于企业 1 和企业 2 业务类似，因此下面我们重点考察企业 1 的外汇风险暴露情况。

企业 1 的出口业务利润（$\pi_{1,fo}$）和本国业务利润（$\pi_{1,do}$）分别写为：

$$\pi_{1,fo} = SP_{1,fo}X_{1,fo} - (C_{1,fo} + SC^*_{1,fo})X_{1,fo} \tag{6-48}$$

$$\pi_{1,do} = P_{1,do}X_{1,do} - (C_{1,do} + SC^*_{1,do})X_{1,do} \tag{6-49}$$

式中，$P_{1,j}$ 为第 j 种业务生产的产品均衡价格，$C_{1,j}$（$C^*_{1,j}$）为本币（外币）表示的边际成本（$j = fo, do$）。假设本国业务和外国业务的相对成本比率 C_1，记为 $C_1 = (C_{do} + SC^*_{do})/(C_{fo} + SC^*_{fo})$。进一步假设进出口市场份额 $\lambda_{1,do}$ 和 $\lambda_{1,fo}$，有 $\lambda_{1,j} = P_{1,j}X_{1,j}/Y_{1,j}$，其中 Y_j 表示海外业务（或本国业务）所在市场总量；海外市场和本国市场产品边际替代率记为 ρ_j，$\rho_j \in [0,1]$，$j = fo, do$。考察海外业务所在市场的数量竞争模型，在利润最大化条件下得到均衡价格、均衡产量和出口市场份额如下：

$$X_{1,fo} = \lambda_{1,fo}Y_{1,fo}\frac{S\rho_{1,fo}(1-\lambda_{1,fo})}{(C_{1,fo}+SC^*_{1,fo})} \tag{6-50}$$

$$P_{1,fo} = \frac{C_{1,fo}+SC^*_{1,fo}}{S\rho_{1,fo}(1-\lambda_{1,fo})} \tag{6-51}$$

$$\lambda_{1,fo} = \frac{aC^{\rho_{1,fo}}}{1+aC^{\rho_{1,fo}}} \tag{6-52}$$

式中，a 为偏好参数。将式（6-50）、式（6-51）代入式（6-48），整理变形可得：

$$\pi_{1,fo} = S\lambda_{1,fo}Y_{1,fo}[1-\rho_{1,fo}(1-\lambda_{1,fo})] \tag{6-53}$$

同理考察本国业务所在市场的数量竞争模型，推导出：

$$\pi_{1,do} = \lambda_{1,do}Y_{1,do}[1-\rho_{1,do}(1-\lambda_{1,do})] \tag{6-54}$$

因此，由式（6-53）、式（6-54）分别计算海外业务、国内业务利润对汇率波动的对数导数，得到企业 1 海外业务的外汇风险暴露（$\delta_{1,fo}$）与国内业务的外汇风险暴露（$\delta_{1,do}$），形式如下：

$$\delta_{1,fo} = d\ln\pi_{1,fo}/d\ln S = 1 + (1-\lambda_{1,fo})\rho_{1,fo}[(1-\gamma^*_{1,fo})\gamma^*_{1,do} - \gamma^*_{1,fo}(1-\gamma^*_{1,do})] + \frac{(1-\lambda_{1,fo})\lambda_{1,fo}\rho^2_{1,fo}[(1-\gamma^*_{1,fo})\gamma^*_{1,do} - \gamma^*_{1,fo}(1-\gamma^*_{1,do})]}{1-\rho_{1,fo}(1-\lambda_{1,fo})} \tag{6-55}$$

$$\delta_{1,do} = d\ln\pi_{1,do}/d\ln S = (1-\lambda_{1,do})\rho_{1,do}[(1-\gamma_{1,do})\gamma_{1,fo} - (1-\gamma_{1,fo})\gamma_{1,do}] + \frac{(1-\lambda_{1,do})\lambda_{1,do}\rho^2_{1,do}[(1-\gamma_{1,do})\gamma_{1,fo} - (1-\gamma_{1,fo})\gamma_{1,do}]}{1-\rho_{1,do}(1-\lambda_{1,do})} \tag{6-56}$$

式中，$\gamma^*_{1,fo}$，$\gamma^*_{1,do}$ 分别表示企业的海外业务与国内业务涉及的外币表示边际成本占该业务总成本的比例，写为 $\gamma^*_{1,fo} = \dfrac{SC^*_{1,fo}}{C_{1,fo}+SC^*_{1,fo}}$，$\gamma^*_{1,do} = \dfrac{SC^*_{1,do}}{C_{1,do}+SC^*_{1,do}}$，$\gamma_{1,fo}$，$\gamma_{1,do}$ 分别表示企业 1 海外业务与国内业务涉及的本币表示的边际成本占该业务总成本的比值，写为 $\gamma_{1,fo} = \dfrac{C_{1,fo}}{C_{1,fo}+SC^*_{1,fo}}$，$\gamma_{1,do} = \dfrac{C_{1,do}}{C_{1,do}+SC^*_{1,do}}$。

因此，由式（6-55）和式（6-56），可得企业 1 的外汇风险暴露，写为：

$$\delta_1 = \varphi\left[1+(1-\lambda_{1,fo})\rho_{1,fo}\mu_{1,fo} + \frac{(1-\lambda_{1,fo})\lambda_{1,fo}\rho^2_{1,fo}\mu_{1,fo}}{1-\rho_{1,fo}(1-\lambda_{1,fo})}\right] +$$

$$(1-\varphi)\left[(1-\lambda_{1,do})\rho_{1,do}\mu_{1,do} + \frac{(1-\lambda_{1,do})\lambda_{1,do}\rho^2_{1,do}\mu_{1,do}}{1-\rho_{1,do}(1-\lambda_{1,do})}\right] \quad (6-57)$$

式中，φ 表示企业 1 的海外业务销售额占全部业务销售额的比重；$\mu_{1,fo}$ 表示企业 1 在海外市场相对成本比参数，$\mu_{1,do}$ 表示企业 1 在国内市场的相对成本比参数。

同理考虑企业 2 的海外业务与国内业务的外汇风险暴露，得到企业 2 的外汇风险暴露如下：

$$\delta_2 = \theta\left[1+(1-\lambda_{2,fo})\rho_{2,fo}\mu_{2,fo} + \frac{(1-\lambda_{2,fo})\lambda_{2,fo}\rho^2_{2,fo}\mu_{2,fo}}{1-\rho_{2,fo}(1-\lambda_{2,fo})}\right] +$$

$$(1-\theta)\left[(1-\lambda_{2,do})\rho_{2,do}\mu_{2,do} + \frac{(1-\lambda_{2,do})\lambda_{2,do}\rho^2_{2,do}\mu_{2,do}}{1-\rho_{2,do}(1-\lambda_{2,do})}\right] \quad (6-58)$$

式中，θ 表示企业 2 的海外业务销售额占全部业务销售额的比重；$\mu_{2,fo}$ 表示企业 2 在海外市场相对成本比参数，$\mu_{2,do}$ 表示企业 2 在国内市场的相对成本比参数。

最终行业的总外汇风险暴露可以表示为：

$$\delta_{IND} = \phi\left\{\varphi\left[1+(1-\lambda_{1,fo})\rho_{1,fo}\mu_{1,fo} + \frac{(1-\lambda_{1,fo})\lambda_{1,fo}\rho^2_{1,fo}\mu_{1,fo}}{1-\rho_{1,fo}(1-\lambda_{1,fo})}\right] +$$

$$(1-\varphi)\left[(1-\lambda_{1,do})\rho_{1,do}\mu_{1,do} + \frac{(1-\lambda_{1,do})\lambda_{1,do}\rho^2_{1,do}\mu_{1,do}}{1-\rho_{1,do}(1-\lambda_{1,do})}\right]\right\} +$$

$$(1-\phi)\left\{\theta\left[1+(1-\lambda_{2,fo})\rho_{2,fo}\mu_{2,fo} + \frac{(1-\lambda_{2,fo})\lambda_{2,fo}\rho^2_{2,fo}\mu_{2,fo}}{1-\rho_{2,fo}(1-\lambda_{2,fo})}\right] +$$

$$(1-\theta)\left[(1-\lambda_{2,do})\rho_{2,do}\mu_{2,do} + \frac{(1-\lambda_{2,do})\lambda_{2,do}\rho^2_{2,do}\mu_{2,do}}{1-\rho_{2,do}(1-\lambda_{2,do})}\right]\right\} \quad (6-59)$$

由式（6-59）可知，行业的外汇风险暴露由行业内的企业的海外销售收入、海外销售成本、海外销售市场份额及产品替代率、国内销售收入、国内销售成本、国内销售市场份额及产品替代率、企业间相对成本比等因素决定。

第七章 中国进出口企业外汇风险暴露的线性测量研究

一、引言

　　自本章始,我们将在实际环境中考察企业价值与汇率波动间的敏感性关系。自布雷顿森林体系解体以来,各国实际汇率表现出很大的波动性,汇率波动成为影响企业财务决策和利润的重要风险源。中国在 2005 年 7 月汇率制度改革后,人民币汇率升值速度与波动幅度明显加大,汇率成为影响中国进出口商品定价的重要参数,国内文献多是从这一角度分析汇率波动对中国进出口贸易行业的价格传递效应(卢向前和戴国强,2005;胡冬梅等,2010)。但汇率波动还会通过改变企业未来现金流的期望价值从而影响企业利润。2009 年后人民币汇率的持续升值,使不少中国企业的经理们感觉到企业的利润在减少,并且认为人民币汇率波动对企业利润带来的冲击与企业的生产形态有很大关系[①]。在人民币汇率双向波动加剧的背景下,企业开始通过"积极"方法(如锁定结售汇成本、调整价格、加大海外成本采购、海外设立分厂等)与"消极"方法(如争取非美元报价、缩短订单周期、直接取消订单等)来应对这种新的形势。一些国内学者纷纷提出中国应该持续推动人民币跨境贸易结算,加快人民币国际化进程,以便于企业管理者管理人民币汇率风险。这些方法与措施确实为企业避险发挥了重要作用,但依照"先预估,后管理"的理念,为科学、准确、全面地管理企业的外

---

　　① 相关内容参见《汇率关乎中国企业生死》(《国际商报》2010 年 3 月 3 日)、《汇率风险绑架出口订单广州广交会机电谋新一轮涨价》(《金融界》2010 年 10 月 15 日)、《汇率冲击波挤薄中国外贸企业"圣诞订单"含金量》(《揭阳日报》2010 年 11 月 3 日)、《美元贬值把中国企业订单利润弄薄》(《今日早报》2011 年 1 月 1 日)等一系列新闻报道。

第七章 中国进出口企业外汇风险暴露的线性测量研究

汇风险,帮助中国企业加深对外汇风险的理性认识,我们将尝试对中国进出口上市企业的外汇风险暴露进行线性测量。

除此之外,本章的撰写还有另外两个目的:其一,对比以往的国内文献(吴娓等,2007;罗航和江春,2007;倪庆东,2011),本章所涉及的中国企业主要是有着海外贸易业务的制造业上市企业,同时研究样本将在样本容量和时间跨度上扩大,我们将遵循以往文献中对外汇风险暴露的定义,测量企业(或行业)的利润(以股票超额收益表示)与汇率非预期波动之间的关系,同时进行更全面而严谨的稳健性讨论。

其二,我们的研究与以往研究的区别还在于,我们将力图寻找适合中国企业特色的有效测量方法,构造符合中国资本市场假设的估计模型。众所周知,测量汇率波动对一国企业利润(或行业)的影响是一个非常复杂且十分重要的财务问题,现已成为国际金融研究的热点之一(He & Ng,1998)。现有大量的实证研究分析了非金融类企业的外汇风险暴露,他们采用的典型方法是将股票收益对汇率波动加入控制变量做回归,然而研究结果普遍显示外汇风险暴露在统计上不显著,估计出的暴露的经济意义也不大(Griffin & Stulz,2001)。第一个对企业外汇风险暴露现象做出重要实证研究的学者 Jorion(1990)就发现,他所分析的 287 家美国跨国企业中,只有 5.2% 的企业在 5% 的显著性水平下有显著的外汇风险暴露;Choi 和 Prasad(1995)在其研究中发现,美国样本企业中只有 14.9% 的企业,样本行业中只有 10% 的行业在 10% 的显著水平下有显著的外汇暴露。学者们在美国之外的国家也有同样的发现。He 和 Ng(1998)对日本企业进行研究后发现,在不同的时期,有 26.3% 和 53.8% 的跨国企业显示有显著的外汇风险暴露。还有一些学者研究了不同国家的行业外汇风险暴露,Prasad 和 Rajan(1995)发现美国 15% 的行业、日本 4% 的行业、英国 6% 的行业在 5% 的显著水平下有显著的外汇风险暴露;Bodnar 和 Gentry(1993)发现美国 23% 的行业、加拿大 21% 的行业和日本 25% 的行业在 5% 的显著水平下有显著的外汇风险暴露。虽然学者们已经在理论上证明了企业利润与外汇风险暴露的密切关系,但是实证研究结果不尽如人意,学者们将这种状况称为"外汇风险暴露难题"。目前国际上对该难题比较流行的解释是样本企业采取的风险对冲策略抵消了大部分外汇风险。由于中国的外汇衍生品市场并不发达,企业采用金融工具避险的意识也并不强,因此我们认为国际上流行的解释不一定适用于中国的情况。国内以往的与中国企业有关的外汇风险暴露研究也并未给出中国存在外汇风险暴露难题的理由。据此我们认为,以往研究中采用过于简洁的资本市场法并不适用于转型经济或新兴市场国家中的企业分析。在这种背景下,我们的研究将明显与以往研究不同,我们将力图寻找到适合中国企业特色的有效测量方法。因此除了沿用传统模型计算企业的外汇风险暴露之外,我们将对传统方法进行本土化的改进,引入新的控制变量(Fama-French 多因子、换手率等),构造符合中国资本市场假设的估计模型,包括基于 FFM 的扩展市场模型和考虑流动性溢价的市场模型,以期提高对中国进出口上市企业外汇风险暴露测量的准确性和精度。

同时本章还将检验以下 2 个假设:

假设 1 (H1):中国进出口上市企业存在普遍而广泛的外汇风险暴露。

假设 2 (H2):以往文献中提出的市场模型并不适用于中国企业的分析,对市场模型进行符合中国资本市场特征的本土化改造后,能够提高对中国进出口上市企业外汇风险暴露测量的准确性。

二、传统测量模型介绍

(一) AD 模型

Adler 和 Dumas 在 1984 年将外汇风险暴露定义为实际汇率的非预期性波动引起企业价值的变动。他们讨论了暴露可以通过同时期的一组汇率对企业国内货币表示的股票收益做线性回归测量。依照这种思路可设定回归模型如下:

$$R_{i,t} = \beta_0 + \sum_{k=1}^{K} \delta_k \Delta S_{k,t} + \varepsilon_t \quad k = 1, \cdots, K \quad (7-1)$$

式中,$R_{i,t}$ 表示某企业 i 在 t 时刻的超额股票收益率,它等于名义股票收益率减去无风险收益率;之所以剔除无风险收益率,是因为研究专注于受风险影响的超额收益率部分。β_0 为截距项;$\Delta S_{k,t}$ 表示在 t 时刻第 k 国汇率变动率;δ_k 表示企业 i 由第 k 国货币汇率波动引起的外汇风险暴露;ε_t 为残差项,它包含了普遍的市场因素,这些市场因素在企业股票收益产生过程中发挥着非常显著的决定作用。我们将式(7-1)简称为 AD 模型。

(二) Jorion 市场模型

Jorion(1990)在回归方程中加入了市场收益作为控制变量,得到了如下公式:

$$R_{i,t} = \beta_0 + \beta_{im} R_{m,t} + \sum_{k=1}^{K} \beta_k \Delta S_{k,t} + \varepsilon_t \quad k = 1, \cdots, K \quad (7-2)$$

式中,$R_{m,t}$ 为 t 时刻的该国股票市场收益率指数,β_{im} 为企业的市场贝塔值。我们将式(7-1)简称为 Jorion 市场模型。

Adler 和 Dumas（1984）、Jorion（1990）的这种测量模型，本身涉及资本资产定价模型（CAPM），因此这种测量方法被统称为市场模型法。需要注意的是，在使用市场模型法进行外汇风险暴露的讨论时，很容易陷入 CAPM 个别形式与外汇风险定价的争论中，必须强调我们研究的对象是外汇风险暴露，如果在此做 CAPM 模型的分析和讨论，显然偏离了文章的主旨。

三、基于中国资本市场特征的测量模型构建

由上可知，式（7-1）和式（7-2）的模型成立是基于有效市场假设（Efficient-Market Hypothesis，EMH）。下面我们将考虑中国资本市场的独特性，并依此构建模型，研究汇率波动如何改变中国企业利润。

（一）基于 FFM 的扩展市场模型

中国股市起步较晚。自 1990 年上海证券交易所和 1991 年深圳证券交易所成立以来，随着中国经济市场化不断加深，沪深两市逐渐成为重要的企业融资来源。但是，由于中国股市采取了有别于西方成熟股票市场的规则与制度，如股权分置制度、交易制度和法律监管制度等，中国股市存在着如非市场化发行制度、交易制度不完善、监管和退市制度不健全等问题。

国内的实证文献基本对中国股市未达到中强式效率的结论达成了共识，虽然对中国股市存在弱式有效的结论并不明确，但近年的研究成果多倾向于支持存在弱式有效的观点，如刘剑锋等（2010）、卢长洪（2010）利用日数据检验了中国股价随机游走特性，认为中国股票市场呈弱式有效；同时有关研究均认为中国股市有效性在不断提高，这一点未发现不同观点，如戴晓凤等（2005）、余宇新等（2010）均证明了随着市场改革的深入，中国股市经历了一个逐渐达到弱式有效的过程。据此可知，在弱式有效市场里，投资者基于公司财务报告、宏观因素等基本面的分析有可能获得股票超额收益，换言之，汇率波动这种宏观信息可能会反映在股票超额收益中。

此外，Sharpe-Linter（1965）的资本资产定价模型（CAPM）假设投资者能够通过充分多样化的投资分散非系统风险，所以股票收益只与系统风险（β_M）有关。由于中国投资者具有明显投机倾向、拥有有限投资资金以及中国股市存在市场分割、缺乏分散化投资工具等特征，难以通过充分多样化投资来分散非系统风险，该风险可能在股票收益中有正的溢价，因此定价中可能包含公司特征的风

险因子溢价。目前应用最广泛的公司特征因子形式是 Fama 和 French（1992、1993）提出的规模因子（SMB）和账面市值比因子（HML）。国内外学者对 Fama – French 三因子模型在中国股票市场的适用性已做出一系列实证研究，研究结果显示中国股票收益率的回归方程存在显著的市场效应、规模效应和账面市值比效应（何诚颖，2005；Eun 和 Huang，2007）。因此中国股票市场中的股票收益可由规模因子和账面市值比因子定价。

由上述分析可知，我们可以使用扩展的 Fama 和 French（FF）模型（1992、1993），模型含有外汇风险因子，得到基于 FF 模型的市场模型如下：

$$R_{i,t} = \beta_0 + \beta_m R_{m,t} + \delta S_t + \beta_{smb} SMB_t + \beta_{hml} HML_t + \varepsilon_t \tag{7-3}$$

式中，SMB_t 表示 t 时刻的规模因子，HML_t 表示 t 时刻的账面市值比因子。

（二）基于流动性溢价的扩展市场模型

长期以来，由于中国股市的参与者以中小投资者为主，这部分投资者在股票投资上带有一定盲目性、短期炒作和追逐利润的特点；此外，由于中国投资渠道狭窄，市场缺乏做空机制、退出机制不够严格等原因，进一步助长了过度投机之风。以往的研究如刘志伟等（2007）、刘耀成和徐冉（2008）等均通过实证检验证明了中国股市具有过度投机特征。据此推论出中国股市存在流动性溢价现象，即中国投资者愿意为股票本身支付流动性溢价。

因此，我们在式（7-1）中加入换手率（LIQD），得到考虑流动性溢价的市场模型如下：

$$R_{i,t} = \beta_0 + \beta_{1,i} S_t + \beta_{2,i} LIQD_t + \varepsilon_t \tag{7-4}$$

式中，$LIQD_t$ 表示 t 时刻的股票市场换手率。

四、实证分析

（一）企业样本选择与数据说明

本章的实证研究对象是在沪深 A 股市场上市的中国制造业类进出口企业，如图 7-1 中的阴影部分所示。

样本企业具备如下特征：

1. 样本企业均涉及海外业务

样本企业在整个考察期内已公开的季报、半年报和年报中连续三年显示有海外营业收入或海外营业成本的企业。考虑到美国财务会计准则委员会（FASB）发布的第14号财务会计准则对跨国企业的定义，即海外销售收入占总营业收入10%以上的企业，我们将样本企业按照不同的海外销售收入占比进行分类，其中有海外销售收入但海外销售收入占主营业务收入比重小于或等于10%的企业占全部样本企业的54.82%，海外销售收入占主营业务收入比重为10%~50%的企业占35.14%，海外收入比重超过50%的企业占10.04%。除此之外，我们还统计了企业的海外分支机构（或办事处）、海外并购项目等情况。

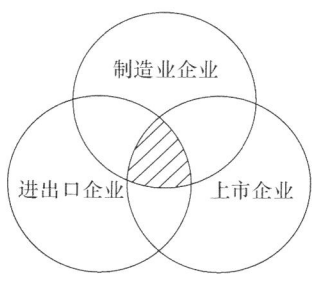

图7-1 研究对象样本范围

2. 所有样本企业均属于制造业类企业

按全球行业分类系统（GICS）分属14个行业，包括电气设备、机械制造、能源、纺织服装、汽车、汽车零配件制造、食品、饮料、林业纸业、计算机硬件制造、金属采矿、建筑材料、化学制品、耐用消费品制造业。同时依据国家统计局公布的中国1998~2010年进出口货物分类数据确定上述的14个行业为不同的进出口类行业，需要注意的是个别行业的进出口贸易类型在2004年前后发生变化。具体样本企业在各行业中的数量分布及所属行业的进出口类型如表7-1所示。

表7-1 样本企业在各行业中的数量分布

行业名称	进出口类型		样本企业数（家）	有效样本企业数（家）	行业内有效样本数占总有效样本数的比例（%）
	2004年之前	2004年之后			
电气设备	出口型	出口型	44	41	6.36
机械制造	进口型	进口型	74	73	11.32
能源	进口型	进口型	37	35	5.43
纺织服装	出口型	出口型	48	46	7.13
汽车	进口型	进口型	19	18	2.79
汽车零配件制造	进口型	出口型	38	38	5.89

续表

行业名称	进出口类型		样本企业数（家）	有效样本企业数（家）	行业内有效样本数占总有效样本数的比例（%）
	2004年之前	2004年之后			
食品	出口型	进口型	48	45	6.98
饮料	出口型	出口型	21	19	2.95
林业纸业	进口型	进口型	22	22	3.41
计算机硬件制造	出口型	出口型	89	89	13.80
金属采矿	出口型	进口型	76	75	11.63
建筑材料	进口型	出口型	19	19	2.95
化学制品	进口型	进口型	104	102	15.81
耐用消费品制造业	出口型	出口型	23	23	3.57
总计	—	—	662	645	100.00

3. 样本企业涵盖在主板市场上市和中小板市场上市的企业

来自主板市场的上市企业占52.82%，中小板市场的企业占47.18%。

样本企业原始名单来自锐思金融数据库中按全球行业分类系统（GICS）提供的企业分类，一共涉及14个制造业行业。为了保证研究样本的准确性，结合相关上市公司公开发布的季报、半年报和年报，我们考察了锐思金融数据库具体GICS行业分类中所有企业的主营业务类别、主营业务经营的持续性、企业管理层的稳定性，剔除了被错误分类的企业、过去和现在有ST标识的企业、已退市企业和历史上有重大重组的企业。为了保证样本企业数据的充足性，剔除样本数据不足25个的企业，即不包括最近两年新上市的企业；同时，剔除样本数据不连续的企业。此外，由于样本研究时间跨度为1999年6月~2011年12月，其间包含了中国股权分置改革阶段，为了消除股权分置改革事件或其他市场重大事件的发生对回归系数的不恰当影响，我们对样本企业的股票收益率数据进行了适当排查，删除了部分奇异点。经过上述企业样本及数据筛选过程，最终得到研究的有效样本企业有645家。

我们所使用的数据为月度数据，研究样本区间为1999年6月~2011年12月。沿用多数已有文献的做法，使用的企业股票收益率（R）数据为超额收益率，即通过企业股票收益率减去无风险收益率得到。所有有效样本企业的股票收益率原始数据源于锐思金融数据库，无风险收益率数据源于中国人民银行网站。我们使用的汇率波动率数据将分别基于汇率指数与双边汇率两种数据进行计算，具体而言，我们采用名义有效汇率指数（$NEER$）与人民币兑美元（USD）、欧元（EUR）和日元数据（JYP）等双边汇率，其中名义有效汇率指数取自IMF网站，人民币兑美元、欧元和日元双边汇率数据来自中国国家外汇管理局外汇牌价汇买价价格。此处都进行了汇率调整，将人民币双边汇率调整为间接标价法，在这种调整下，人民币升值，显示汇率波动率为正；人民币贬值，显示汇率波动率为负。

中国股票市场收益率指数将采用证监会次类行业等权平均月收益率数据。

基于 FF 模型的市场模型中还涉及规模因子（SMB）与账面市值比因子（HML）。规模因子选用沪深 A 股市场第 t 年 6 月末的市值作为分类依据，市值高于或低于市场平均市值分成小规模、大规模，用每月三个小规模股票组收益的平均值减去当月三个大规模股票组收益的平均值再加权平均后得到规模因子。该因子数据源于锐思金融数据库。账面市值比因子是用账面市值比分为高、中、低三层，基于市场账面市值比的高（30%）、中（40%）和低（30%）部分，则 t 年的账面市值比用 $t-1$ 年会计年度股权的账面价值除以 $t-1$ 年 12 月末的市值再加权平均得到。该因子的数据源于锐思金融数据库。

包含有流动性溢价的市场模型中的换手率（LIQD）数据，计算公式为沪深两市 A 股每月总成交股数与总流通股数比值。原始数据源于锐思金融数据库，或依赖我们自行测算得到。

（二）样本数据的描述性统计

企业股票超额收益率、汇率等数据的描述性统计结果如表 7-2 和表 7-3 所示。所有企业股票超额收益率数据不存在单位根，序列平稳，有部分企业收益率数据存在尖峰拖尾分布和自相关现象。

表 7-2 模型各行业因变量的描述性统计

行业名称	均值	标准差	分位数				
			5%	25%	中值	75%	95%
电气设备	0.013	0.143	-0.186	-0.076	0.000	0.087	0.251
机械制造	0.014	0.153	-0.194	-0.077	-0.001	0.087	0.256
能源	0.017	0.155	-0.203	-0.068	0.002	0.086	0.284
纺织服装	0.014	0.177	-0.202	-0.073	-0.001	0.084	0.243
汽车	0.013	0.161	-0.190	-0.073	-0.001	0.081	0.251
汽车	0.013	0.161	-0.190	-0.073	-0.001	0.081	0.251
汽车零配件制造	0.015	0.157	-0.199	-0.077	-0.001	0.087	0.262
食品	0.013	0.143	-0.188	-0.070	0.000	0.083	0.244
饮料	0.017	0.141	-0.177	-0.062	0.001	0.080	0.257
林业纸业	0.011	0.241	-0.192	-0.071	0.000	0.073	0.232
计算机硬件制造	0.014	0.166	-0.209	-0.080	-0.002	0.089	0.272
金属采矿	0.015	0.154	-0.210	-0.075	0.000	0.086	0.286
建筑材料	0.017	0.168	-0.200	-0.079	0.000	0.086	0.286
化学制品	0.013	0.146	-0.198	-0.072	-0.001	0.085	0.262
耐用消费品制造业	0.014	0.138	-0.182	-0.067	0.002	0.084	0.240

表7-3 模型主要自变量的描述性统计

	市场收益率指数（RM）	名义有效汇率（NEER）	人民币兑美元汇率（USD）	人民币兑欧元汇率（EUR）	人民币兑日元汇率（JYP）	流动性溢价因子（LIQD）	规模因子（SMB）	账面市值比因子（HML）
均值	1.387	0.084	0.005	0.025	-1.612	34.836	0.006	0.002
中位数	0.830	0.131	0.018	0.001	1.572	27.903	0.009	0.002
最大值	44.690	4.358	1.425	0.258	125.537	118.134	0.105	0.074
最小值	-25.800	-2.725	-1.090	-0.059	-112.300	8.496	-0.119	-0.121
标准差	11.153	1.224	0.360	0.055	38.107	22.197	0.040	0.030
偏度	0.446	0.090	0.159	2.377	0.161	1.567	-0.199	-0.716
峰度	4.098	3.393	4.593	8.759	3.265	5.586	3.350	5.102
J-B统计量	12.606	1.176	16.594	350.849	1.094	103.845	1.765	40.700

注：样本量 n = 151。

下面我们将对自变量之间进行相关性检验。借助 Granger 因果关系检验、Pearson 相关分析初步检查自变量之间是否存在严重的多重共线性问题。依次对人民币兑美元汇率、人民币兑欧元汇率和人民币兑日元汇率三者之间、NEER 与股票市场收益率 RM 之间，NEER 与 LIQD 之间，RMB/USD、RMB/EUR、RMB/JYP 与股票收益率之间，RMB/USD、RMB/EUR、RMB/JYP 与 LIQD 之间做 Granger 因果关系检验，结果显示它们之间都不存在互为 Granger 因果关系。同样地，对上述变量之间做 Pearson 相关分析，表7-4 中呈现的变量之间的相关系数均小于0.5。一般认为如果相关系数在 0.75 以上，变量间可能存在多重共线性，这些变量之间基本没有多重共线性问题。

表7-4 自变量之间的 Pearson 相关性分析结果

	RM	NEER	USD	EUR	JYP	LIQD	SMB	HML
RM	1.000							
NEER	-0.106	1.000						
USD	-0.142	0.089	1.000					
EUR	-0.150	0.380	-0.080	1.000				
JYP	0.056	0.158	0.043	0.229	1.000			
LIQD	0.477	-0.115	0.088	-0.058	0.052	1.000		
SMB	0.392	0.065	-0.074	0.055	-0.140	0.097	1.000	
HML	-0.076	0.023	0.024	-0.027	0.030	-0.157	-0.144	1.000

此外，我们还进一步使用方差膨胀因子（VIF）判断变量之间的多重共线性，如表7-5所示，所得的所有变量间 VIF 结果几乎都等于1，远小于10。一般认为方差膨胀因子大于10才认为回归模型中的变量之间存在比较严重的共线性问题，因此可以认为回归模型中没有多重共线性问题。

表7-5 变量之间的方差膨胀因子

	RM	NEER	USD	EUR	JYP	LIQD	SMB
NEER	1.000						
USD	1.000	1.000					
EUR	1.001	1.021	1.000				
JYP	1.000	1.001	1.000	1.003			
LIQD	1.054	1.000	1.000	1.000	1.000		
SMB	1.024	1.000	1.000	1.000	1.000	1.000	
HML	1.000	1.000	1.000	1.000	1.000	1.001	1.000

五、计量结果与假设检验

本章实证检验所用的汇率变量依次为名义有效汇率指数（NEER）与人民币与各国双边汇率。使用645家上市企业的股票超额收益率分别在 AD 模型、Jorion 模型、FF 扩展后的市场模型以及包含流动性溢价的市场模型中逐一做 OLS 回归估计，并用 GARCH 模型对方差进行建模，最终得到的显著性企业数目结果归纳在表7-6中，结果都已通过残差序列自相关检验和 ARCH-LM 检验。从 AD 模型的估计结果来看，共有111家企业有显著外汇风险暴露，占有效样本企业数的17.21%，企业显著性比例最高的行业是汽车业。观察 Jorion 模型的测量结果，当采用双边汇率作为汇率变量时，测量得到的有显著外汇风险暴露的企业比例达到42.17%，明显高于采用 NEER 测量得到22.17%的结果。使用同样的样本企业，采用 FFM 扩展模型和包含流动性风险溢价的市场模型对企业的外汇风险暴露进行测量之后，实证结果显示存在显著外汇风险暴露的进出口企业数量大大增加。若采用经扩展后的 FFM 模型测量，并且以包含美元、欧元和日元双边汇率的数据作为汇率变量，结果发现在所有样本进出口企业中有65.40%的企业在10%的显著性水平下存在显著外汇风险暴露；若采用有效汇率指数，该模型也能发现有 47.22% 的企业存在显著的外汇风险暴露。若采用包含了流动性溢价的市场模型进行测量，无论是有效汇率指数还是双边汇率，得到的显著性企业比例都是最高的。总之，上述对比结果说明，我们所构建的 FFM 扩展市场模型和含流动性风险溢价的市场模型更能够帮助企业管理者和政策制定者捕捉到企业外汇风险暴露的情况。上述结论有力地证明了中国进出口上市企业确实存在普遍而广泛的外汇风险暴露，由此本章中的假设 H1 获得了正向支持。

表 7-6 基于四种模型的企业外汇风险暴露测量结果

行业名称	企业总数（家）	AD 模型 NEER 显著企业比例（%）	Jorion 模型 NEER 显著企业比例（%）	Jorion 模型 双边汇率 显著企业比例（%）	基于 FFM 的扩展市场模型 NEER 显著企业比例（%）	基于 FFM 的扩展市场模型 双边汇率 显著企业比例（%）	基于流动性溢价的市场模型 NEER 显著企业比例（%）	基于流动性溢价的市场模型 双边汇率 显著企业比例（%）
电气设备	41	24.39	21.95	46.34	30.43	26.09	75.61	75.61
机械制造	73	10.96	20.55	41.10	22.50	62.50	63.01	86.30
能源	35	17.14	45.71	48.57	75.00	91.67	88.57	97.14
纺织服装	46	2.17	17.39	34.78	25.00	33.33	63.04	84.78
汽车	18	27.78	16.67	72.22	70.59	94.12	77.78	94.44
汽车零配件制造	38	15.79	13.16	26.32	59.09	81.82	71.05	89.47
食品	45	26.67	13.33	57.78	25.00	25.00	66.67	66.67
饮料	19	31.58	5.26	31.58	62.50	50.00	68.42	78.95
林业纸业	22	0.00	13.64	36.36	46.15	69.23	59.09	81.82
计算机硬件制造	89	24.72	33.71	61.80	70.83	91.67	83.15	94.38
金属采矿	75	25.33	30.67	26.67	77.27	90.91	82.67	97.33
建筑材料	19	21.05	15.79	26.32	22.22	22.22	63.16	68.42
化学制品	102	5.88	8.82	29.41	58.33	80.56	79.86	90.20
耐用消费品制造业	23	26.09	52.17	73.91	38.10	71.43	86.96	95.65
总计	645	17.21	22.17	42.17	47.22	65.40	73.47	85.80

注：N 表示在 10% 显著水平下有显著外汇风险暴露的企业家数目。

接下来我们将从外汇风险暴露的正负符号分布、不同企业规模的外汇风险暴露情况以及有不同海外销售收入比例的企业外汇风险暴露情况等方面进行分析，进一步观察哪一种模型捕捉到的企业外汇风险暴露更加符合直觉与理论，依此比较出四种模型的优劣。具体如下：

(一) 考察企业外汇风险暴露的正负符号分布情况

外汇风险暴露的正负符号分布可以了解汇率不同方向的波动对企业价值将产生何种影响。一般而言,以出口为主的行业,如电气设备、纺织服装、汽车零配件制造、计算机硬件制造、建筑材料和耐用消费品制造业等,企业的暴露应以负值为主,即汇率升值波动将使这些出口导向型企业的利润减少,汇率贬值波动将有利于企业利润的增加;相应地,以进口为主的行业,如能源、机械制造、汽车、食品、林业纸业、金属采矿和化学制品等行业,企业的暴露应以正值为主,即汇率升值波动将有利于这些进口导向型企业的利润的增长,汇率贬值波动将给企业利润带来负面影响。四类模型采用有效汇率指数(NEER)进行计算的所有企业外汇风险暴露值正负符号的结果汇总在表 7-7 中。AD 模型虽然捕捉到了样本中 17.21% 的企业存在显著外汇风险暴露,但这些样本企业的外汇风险暴露正负符号与一般汇率经济学原理相违背:如能源业、林业纸业、金属采矿等企业多依赖进口原材料,但测出来的企业的暴露值以负值为主,纺织服装、建筑材料企业多为出口导向型企业,但测出来的企业暴露值以正值为主,这显然与理论不符。Jorion 模型捕捉到了 22.17% 的企业具有明显外汇风险暴露,略胜于 AD 模型,但和 AD 模型一样,测算出的部分企业价值受汇率波动的影响关系与理论刚好相反。然而,FFM 的扩展市场模型和含流动性风险溢价的市场模型得到的结果,虽然也存在测算出的汇率与企业价值之间的影响关系与理论相反的情况,但总体而言,FFM 的扩展市场模型和含流动性风险溢价的市场模型测量出来的结果符号与理论更加一致,也更理想。

表 7-7 企业外汇风险暴露值的正负符号分布情况

单位:%

行业名称	AD 模型	Jorion 模型	基于 FFM 的扩展市场模型	基于流动性溢价的市场模型
	NEER	NEER	NEER	NEER
	正值比例	正值比例	正值比例	正值比例
电气设备	30.00	44.44	25.00	0.00
机械制造	66.67	47.06	50.00	80.00
能源	14.29	5.88	100.00	45.45
纺织服装	100.00	50.00	50.00	25.00
汽车	80.00	33.33	75.00	68.75
汽车零配件制造	33.33	0.00	20.00	22.22
食品	83.33	33.33	50.00	50.00

续表

行业名称	AD 模型 NEER 正值比例	Jorion 模型 NEER 正值比例	基于 FFM 的扩展市场模型 NEER 正值比例	基于流动性溢价的市场模型 NEER 正值比例
饮料	16.67	0.00	0.00	25.00
林业纸业	**0.00**	**0.00**	**0.00**	11.11
计算机硬件制造	50.00	6.67	0.00	9.09
金属采矿	**10.00**	**9.09**	50.00	15.00
建筑材料	**80.00**	**66.67**	42.86	25.00
化学制品制造	50.00	**14.29**	**6.25**	**6.90**
耐用消费品制造业	0.00	33.33	18.18	20.00

注：表中数字粗体表示测算出的汇率波动与企业价值的正负向关系与理论不符。

（二）考察不同企业规模的外汇风险暴露情况

由于在中小板上市的企业规模要普遍小于在主板市场上市的企业规模，因此我们通过中小板企业和主板企业来分析不同规模企业的外汇风险暴露情况。由表 7-8 可知，相比于较小规模的中国企业，规模偏大的企业更普遍地存在显著的外汇风险暴露，这一结论无论是采用哪种模型、使用哪种汇率变量都是普遍存在的。一般理论认为，企业规模与其外汇风险暴露之间通常存在正相关关系，即企业的规模越大，可能由于涉及更大程度的国际业务越多，因而企业面临的外汇风险越大；当两者之间存在负向关系时，极有可能是由于规模较大的企业更容易采取外汇套期保值的金融工具进行外汇风险避险所致。然而，由于现阶段中国的外汇衍生品市场依然存在交易品种少、交易规模小、市场参与主体少等局限性（马千里，2011），因此中国规模较大的企业可能由于涉及更大程度的国际业务而存在更高的外汇风险暴露。显然地，四种模型测量所得的结论与理论相符。

表 7-8 有显著外汇风险暴露的企业分布情况

		AD 模型 NEER	Jorion 市场模型 NEER	Jorion 市场模型 双边汇率	基于 FFM 的扩展市场模型 NEER	基于 FFM 的扩展市场模型 双边汇率	基于流动性溢价的市场模型 NEER	基于流动性溢价的市场模型 双边汇率
规模	中小板	45.24	42.06	46.31	48.57	39.06	43.38	45.50
	主板	54.76	57.94	53.69	51.43	60.94	56.62	54.50

续表

		AD 模型	Jorion 市场模型		基于 FFM 的扩展市场模型		基于流动性溢价的市场模型	
		NEER	NEER	双边汇率	NEER	双边汇率	NEER	双边汇率
海外销售收入比	10%以下	66.67	56.07	56.65	51.29	51.56	42.21	46.56
	10%~50%	28.57	32.71	31.03	40.14	34.38	49.71	44.97
	50%以上	4.76	11.21	12.32	8.57	14.06	8.09	8.47
样本时间跨度	2005年7月前	67.86	62.62	62.07	60.00	26.56	61.03	62.43

(三) 考察有着不同海外销售收入比例的企业外汇风险暴露情况

一般理论认为，海外销售收入与企业外汇风险暴露绝对值之间也存在正相关关系，即企业的海外销售收入占总收入比重越高，企业面临的外汇风险越大。然而这种外汇风险暴露关系在四种模型中各有不同。AD 模型和 Jorion 模型测算出来的结果显示，海外销售收入占主营业务收入的比例不到 10% 的企业更明显地存在显著的外汇风险暴露，而海外销售收入超过 10% 的企业具备显著外汇风险暴露的比例较低。与这两个模型的结论刚好相反，含流动性风险溢价的市场模型测量的结果显示，海外销售收入占主营业务收入的比例超过 10% 的企业比海外销售收入占比低于 10% 的企业有着更明显的外汇风险暴露。所以在这一方面，含流动性风险溢价的市场模型的测量结果与理论更加一致。

通过三个方面的考察，我们可以认为，含流动性风险溢价的市场模型能够提高对中国进出口上市企业外汇风险暴露测量的准确度，支持假设 H2。

此外，我们还通过采用实际有效汇率指数作为模型汇率变量的备选数据，分别使用四种模型方法对全部的样本企业进行稳健性检验，得到的结论与前一致。

总而言之，我们从测量结果的显著性企业比例、外汇风险暴露的正负符号分布、不同企业规模的外汇风险暴露情况以及不同海外销售收入下的企业外汇风险暴露情况等方面，仔细对比了四种模型的测量结果与理论的一致性。最终认为，FFM 的扩展市场模型和含流动性风险溢价的市场模型更加能够准确地测量出中国进出口上市企业的外汇风险暴露，以往研究中采用过于简洁的资本市场法并不适用于对转型经济或新兴市场国家中的企业的分析，在对这种方法进行本土化的改进后，新的方法能提高对中国进出口企业外汇风险暴露测量的准确性和精度。同时测量结果也证明了中国进出口上市企业确实存在普遍而广泛的外汇风险暴露。

第八章　企业外汇风险暴露的非线性测量研究

一、引言

已有研究中，众多学者在 Jorion（1990、1991）的市场模型基础上对其进行了大量的拓展研究，但这些实证研究对于企业外汇风险暴露的结论并不一致：部分研究结果表明企业的外汇风险暴露是显著的（Williamson，2001；El – Masry & Abdel – Salam，2007），但更多的实证研究结果显示使用 Jorion 模型测度的企业外汇风险暴露大多是不显著的（Atindehou & Gueyie，2001；Al – Shboul & Alison，2009；Bartram & Bodnar，2012）。有学者认为，如果远期和期货合约等风险对冲工具可有效地对冲企业的线性风险暴露，而企业未来现金流与汇率变动之间可能存在非线性关系，所以企业可能会部分暴露在非线性的外汇风险中（Giddy & Dufey，1995）。于是后续的学者们展开了对企业外汇风险暴露非线性测量的研究。本章将系统介绍该研究领域的学者们对线性测量与非线性测量的思考，并对该领域现有的外汇风险暴露时变性、时滞性研究进行文献综述。

二、从线性测量到非线性测量的思考

学界采用 Jorion（1990、1991）及其拓展模型的实证研究众多，但大部分的实证研究结果与金融理论的结论相反，这些研究结果显示使用上述模型和方法测度外汇风险暴露，只有少量企业存在统计上显著的外汇风险暴露。这些与理论不符的发现被统称为"外汇风险暴露难题"。对于目前实证结果得到的汇率变动与企业价值之间关系较弱的现象，一些学者尝试做出可能的解释。其中最为重要的一个原因可能是，已有实证研究文献几乎只检验了股票收益率与汇率变动之间的固定的线性的关系（Jorion，1990；Bodnar & Gentry，1993；Amihud，1993；Griffin & Stulz，2001；Doidge et al.，2000），然而，外汇风险暴露的理论研究文献普遍假定了企业价值与汇率变动之间的关系是非线性的（Feenstra，1989；Marston，1990；Gagnon & Knetter，1991；Marston，2001）。

众多的学者们之所以仅实证检验线性的外汇风险暴露是出于两方面的考虑。

其一，Adler 和 Dumas（1984）首次提出了线性外汇风险暴露的回归测量技术，他们认为外汇风险暴露的概念含有一个特定的日期，这是因为企业在避险实际操作中使用的金融工具具有合同约定的固定到期日，即他们只考虑了具有线性收益结构（Payoff Structure）的远期和期货充当外汇风险管理工具，因而他们估计的外汇风险暴露也是线性的，同时企业使用外汇远期或期货交易工具便可以覆盖与外汇汇率波动线性相关的那部分企业资产价值的风险暴露。于是，现有外汇风险暴露测量的实证文献中得到的企业外汇风险暴露在统计上的显著程度普遍较低。

其二，企业在规避外汇风险的实际操作中只关注对会计风险暴露和交易风险暴露的管理，在管理方法方面往往也都是采用线性的套期保值工具，从而在暴露测量方法的学术研究中也便偏重于线性测量技术的探讨。

但以往大量的线性外汇风险暴露度量的实证研究得到了进出口企业的外汇风险暴露普遍不显著的结论。Bartov 和 Bodnar（1994）率先提出可能是由于企业价值与汇率变动之间非线性关系的本质造成了这种敏感性关系无法检测出来。那么除了线性的外汇风险暴露之外，企业是否还存在非线性的外汇风险暴露？部分学者经过思考给出了诸多非线性外汇风险暴露存在的可能理由。

首先，由于外汇风险暴露表示企业现金流或企业市场价值对外汇风险的敏感性水平，在未来的经济环境中，企业的定价策略、销售业绩、市场竞争地位等都在不断地发生着变化，因此企业产品的市场销售价格与数量受到汇率波动的影响而充满了不确定性；对于这种事实，企业可以根据汇率变动情况来灵活地调整企业的生产策略、定价策略或销售策略等，因此企业未来经营活动所带来的现金流量（或企业利润）与汇率变动之间可能存在非线性关系，那么企业可能部分暴露在非线性的外汇风险中（Giddy & Dufey，1995；Kanas，1997；Sercu et al.，1995；Stulz，2003；Ware & Winter，1988）。

其次，如果企业的客户或供应商的业绩也直接或间接受到外汇汇率波动的影响，那么企业可能会面临由于外汇风险引起的客户或供应商违约风险，这种情形使得企业的外汇风险暴露存在非线性特征（Stulz，2003）。

最后，不同于 Adler 和 Dumas 的考虑，有学者认为企业也会使用期权或期权组合（Portfolios of Options）作为其外汇风险管理工具，而这些风险管理工具有的非线性收益结构导致企业价值与外汇汇率之间存在非线性关系，那么测量模型也应该考虑非线性的外汇风险暴露形式（Bartram，2004）。此外，企业价值对外汇汇率波动的不对称性反应（Asymmetric Reaction）也可能造成非线性的外汇风险暴露。

由于企业更注重对会计风险暴露和交易风险暴露的管理，在设计企业外汇风险管理方法时，很少考虑非线性外汇风险暴露。经由上述对于企业可能存在外汇风险暴露非线性特征的原因分析可知，传统上测量线性外汇风险暴露的方法是不符合现实的。于是学者们展开了对企业外汇风险暴露非线性的研究，大体上是从时变性、时滞性和不对称性三个角度展开研究，而这些非线性研究将为企业使用外汇期权或期权组合等非线性工具进行非线性外汇风险暴露管理提供重要的决策依据，对企业外汇风险管理设定发挥着非常重要的作用。本章将逐一梳理与外汇风险暴露时变性和时滞性有关的现有文献，为后续的研究进展奠定文献研究基础。

三、外汇风险暴露的时变性研究综述

以往的这些有关外汇风险暴露的回归检验研究均隐含着一个重要的假设，即企业的外汇风险暴露是一直保持不变的常数。然而，Levi（1994）认为如果外汇汇率会对企业价值产生影响，那么汇率必须通过影响企业的营业利润、公司税、税后净利润、收益率、企业拥有的金融资产和负债头寸等才能对企业价值产生影响；如果把暴露作为回归方程的被解释变量，上述提及的影响因素都应作为解释变量。这些影响因素会随时间变化而改变，因而企业的外汇风险暴露也应该是随时间发生改变的。遗憾的是，外汇风险暴露是经由 Adler 和 Dumas（1984）或 Jorion（1990、1991）采用的回归方程及其扩展形式估计出的系数，遵循的是外汇风险暴露是常数的假设。Levi（1994）认识到采用 Adler 和 Dumas（1984）或 Jorion（1990、1991）的回归测量方法无法对外汇风险暴露在时间上的不稳定性建模，得到的外汇风险暴露回归系数便在统计上不显著。

根据 Levi（1994）的思想可知，由于企业所处的经济环境和市场竞争程度以及企业内部的经营业务与避险策略安排等都会随时间发生改变，因此假定企业的外汇风险暴露随着时间的推移保持不变是不现实的。当企业的外汇风险暴露随时间推移而发生改变时,则企业的外汇风险暴露具有时变性。在上述分析基础上,随后一些学者用不同的方法来评估暴露系数的时间变异性(Glaum et al., 1998; Di Iorio & Faff, 2000; Tai, 2000; Allayannis & Ihrig, 2001; Williamson, 2001; Patro et al., 2002; De Santis et al., 2003; Bodnar & Wong, 2003; Ihrig & Prior, 2005; Koutmos & Martin, 2007)。

对于外汇风险暴露时变性的研究,起初是源自外汇风险溢价的时变性研究。Hodrick(1981)、Ferson 和 Harvey(1991)、Dumas 和 Solnik(1995)、De Santis 和 Gerard(1998)相继证明了外汇风险溢价在经济上显著且是时变的。其中,De Santis 和 Gerard(1998)利用条件国际资本资产定价模型(Conditional International CAPM)研究了在 1973~1994 年美国、英国、德国和日本的股票市场的外汇风险溢价水平,结果发现外汇风险溢价随着时间的推移有显著的变化。然而,上述文献使用的研究样本量较少,一些学者通过扩大样本量,多采用条件国际资本资产定价模型(Conditional International CAPM)结合广义自回归条件异方差模型(Generalized Autoregressive Conditional Heteroskedasticity,GARCH)的估计方法继续估计、探讨外汇风险的时变性。具体而言,Brooks(1998)使用动态多元 GARCH 方法发现了澳大利亚股票收益在不同行业有着不同的外汇风险暴露的时变特征。Tai(2000)使用非线性似无关回归(Nonlinear Seemingly Unrelated Regression,NLSUR)与广义矩(Generalized Method of Moment,GMM)相结合的方法、定价核心(Pricing Kernel)方法、依均值的多元广义自回归条件异方差模型(MGARCH - M)方法三种不同的计量技术来测量美国市场中的外汇风险暴露,最终发现采用依均值的多元广义自回归条件异方差模型(MGARCH - M)方法做出的实证测量结果为外汇风险具有时变性提供了强有力的支持证据。同样地,Patro 等(2002)构建了以 16 个 OECD 国家的周度股票收益率指数为被解释变量,以贸易加权汇率指数、股票市场指数作为风险因子的时变双因子国际资本资产定价模型(Time - varying Two - factor International CAPM),并且使用 GARCH 方法估计,最终发现了显著的时变外汇风险暴露。De Santis 等(2003)分析了欧洲货币联盟(以下简称欧盟)中单一货币——欧元与非欧盟国家货币之间的外汇风险相关性,他们使用了条件国际资本资产定价模型,发现外汇风险对企业收益率的影响效应会随着时间推移而变化,而且这种变化是经济条件和经营环境变化的函数。Koutmos 和 Martin(2006)用动态计量方法构建外汇风险因素的时变参数,报告了美国股票收益率有时变的外汇风险暴露,他们也注意到时变的外汇风险暴露在大型公司中比小型公司中要小。随后 Carrieri 等(2006)、Francis(2008)在市场模型基础上允许系数非常数,采用事前期望数据进行测量,研究发现不同发达国家的行业和企业间存在显著时变的外汇风险暴露。

外汇风险暴露的时变性也可以通过将整个研究时间区间划分不同时间子区间来进行实证检验。如 Engel 和 Hamilton（1989）简单地将其研究区间分割成几个子区间，并在不同子区间内部依次测度汇率暴露。Williamson（2001）以 7 年为一个子区间单位，通过引入交叉项检验了跨国企业外汇风险暴露的时变性，并验证了在汽车行业中企业外汇风险暴露的时变性，他发现在单个子区间中外汇风险暴露的大小与该行业的竞争环境密切相关。Di Iorio 和 Faff（2001）使用澳大利亚股票市场收益的 10 年数据，以 1 年期为一个子区间进行分析，也得到了外汇风险暴露随时间变动而改变的证据。Doidge 等（2006）在 Jorion 的传统分析框架下，以 5 年为一个子区间，考虑到了企业的外汇风险暴露是随时间而改变的，最终得到汇率波动对企业利润存在显著影响的结论。

四、外汇风险暴露的时滞性研究综述

Levi（1994）及其后继者认为，回归测量方法无法对外汇风险暴露时变性建模，是使得外汇风险暴露回归系数在统计上不显著的主要原因之一。而一些学者则从另一个角度来思考不显著的原因。在实证研究中，除了使用当期的汇率数据进行回归分析，一些实证研究考虑到因为一家企业的内部关系是复杂的，汇率变动给企业造成的影响等相关信息的揭露会有所延迟，使得股票价格变动从不能完全反映企业信息，再到完全反映企业信息这一过程中可能会存在时滞，所以采用了滞后的汇率数据。

具体而言，Bartov 和 Bodnar（1994）首先提出错误定价（Mispricing）是导致汇率变动与企业的股票收益率理应存在的显著关系没有被以往研究检验出来的可能性。这种错误定价是由于潜在投资者在对汇率波动与企业价值之间关系进行建模、估计时，存在系统性误差（Systematic Errors）所致。换言之，投资者在对汇率波动与企业价值之间的关系进行建模和估计时，由于所涉及的有关问题（Complex Set of Issues）相当复杂，使得这一过程产生系统性误差，继而在有限的时期内使得企业的股票价格产生系统性的错误定价，而这种错误定价可能导致已有实证检验中外汇风险暴露结果不显著。

Bartov 等学者所提及的有关问题的复杂性主要体现在以下几个方面：一是投资者需要识别汇率升值或贬值对企业价值的不对称性影响是复杂的。二是投资者需要区分哪种汇率波动程度是临时性或永久性的。三是投资者判断不同的汇率种类及其各种形态的波动同时对企业经营表现会产生怎样的影响。关于第三点，由于投资者并不十分清楚企业外汇套期保值的操作活动，也不了解企业在面对新的竞争环境时所做的真实的内部调整行为，更不知道汇率变动会不会引起企业战略行为的改变，因此要判断不同的汇率变动对企业经营业绩、价值的影响是充满不确定性的。四是企业管理层可能会掩饰目前存在的对未来公司股价有影响的问题，可能会有意识地选择是否在信息披露中谎报企业的市场风险细节，这些信息不对称也会造成投资者在对汇率变动影响做预估时将产生系统性误差。正因为如此，投资者对企业股票的错误定价暗含着：股票价格不会随着汇率变动而同时调整，而是需要经历一段时间，在投资者能够掌握到企业过去的经营信息，投资者才了解到汇率变动的全面影响时，股票价格才相应调整。如果将这一情况考虑进汇率波动与企业价值（或经营业绩）之间关系的分析过程中，则意味着需要考虑汇率波动与企业价值的滞后关系。

外汇风险暴露的时滞性是假设汇率变动对企业超额收益率的影响不一定体现在当期，而是需要更长时间才能体现出来。在此假设基础上，学者们进行了一系列实证研究检验。Amihud（1993）用月度和季度数据对美国部分规模最大的出口商进行研究，证明了滞后的外汇风险暴露的存在。Bartov 和 Bodnar（1994）使用1978～1990 年美国企业的股票超额收益率季度数据对当期以及滞后一期的汇率波动做回归，最终当期估计得到与以往文献一样的不显著的研究结果，即汇率变动与企业价值的同期关系不显著，企业价值并没有充分反映汇率的当期波动；而滞后的汇率波动对企业的价值有显著的负相关关系，证实了两者关系的复杂性会延迟股价对汇率波动的反映；他们的研究得到了"与当期汇率波动相比，短期滞后的汇率波动对美国企业的股票超额收益率解释力更强"的结论。

Allayannis（1996）在 Bartov 和 Bodnar（1994）的研究基础上，从美国进出口行业层面，采用月度数据分析了1976～1990 年的汇率波动对行业收益率的影响，最终发现在整个研究期间都存在错误定价，以及在规模较大的净出口行业中存在汇率变动对企业价值影响的长期滞后效应；对于滞后效应的产生原因，Allayannis 认为除了 Bartov 等学者的解释之外，还可能是因为美国商务部发布行业的进出口信息往往会晚45 天，所以金融市场对这些行业的进出口行为作出反应也会相应存在时滞。Bartov 和 Bodnar（1995）把滞后外汇风险暴露与企业会计处理方法联系起来，发现汇率的滞后效应会随着时间越长而减少。Donnelly 和 Sheehy（1996）检验了在1978～1992 年贸易加权名义汇率指数和由39 个英国最大型的出口商组成的投资组合的月度超额收益率之间的关系，他们发现汇率变动与这些收益率存在显著的同期关系和较弱的滞后关系，说明在股票价格与汇率波动之间存在滞后效应。Glaum 等（2000）、Williamson（2001）和 El-Masry

（2006）的研究同样也找到了支持 Bartov 和 Bodnar（1994）所提出的外汇风险暴露时滞性假设的证据。El – Masry（2006）以 1981~2001 年英国非金融类企业的月度数据为样本，分析了汇率变动与企业股票收益率之间的同期和滞后关系；研究发现英国非金融类企业存在统计上显著的滞后效应，尤其是 1 个月、3 个月、4 个月和 6 个月的滞后期。但是，He 和 Ng（1998）、Aguilar 和 Nydahl（2000）的研究则提供了矛盾的结论。如 He 和 Ng 的研究发现只有不到 4% 的日本样本企业的股票收益率存在与汇率变动的时滞关系。

也有学者从汇率波动与现金流量的时滞关系角度来展开研究。如 Martin 和 Mauer（2004）从企业规模与套期保值交易成本的角度，发现汇率波动对跨国企业经营性现金流量存在当期与滞后效应；而 Bartram（2008）等研究则认为滞后变量没有显著效果，股票价格能很快反映汇率波动的信息。

总而言之，与外汇风险暴露的时变性研究一样，有关外汇风险暴露时滞性的研究文献在已有的大量外汇风险暴露研究中并不多见。我们将在接下来的章节中逐一分析中国进出口制造业企业可能存在的外汇风险暴露时变特征和滞后效应，为现有研究的不足作出重要补充。

第九章 中国进出口企业外汇风险暴露的时变特征

一、引言

自本章开始,我们将讨论中国进出口上市企业外汇风险暴露可能存在的各种特征。由第八章可知,通过对中国资本市场特征的引入,将传统的市场模型进行本土化改进,测量出中国进出口上市企业普遍存在外汇风险暴露。在对测量结果分析的过程中,可以发现对同一家企业分不同的时间区间进行外汇风险暴露测量时,企业的外汇风险暴露值存在变化。如以2005年7月中国人民币汇率制度进行改革作为一个时间点的划分,在2005年7月之前上市的样本企业的外汇风险暴露值呈现比在2005年7月之后上市的样本企业的暴露数值略小或更不显著的现象。因此中国进出口上市企业外汇风险暴露可能存在随时间变化而改变的特征,称之为时变(Time – varying)特征。我们以中国人民币汇率制度变迁为背景,从行业和企业两个层面考察中国进出口上市企业外汇风险暴露的时变特征。

二、行业层面外汇风险暴露的时变测量

(一) 理论回顾

作为形成各种相对价格的基础,汇率变化会通过相对价格的变化而对一国某一行业的价值、利润产生较大影响。由于行业中具体企业的利润会计数据不易获

得,因此,国际上外汇风险暴露研究多用股票收益替代利润,借助市场模型(Market Model)分析发达国家(和地区)股票市场中行业证券组合(Industry Portfolios)的外汇风险暴露。依据所采用的变量性质不同,现有国际研究大致分为两类:第一类主要利用常变量的 Jorion(1991)市场模型,使用历史数据估计行业股票收益对汇率波动的敏感度(Williamson,2001),但该类研究的结论基本都是贸易企业利润的外汇风险暴露值小甚至为零,这显然与现实观察不符;第二类则对上述情况,进行改进,构建非常数参数的市场模型。如 Doidge(2006)在 Jorion 的传统分析框架下,考虑企业的外汇风险暴露是随时间而改变的,最终得到汇率波动对企业利润存在显著影响的结论;随后 Carrieri(2006)、Francis(2008)在市场模型基础上允许系数非常数,采用事前期望数据进行测量,研究发现不同发达国家的行业和企业间存在显著的外汇风险暴露。目前,国内相关的中国企业外汇风险暴露时变研究尚不多见。

此外,目前大多数研究文献主要集中在企业和国家层面进行探讨,行业层面的外汇风险暴露问题讨论尤显不足,Francis(2008)的分析为笔者所仅见,他针对美国 36 个行业进行研究,发现美国所有行业间存在显著的外汇风险暴露。本节侧重于行业分析,这是因为此类分析将弥补国家层面和企业层面的分析不足,同时行业影响效果是政策传导渠道中必不可少的一环,所以此类研究对于政策制定者而言亦更加重要(Marston,2001)。

在研究汇率波动对行业利润的影响时,一般文献多沿用 Jorion 的常变量市场模型进行测量。但这些方法常使用固定参数和简单回归方法进行研究,忽略了外汇风险暴露的时变特征,容易低估外汇风险暴露程度。因此,本节力求弥补现有研究中的上述不足,从以下两方面做出努力:第一,为方便测出中国进出口上市企业的时变外汇风险暴露值,结合中国资本市场的资产定价特点,构建一个含时变参数的条件期望市场模型;第二,通过残差诊断以及模型变量选择等多种途径对研究结果进行稳健性检验,以提升研究的精确程度。

(二)条件期望时变市场模型的构建与研究设计

我们将构建考虑满足中国资本市场特征的条件期望市场模型,采用二步回归法进行外汇风险暴露时变估计。

首先,考虑本部分旨在分析汇率波动对一国行业利润的影响程度,即行业利润的外汇风险暴露,可记为:

$$\delta_i = d\ln \pi_i / d\ln S \qquad (9-1)$$

式中,δ_i 为行业 i 的外汇风险暴露,π_i 为行业 i 的税前利润,S 为间接标价法下的汇率。假设税率和贴现因子为常数,行业价值可以表示为行业税后利润的贴现价值，数学式表达如下：

$$V_i = [(1-\tau)/\rho]\pi_i \quad (9-2)$$

式中，V为行业i的价值，τ为税率，ρ为贴现因子。根据 Williams（1938）的股利贴现模型（DDM），可用行业股票收益贴现来表示行业价值。利润变动最终可表示为行业股票收益变动减去由市场因子和其他宏观因子所引起的市场价值变动的函数，即：

$$d\ln\pi_i = d\ln R_i - \beta_{iM} d\ln R_M \quad (9-3)$$

式中，R_i表示行业i的股票收益率，R_M表示该国股票市场指数收益率，β_{iM}表示行业i的收益与股票市场指数收益的贝塔值。将式（9-1）代入式（9-3），整理可得：

$$d\ln R_i = \beta_{iM} d\ln R_M + \delta_i d\ln S \quad (9-4)$$

其次，需要对企业外汇风险暴露的时变模型进行构建以及进行相关的研究设计。结合第 7 章适用中国进出口上市企业的外汇风险暴露测量模型的分析，将式（9-4）在条件 Fama-French 三因子模型的基础上引入汇率波动因子，采用基于 FFM 的扩展市场模型测量行业的外汇风险暴露，使用汇率波动的预期波动率作为汇率变量。同时，我们还将基于 FFM 的扩展市场模型与考虑流动性溢价的市场模型融合在一起，在模型中加入符合中国股市投机特征的信息变量（如流动性溢价因子），最终得到如下条件期望时变市场模型：

$$r_{i,t} = E_{t-1}(r_{i,t} | Y_{t-1}, X_{t-1}) + \varepsilon_{it} = \beta_{iM,t-1} E_{t-1}(r_{M,t} | Y_{t-1}) + \delta_{i,t-1} E_{t-1}(S_t | X_{t-1}) +$$
$$\beta_{iS,t-1} E_{t-1}(r_{S,t} | Y_{t-1}) + \beta_{iH,t-1} E_{t-1}(r_{H,t} | Y_{t-1}) + \varepsilon_{it} \quad i=1,2,3,\cdots,n \quad (9-5)$$

式中，r_{it}表示行业i第t时刻的超额收益率，$E_{t-1}(r_{it})$为t时刻行业i的条件期望超额收益率，等于已知$t-1$时刻行业i的信息而得到t时刻的条件期望收益率减去无风险资产收益率。$E_{t-1}(r_{Mt})$、$E_{t-1}(r_{St})$和$E_{t-1}(r_{Ht})$分别表示市场因子（RM）、规模因子（SMB）和账面市值比因子（HML）的条件期望收益率。$\beta_{iM,t-1}$、$\beta_{iS,t-1}$和$\beta_{iH,t-1}$分别表示市场因子、规模因子和账面市值比因子的贝塔值。$E_{t-1}(S_t)$表示外汇风险因子（S）的条件期望波动率，δ_{it-1}表示外汇风险暴露。Y_{t-1}表示滞后一期的n维信息向量（$y_1, y_2, y_3, \cdots, y_n$），用于估计$E_{t-1}(r_{Mt})$、$E_{t-1}(r_{St})$、$E_{t-1}(r_{Ht})$。$X_{t-1}$表示滞后一期的$n$维信息向量（$x_1, x_2, x_3, \cdots, x_n$），用于估计$E_{t-1}(S_t)$。$\varepsilon_{it}$为残差项。

在上述条件期望市场模型的基础上，采用二步回归法，第一步先利用信息变量进行模型中变量的估计。第二步，考虑到β_i值和δ_i具有时变性，其估计需要行业收益率与各因子收益率二阶矩时变估计值。此处引入 Engle 和 Kroner（1995）的 MGARCH（1,1）-BEKK 模型对各因子的条件二阶矩建模。假设S_t

为上述所有估计模型中残差向量，$E_{t-1}(S_t) \sim N(0, H_t)$，服从条件正态分布。其中：

$$H_t = C'C + A'_1 S_{t-1} S'_{t-1} A_1 + B'_1 H_{t-1} B_1 \qquad (9-6)$$

式中，H_t 是 S_t 在信息集 I_{t-1} 下的条件方差和条件协方差矩阵。C 是上三角矩阵，A_1、B_1 为对角矩阵，A 和 B 的主对角项分别反映波动的 ARCH 效应和 GARCH 效应。

最后，采用准极大似然法（QML）估计 GARCH（1,1）模型对行业的外汇风险暴露进行时变估计。此外，还将通过残差诊断以及模型变量选择等方法对研究结果进行稳健性检验。

（三）数据说明和主要变量统计描述

此部分使用 1999 年 7 月至 2010 年 7 月的月度数据，再以 2005 年 7 月为界，分为汇改前、汇改后两个子阶段分别进行研究。研究相关的行业分类使用全球行业分类系统（GICS），并根据 Bordnar 和 Gentry（1993）的方法，进一步划分为 14 个出口型和进口型行业，具体包括电气设备、纺织服装、汽车零配件、耐用消费品、饮料、建筑材料、计算机硬件、软件出口型行业；以及机械设备、金属采矿、食品、纸业林业、能源、汽车进口型行业。相关行业内部的企业样本与第四章的行业中企业样本保持一致，参考 Fama 和 French（1992）的数据处理方法，做出相应数据剔除工作。行业月度超额收益率（r）等于月度行业收益率减去月度无风险收益率，月度行业收益率等于行业内所有企业月度收益率的等权平均值。RM、SMB、HML 均使用 Fama 和 French（1992）的定义方法，经流通市值加权后得到。

汇率变量的选取。我们的外汇风险因子使用人民币名义有效汇率指数（NEER）对数处理后经过一阶差分得到外汇波动率。这里需要作出说明的是，虽然在第五章中的以往文献研究可知，企业对双边汇率的波动有更明显的外汇风险暴露，但事实上，中国企业不仅受到来自美国、欧洲和日本的双边汇率波动的影响，也受到在世界市场上竞争的各国货币汇率波动的影响，因此本部分选用多元汇率即汇率指数作为汇率变量。

信息变量的选取。Y_{t-1} 的确定将参照 He 等（1996）的方法，选择期限溢价（TERM）、违约溢价（DEFT）、货币市场基准利率（BECH），并引入换手率来表示中国流动性风险溢价（LIQD）。X_{t-1} 的确定将根据 IMF 的宏观经济平衡法（Macroeconomic Balance Approach），参照相关的人民币汇率波动决定机制，引入贸易条件（TOT）、外资流入（FIN）、政府支出（GOVE）、开放度（OPEN）和劳动生产率（PROD）等因素来预测 S。

具体数据计算方法和来源情况如表 9-1 所示。此外，原始数据（除汇率波动数据外）均是标准数，已转化成百分数形式；为消除数据的季节性，已对所有数据做指数平滑处理。

表 9-1 变量及数据来源说明

变量	含义	计算说明
r_{it}	行业月度超额收益率	用月度行业收益减去月度无风险收益得到。数据来源：锐思金融数据库和中国人民银行网站公布的数据，结合笔者自行整理计算
S	外汇因子	通过对人民币名义有效汇率指数（NEER）对数处理后自行计算得到外汇波动率。数据来源：国际清算银行网站公布的数据
DEFT	违约溢价	使用大公国际等信用评级机构所评的 A 级企业债收益——AAA 级企业债收益计算得到。数据来源：锐思数据库和中国债券信息网公布的数据，结合笔者自行整理计算
TERM	期限溢价	使用交易所 15 年期的固定到期日的国债收益与 5 年期的国库券收益之差①。数据来源：锐思金融数据库，结合笔者自行整理计算
BECH	基准利率	数据采用一个月回购利率平均价②。数据来源：锐思金融数据库
LIQD	流动性溢价	即月换手率，等于沪深两市 A 股每月总成交股数与总流通股数比值。数据来源：锐思金融数据库，结合笔者自行整理计算
TOT	贸易条件	贸易条件通过中国出口品美元标价下的总额与进口品美元标价下的总额比来测算。对进出口商品总额月增加值数据来自中经网数据库和中国海关网站公布的数据，结合笔者自行整理计算
FIN	外资流入	外资流入使用外商直接投资与 GDP 的比值计算。数据来源：各年《中国统计年鉴》以及中国商务部网站，结合笔者自行整理计算
GOVE	政府支出	政府支出采用政府支出与 GDP 的比值计算。数据来源：各年《中国统计年鉴》
OPEN	贸易开放度	对进出口商品总额月增加值数据经过美元对人民币汇率折算后加总，除以月度化调整后的 GDP 得到。数据来源：中经网数据库和中国海关网站公布的数据，结合笔者自行整理计算
PROD	生产率	生产率采用总量性生产率指标，即用中国人均实际 GDP 与美国人均实际 GDP 的比值计算。数据来源：OECD 网站、WDI 网站，结合笔者自行整理计算

注：①交易所债券市场的价格发现效率高于银行间债券市场，即交易所债券市场能更好地为债券定价（黄玮强、庄新田，2006）。故我们选取交易所债券市场中不同到期时间的国债收益率表征期限风险溢价。②中国尚未实现利率市场化，杨绍基（2005）认为，银行间同业拆借市场和债券回购市场是目前中国利率市场化程度最高的市场，国债回购利率能够反映资金的真实价格。

由所有行业收益率的描述性统计结果可知,大多数行业的收益率均值在5%的显著性水平下显著不等于零。J-B统计量显示,所有行业(除汽车业外)收益率序列均呈现尖峰厚尾分布。ADF检验显示,所有行业收益率序列在1%和5%的显著性水平下为平稳序列。超过半数的行业在1%和5%的显著性水平下,存在明显的一阶自相关。四因子的描述性统计结果如表9-2所示。J-B统计量和偏度显示,大多数因子的时间序列呈非正态的尖峰厚尾分布。ADF检验显示所有因子序列在1%的显著水平下均为平稳序列。市场因子、规模因子的均值显著不等于零。在5%的显著水平下,HML和S都不存在显著的一阶自相关。由表9-3可知,四个自变量因子间的Pearson相关系数绝大多数在0.3以下,其中S同其他三个因子之间的相关度小,与SMB最相关,但相关系数也低于0.2。同时,研究中还考察了方差膨胀因子(VIF),发现所有解释变量的VIF值均小于2,说明模型的解释变量间不存在多重共线性。此外,各因子信息变量经过一阶差分后都为平稳序列。

表9-2 自变量的统计描述

	均值	标准差	偏度	峰度	ρ_1	J-B统计量	ADF检验形式	ADF统计量值
RM	1.337**	12.591	3.080	27.056	0.580**	491.955**	(0,0,0)	-9.638***
SMB	1.130**	5.924	2.836	22.869	0.202**	343.553**	(0,0,0)	-10.920*
HML	0.232	3.206	-0.890	5.494	0.065	75.472**	(0,0,0)	-12.908***
S	0.230	2.029	0.269	2.740	0.024	2.866	(0,0,0)	-3.279***

注:ρ_1表示一阶自相关系数;均值**表示至少在5%显著水平下拒绝均值为零的原假设;自相关系数**表示至少在5%显著水平下拒绝自相关系数为零的原假设;J-B系数**表示至少在5%显著水平下拒绝正态分布假设;ADF检验形式括号内分别代表截距,趋势,差分阶数;***、**和*号分别表示在1%、5%和10%的显著水平下不存在单位根。

表9-3 四因子的Pearson相关系数矩阵

	S	HML	RM	SMB
S	1			
HML	-0.014	1		
RM	0.068	-0.015	1	
SMB	0.179	-0.290	0.387	1

(四) 计量结果及分析

1. 基于信息变量的自变量条件期望收益率估计结果分析

利用滞后一期的信息变量Y_{t-1}和X_{t-1},用GARCH(1,1)模型分别估计

RM、SMB、HML 和 S 的条件期望收益率。表 9-4 报告各自变量的回归结果,结果通过残差序列自相关检验和 ARCH - LM 检验,最终得到的各自变量条件期望收益率,统计性质表现较好(见表 9-5)。

表 9-4 自变量因子估计结果

Panel A:基于 Y_{t-1} 信息变量的自变量因子估计								
DV_t	$DEFT_{t-1}$	$TERM_{t-1}$	$BECH_{t-1}$	$LIQD_{t-1}$	DV_{t-1}	$\bar{R}^2$	LM	Q - stat
RM	-0.389 (-0.736)	-1.159 (-0.500)	1.845** (2.001)	7.852** (2.394)	0.698** (11.704)	0.723	**0.188** 0.795	8.475 11.421
SMB	-0.016 (-0.175)	0.022 (0.079)	0.007 (0.049)	-0.394** (-1.474)	0.900** (28.212)	0.861	**0.709** **0.519**	13.200 19.174
HML	-0.025** (-0.930)	0.192** (1.576)	0.008 (0.140)	0.011 (0.079)	0.898** (24.002)	0.827	**0.113** 0.795	10.123 20.599
Panel B:基于 X_{t-1} 信息变量的汇率因子估计								
DV_t	TOT_{t-1}	FIN_{t-1}	$GOVE_{t-1}$	DV_{t-1}		$\bar{R}^2$	LM	Q - stat
S	-0.299** (-1.614)	0.022** (1.428)	-0.008** (-1.604)	0.977** (66.293)		0.964	**0.781** 0.405	16.703 28.644

注:估计系数 *** 和 ** 分别代表 1% 和 5% 显著性水平下拒绝零假设,括号内数值为 z 统计量;LM 统计量上下值分别代表滞后 3 阶、6 阶的 ARCH - LM 检验值,粗体表示不存在 ARCH 效应;Q - stat 上下值分别代表 Q(10),Q(20),粗体表示残差序列不存在自相关;$\bar{R}^2$ 为调整 R^2。

表 9-5 风险因子条件期望收益率的统计性质

	均值	标准差	偏度	峰度	ρ_1	ADF 检验形式	ADF 统计量值
$E_{t-1}(RM_t)$	0.732**	8.415	0.3000	3.715	0.016	(0, 0, 0)	-13.106***
$E_{t-1}(SMB_t)$	0.266**	4.126	0.0530	3.410	0.049	(0, 0, 0)	-9.690***
$E_{t-1}(HML_t)$	0.483**	2.809	-1.338	7.421	0.038	(0, 0, 0)	-10.537***
$E_{t-1}(S_t)$	0.240**	0.442	0.2900	1.950	0.065	(0, 0, 0)	-3.279***

注:ρ_1 表示一阶自相关系数;均值 ** 表示至少在 5% 显著水平下拒绝均值为零的原假设;自相关系数 ** 表示至少在 5% 显著水平下拒绝自相关系数为零的原假设;ADF 检验形式括号内分别代表截距,趋势,差分阶数;*** 和 ** 号分别表示在 1% 和 5% 的显著水平下不存在单位根。

2. 外汇风险暴露程度的时变估计结果分析

利用求得的各自变量因子条件期望收益率估值来估计模型 (9-5),得到各行业的外汇风险暴露时变 δ 值(见表 9-6)。

在总考察期内,所有进出口行业的 δ 均值显著不为零,同时通过联合检验得到所有行业的δ总均值显著不为零,表明汇率波动对中国进出口行业利润存在十分明显的影响,同时这种影响并非简单的正面或负面影响,而是具有明显的时变特征。

具体而言,表9-6中第(2)、第(3)栏的子阶段内,各行业的δ均值、该行业在子阶段内全部δ值中负值的比率均发生明显变化(除软件业外)。表中第(1)栏还显示,所有行业的δ均值在1.321(汽车业)至-1.158(电气设备业)间波动,其中,δ均值为正的行业包括机械设备、能源、汽车、建筑材料、金属采矿等,意味着人民币汇率升值(即汇率波动为正)可能使上述行业利润增加,反之亦然;外汇风险暴露均值为负的行业包括电气设备、纺织服装和耐用消费品制造业等,意味着人民币汇率的升值(贬值)易使上述行业利润减少(增加)。从δ绝对数均值可知,有7个行业(包括机械设备、电气设备、汽车零配件、饮料、金属采矿、建筑材料和汽车业)的外汇风险暴露最突出,高于所有行业平均水平(0.960),这些行业利润更易受汇率波动的影响。

表9-6 中国14个贸易行业外汇风险暴露时变估计值

行业	(1) 总考察期:1999年7月至2010年7月		子阶段考察期			
			(2) 汇改前:1999年7月至2005年7月		(3) 汇改后:2005年8月至2010年7月	
	δ_i均值	δ_i绝对数均值	δ_i均值	负值占比(%)	δ_i均值	负值占比(%)
电气设备	-1.158**	1.158**	-1.348**	57.534	-0.927**	66.670
机械设备	0.988***	2.351*	0.036	35.620	2.271***	33.900
能源	0.872**	0.129**	0.494**	85.910	2.437***	33.870
纺织服装	-0.639**	0.816*	-0.105*	50.960	-1.288***	61.670
耐用消费品制造业	-0.392**	0.546**	-0.333**	53.420	-0.464**	80.000
汽车零配件	-0.381**	1.100*	-0.176**	35.620	-0.629**	68.330
食品	0.231**	0.400**	0.149**	47.950	0.330***	30.000
软件	-0.186**	0.266**	-0.187**	47.950	-0.185**	70.000
饮料	-0.148**	1.816*	-1.251***	98.630	-1.850**	61.670
林业纸业	0.082**	0.340**	0.015	33.330	0.161*	42.460
硬件	-0.831**	0.073**	-0.078**	73.970	-0.008**	70.000
金属采矿	0.187**	1.616*	-1.210**	97.260	1.058***	30.000
建筑材料	1.008**	2.251*	-1.720**	95.770	-0.181**	58.060
汽车	1.321**	2.226*	0.797**	12.500	1.960***	10.000
总均值	0.068**	0.960**	-0.351**	59.030	0.192**	51.188

注:***、**和*代表在1%、5%和10%显著性水平下拒绝均值为零的原假设。

观察第（2）、第（3）栏的均值结果发现：

第一，多数行业在汇改后的δ均值大大超过汇改前，与现实相符。汇改前人民币每贬值波动1%将使所有行业平均利润率增加0.351%，汇改后人民币每贬值波动1%将使所有行业平均利润率减少0.192%，汇改后汇率波动对中国行业利润率总体影响增大；此外，汇改前的全部行业平均利润率对汇率波动的敏感度为负数（-0.351），这是由于建筑材料、金属采矿、饮料和电气设备业过高的负δ值所致。

第二，汇改后具有显著外汇风险暴露的行业面更广。汇改前有2个进出口行业的δ均值接近于零值，风险暴露不显著，但在汇改后，所有行业的外汇风险暴露均显著，机械设备、能源、纺织服装和汽车业的外汇风险暴露更是在汇改后急速上升。

3. 对时变结果的进一步解释

进一步分析各行业的外汇风险暴露与人民币汇率波动的时变关系，我们发现行业δ的正负符号与汇率波动方向是否同向（或反向），是衡量汇率波动是否引起利润增加（或减少）的一个简单又直接的指标。

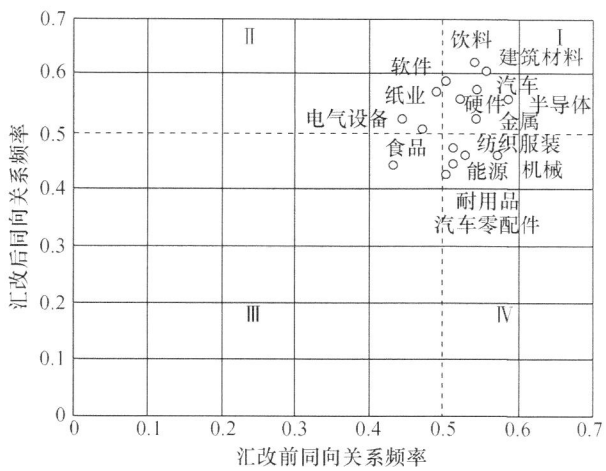

图9-1 进出口行业外汇风险暴露与汇率波动的同向关系

图9-1列出整个观察期内各行业的δ符号与汇率波动方向一致时的频率。图9-1以频率等于0.5为界，分为四个区域，记为Ⅰ，Ⅱ，Ⅲ和Ⅳ区。位于Ⅰ区的行业，其同向关系频率在汇改前后都大于0.5，意即无论人民币汇率处于升值或贬值波动时，行业利润始终在增加，包括饮料、建筑材料、汽车、硬件、软

件和金属采矿业等；位于Ⅱ区的行业，其汇改前以汇率波动使行业利润减少为主，汇改后以汇率波动带来利润增加为主，包括电气设备、纸业和食品业等；位于Ⅲ区的行业，在整个考察期内汇率波动始终使得行业利润减少；位于Ⅳ区的行业，汇改后以汇率波动使得行业利润减少为主，如机械设备、耐用消费品、汽车、能源、纺织服装和汽车零配件业。可以判断，汽车零配件、耐用消费品、能源、机械设备、纺织服装业的行业利润更容易受到汇率波动的负面影响，与前述结论一致，这些行业在规避外汇风险方面可能需要引起特别关注。

此外，图9-2给出了4个行业的外汇风险暴露时变走势图。我们挑选了4个显著受到外汇风险影响的行业，包括汽车行业、耐用消费品行业、纺织服装行业和建筑材料业。从图中可以清晰地发现如下特征：

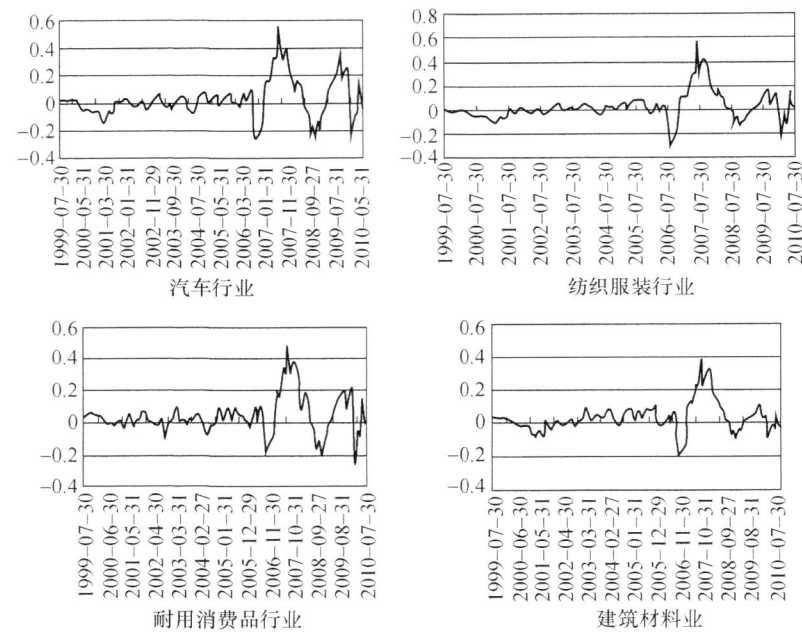

图9-2 1999年7月~2010年7月行业外汇风险暴露的时变走势

第一，2005年7月汇改后的各行业外汇风险暴露程度明显大于汇改前，汇改后的外汇风险暴露幅度增大，但行业的外汇风险暴露可能为正，也可能为负。研究发现，外汇风险暴露各个时期的正负符号变化与外汇波动走势没有直接联系，在正（负）外汇风险暴露值时期可能同时存在外汇贬值和升值的情形，这说明在汇改之后，行业（或企业）的外汇风险暴露对行业（或企业）价值的影响变得更加复杂,加大了企业进行外汇风险管理的难度。

第二,2008年6月以后外汇风险暴露振幅明显减少,2010年1月后各行业外汇风险暴露振幅又开始增加。2008年6月后的情形可能和中国人民币汇改进程密切相关。汇改后的人民币汇率始终在美元报价和定价单边结构上循环,至今难以脱离美元,尤其在2008年以来中国汇率制度改革原则退回到原有汇率制度,即重新回到单一盯住美元的货币制度(谭雅玲,2010)。这种人民币币值相对稳定的状态,明显减小了汇率波动所带来的风险,使得各行业的外汇风险暴露程度得以控制,这可能是所有行业外汇风险暴露振幅明显减少的主要原因。2010年3月至今,尤其是同年6月19日中国人民银行宣布"进一步推进人民币汇率形成机制改革,增强人民币汇率弹性",再次推动因危机中断了将近两年的汇改,人民币汇率风险波动又开始有所加大。

(五)稳健性讨论

为了确保分析结果的准确性,我们拟对上述模型及其估计结果进行稳健性检验。

1. 标准化残差检验

我们考察各个行业的实际超额收益率 r 与由模型估计所得的期望收益率之间的残差 ε_t,并且将其除以 GARCH 模型中的收益率标准差进行标准化,分别检验零假设是标准化残差均值为零,零假设是标准化残差无自相关以及零假设是标准化残差平方无自相关。检验结果显示(见表9-7),除软件业和汽车业外,所有行业都不能拒绝第一个零假设,超过13行业不能拒绝后两个零假设。上述假设检验结果证明模型结果可靠。

表9-7 行业残差检验结果

行业	标准化残差检验结果			实际超额收益与估计超额收益差额均值
	(1) H_0: 均值=0	(2) H_0: 残差无自相关 $Q(12)$	(3) H_0: 残差平方无自相关 $Q^2(12)$	
机械设备	0.996	0.968	0.998	0.979
纺织服装	0.395	0.110	0.097	0.163
耐用消费品制造业	0.032	0.371	0.751	0.472
汽车零配件制造	0.662	0.303	0.818	0.703
电气设备	0.125	0.172	0.140	0.635
食品	0.079	0.075	0.065	0.561
软件	0.001*	0.268	0.039	0.413

续表

行业	标准化残差检验结果			实际超额收益与估计超额收益差额均值
	(1) H_0：均值=0	(2) H_0：残差无自相关 $Q(12)$	(3) H_0：残差平方无自相关 $Q^2(12)$	
饮料	0.546	0.100	0.908	0.184
林业纸业	0.010	0.001**	0.999	0.330
能源	0.954	0.231	0.981	0.022
硬件	0.120	0.273	0.999	0.485
金属采矿	0.769	0.010	0.011	0.078
建筑材料	0.752	0.134	0.001**	0.225
汽车	0.084*	0.236	0.001**	0.629

注：(1) ~ (3) 栏的数据均为 p-value，**和*分别代表在5%和10%的水平显著。

2. 模型变量选择检验

利用各行业在沪深A股市场总市值加权平均月收益率替代 RM 原数据，SMB 原数据和 HML 原数据，用人民币实际有效汇率指数（REER）替代 S 原数据、在汇率的信息变量中加入利率因子对测量模型重新进行测算。估计结果表明，调整后的 R^2 水平与前述结果相近，如 RM、SMB、S 分别为 74.7%，86.9% 和 93.3%；相应的外汇风险暴露值略有增大，同一行业中暴露值的正负符号和大小变化与前基本相同。行业外汇风险暴露影响因素分析中，我们用市值账面比、产权比率和流动比率替代企业规模、债务杠杆度和流动性水平原数据，结果无太大差异。概言之，调整后的回归结果与前述一致，即研究中采用的方法和结果稳健。

（六）主要结论

本节尝试分析汇率波动对中国各进出口行业利润变动的影响关系。基于中国资本市场特征的资产定价假设，我们构建了条件期望市场模型，估计中国进出口行业的外汇风险暴露值。研究发现：

第一，汇率波动对中国进出口行业利润有着十分明显的时变影响，其中电气设备、机械设备、汽车零配件、饮料、金属采矿、建筑材料和汽车业的外汇风险暴露绝对值超过平均水平，这些行业利润更易受汇率波动的影响。此外，汇改后汇率波动对中国行业利润率的影响更大，影响面更广，尤其是机械设备、能源、纺织服装和汽车业的外汇风险暴露在汇改后急速增大。

第二，行业外汇风险暴露的正负符号与汇率波动方向是否同向，是衡量汇率波动引起行业利润增加或减少的一个简单又直接的指标,在此基础上发现了四类行业外汇风险暴露情况。

三、企业层面外汇风险暴露的时变测量

(一) 企业的外汇风险暴露时变市场模型构建

与前述一致,本节先给出企业的外汇风险测量定义,可写为:

$$\delta_{i,t} = d\ln \pi_{i,t} / d\ln e_t \tag{9-7}$$

式中,$\delta_{i,t}$为t时刻企业i的外汇风险暴露,$\pi_{i,t}$为t时刻企业i的税前利润,e_t为直接标价法下的汇率,$d\ln$为波动率。

同样地遵循行业外汇风险暴露时变测量的建模思路,借助Fama-French的扩展模型,考虑中国股票市场特点,将允许时变的条件期望因子引入市场因子(RM)、规模因子(SMB)和账面市值比因子(HML)中重新构造。假设$E_{t-1}(R_t) = \beta_{t-1} E_{t-1}(f_t | Y_{t-1}, X_{t-1})$,$f_t = (r_{M,t}, S_t)$,且满足如下条件:$E_{t-1}[r_{M,t} - CY_{t-1}] = 0$,$E_{t-1}[S_t - DX_{t-1}] = 0$,$C$、$D$为常数矩阵,$Y_{t-1}$和$X_{t-1}$是$t-1$时刻信息集向量。

则市场模型变为如下形式:

$$r_{i,t} = \beta_{iM,t-1} E_{t-1}(r_{M,t} | Y_{t-1}) + \beta_{iS,t-1} E_{t-1}(r_{S,t} | Y_{t-1}) + \beta_{iH,t-1} E_{t-1}(r_{H,t} | Y_{t-1}) + \delta_{i,t-1} E_{t-1}(S_t | X_{t-1}) + \varepsilon_{it} \quad i = 1, 2, 3, \cdots, n \tag{9-8}$$

式中,$r_{i,t}$表示企业i第t时刻的超额收益率,等于已知$t-1$时刻企业i的信息而得到t时刻的条件期望收益率减去无风险资产收益率。$E_{t-1}(r_{M,t})$、$E_{t-1}(r_{S,t})$和$E_{t-1}(r_{H,t})$分别表示RM、SMB和HML的条件期望收益率。$E_{t-1}(S_t)$表示人民币名义有效汇率指数(EER)的条件期望波动率,为便于讨论,此处的人民币名义有效汇率指数以及后面的人民币兑发达国家货币名义有效汇率指数、人民币兑发展中国家货币名义有效汇率指数,都是由间接标价法下双边汇率价格计算而来,正值(负值)表示人民币汇率升值(贬值)。$\delta_{i,t-1}$表示总外汇风险暴露,正值(负值)表示人民币汇率升值使得企业收益增加(受损)。

由于中国股票市场比发达国家的股票市场更具强的投资者情绪和过度投机特征,解释因子的信息向量Y_{t-1}选择换手率($TURO$)和市场市盈率(PE)指标,以及期限溢价($TERM$)、违约溢价($DEFT$)和基准利率($BECH$),因此$Y_{t-1} = [TURO_{t-1}, TERM_{t-1}, DEFT_{t-1}, BECH_{t-1}]$。参照相关人民币汇率决定机制,信息向量$X_{t-1}$选择贸易条件($TOT$),外资流入($FIN$),政府支出($GOVE$),开放度

($OPEN$)、劳动生产率($PROD$)等因素,因此 $X_{t-1} = [TOT_{t-1}, FIN_{t-1}, GOVE_{t-1}, OPEN_{t-1}, PROD_{t-1}]$。与行业的分析类似,引入 Engle 和 Kroner(1995)的 MGARCH(1,1)–BEKK 模型对解释因子的条件二阶矩建模。

进一步考虑人民币兑发达国家货币汇率波动、人民币兑发展中国家货币汇率波动对企业收益有不同影响,将总外汇风险拆为两类,构建如下市场模型:

$$R_{i,t} = \beta_{V,i} E_{t-1}(r_{V,t}|Y_{t-1}) + \beta_{S,i} E_{t-1}(r_{S,t}|Y_{t-1}) + \beta_{H,i} E_{t-1}(r_{H,t}|Y_{t-1}) + \delta_{DD,i} E_{t-1}(e_{DD,t}|X_{t-1}) + \delta_{DI,i} E_{t-1}(e_{DI,t}|X_{t-1}) + \varepsilon_{it} \quad i = 1, 2, 3, \cdots, n \quad (9-9)$$

式中,$E_{t-1}(e_{DD,t})$、$E_{t-1}(e_{DI,t})$ 分别表示人民币兑发达国家货币实际有效汇率指数(EDD)、人民币兑发展中国家货币实际有效汇率指数(EDI)的条件期望波动率,$\delta_{EDD,i}$、$\delta_{EDI,i}$ 表示两类汇率指数波动带来的风险暴露。

(二)数据说明与统计描述

1. 数据来源及说明

本节采用 1999 年 6 月 ~ 2011 年 12 月的月度数据。重点考察中国主要外贸商品所在的 14 个制造行业中 645 家涉及进出口业务的上市企业,企业样本与第四章的企业样本完全一致,并且也已剔除 ST 企业、经营存在重大变更的企业以及连续股票收益数据小于 25 期的企业。样本企业的股票收益率数据来自锐思 RESSET 金融数据库。

(1)汇率变量的选取。本节的人民币名义有效汇率指数(EER)取自 BIS 网站;由于中国目前尚未公布相应的人民币对发达国家货币名义有效汇率指数、人民币对发展中国家货币名义有效汇率指数,因此该部分数据是将中国主要的贸易伙伴国和主要竞争对手 14 个国家(或地区)作样本自行计算得到。具体而言,人民币兑发达国家货币名义有效汇率指数(EDD)所含各国(或地区)货币有美元、欧元、日元、澳元、韩元、台币和加元;人民币兑发展中国家货币名义有效汇率指数(EDI)所含各国货币有新加坡元、菲律宾比索、泰铢、巴西里拉、马来西亚林吉特、印度卢比和俄罗斯卢布。上述币种的汇率月度数据取自中国国家外汇管理局网站、美联储以及 IMF 网站。

(2)信息变量的选取。流动性溢价选取换手率($TURO$)指标为代理变量,过度投机性选取市场市盈率(PE)指标,上述数据均源于锐思金融数据库。期限溢价($TERM$)使用交易所债券市场 15 年期的固定到期日的国债收益与 5 年期的国库券收益之差,违约溢价($DEFT$)使用大公国际等信用评级机构所评的 A 级企业债收益减去 AAA 级企业债收益计算得到,上述数据均取自中国国债信息网。基准利率($BECH$)采用国债回购市场的一个月回购利率均值。贸易条件

第九章　中国进出口企业外汇风险暴露的时变特征

(*TOT*)、外资流入 (*FIN*)、政府支出 (*GOVE*)、开放度 (*OPEN*)、劳动生产率 (*PROD*) 数据来源于各年《中国统计年鉴》、中国国家统计局、中国商务部、中经网、中国海关网站、美国国家统计局、OECD、WTO 和 WDI 网站等。

2. 主要变量统计性质描述

各企业收益率的描述性统计结果显示，大多数企业的收益率均值在 5% 的显著性水平下不等于零；J-B 统计量和 QQ 图显示部分企业收益率序列分布呈尖峰拖尾；ADF 检验显示所有企业收益率序列在 1% 和 5% 的显著性水平下为平稳序列；Ljung-Box Q 检验显示半数企业在 1% 和 5% 的显著性水平下存在二阶自相关。各收益序列经指数平滑后统计指标表现变差，因此仍使用原序列。

各解释因子的描述性统计结果表明，所有序列在 1% 的显著水平下均为平稳序列且都无自相关，但 J-B 统计量和 QQ 图显示 *RM*、*HML*、*EDD* 和 *EDI* 序列呈尖峰拖尾分布；此外，在 5% 的显著水平下各变量间的相关度很小且不存在多重共线性。至于各解释因子的信息变量统计性质，所有序列都呈尖峰拖尾分布，且都存在一阶自相关，全部非平稳序列经过一阶差分后都为平稳序列。具体如表 9-8 和表 9-9 所示。

表 9-8　FF 三因子及其信息变量的统计描述

	RM	SMB	HML	TURO	PE	TERM	DEFT	BECH
均值	1.387	0.006	0.002	35.039	40.506	1.411	0.323	2.643
中位数	0.83	0.009	0.002	28.421	37.012	1.407	0.250	2.470
最大值	44.69	0.105	0.074	118.134	68.215	2.739	2.980	8.220
最小值	-25.8	-0.119	-0.121	8.496	17.819	0.192	-3.392	0.926
标准差	11.153	0.04	0.03	22.126	13.660	0.562	1.741	1.096
偏度	0.446	-0.199	-0.716	1.562	0.359	-0.046	-0.189	1.922
峰度	4.098	3.35	5.102	5.593	1.866	2.216	1.808	8.996
J-B 统计量	12.606	1.765	40.7	103.683	11.342	3.922	9.832	319.086

表 9-9　汇率变量及其信息变量的统计描述

	EDD	EDI	TOT	FIN	GOVE	OPEN	PROD
均值	0.084	0.117	1.151	2.271	3.123	9.519	1.097
中位数	0.092	-0.086	1.137	2.137	2.846	7.920	0.912
最大值	4.716	7.512	1.762	4.183	7.860	26.152	4.768
最小值	-6.087	-4.300	0.813	0.682	1.089	2.956	-0.327
标准差	1.627	1.572	0.117	0.843	1.441	5.412	1.160

· 139 ·

续表

	EDD	EDI	TOT	FIN	GOVE	OPEN	PROD
偏度	-0.085	1.047	1.304	0.174	0.780	1.161	2.288
峰度	4.026	6.343	8.023	2.192	3.133	3.563	8.059
J-B 统计量	6.984	100.484	206.878	5.001	15.812	36.899	300.545

进一步采用 Pearson 相关系数检验，考察各解释因子的信息变量间是否存在多重共线性的情况。由表 9-10 的结果可知，三因子的信息变量之间的相关系数绝大多数都小于 0.3，除了 DEFT 和 PE 的相关系数高于 0.5，存在一定相关性。由表 9-11 可知，汇率变量的信息变量之间的相关系数大多小于 0.3，但 GOVE 和 OPEN 间，EDD 和 EDI 间的相关系数高于 0.5。一般认为如果相关系数在 0.75 以上，变量间可能存在多重共线性但并不严重。因此我们认为模型中变量之间基本不存在多重共线性。此外，所有信息变量数据都已做指数平滑处理。

表 9-10 三因子信息变量的 Pearson 相关系数矩阵

	TURO	PE	TERM	DEFT	BECH
TURO	1.000				
PE	0.153	1.000			
TERM	0.206	-0.039	1.000		
DEFT	0.234	-0.580	0.119	1.000	
BECH	-0.147	-0.165	-0.468	0.166	1.000

表 9-11 汇率变量及其信息变量的 Pearson 相关系数矩阵

	EDD	EDI	FIN	GOVE	OPEN	PROD	TOT
EDD	1.000						
EDI	0.673	1.000					
FIN	-0.134	-0.057	1.000				
GOVE	-0.011	-0.181	-0.177	1.000			
OPEN	0.019	-0.114	-0.297	0.695	1.000		
PROD	-0.119	-0.175	-0.192	0.084	-0.030	1.000	
TOT	0.135	0.108	-0.216	-0.172	-0.212	0.237	1.000

(三) 企业外汇风险暴露的时变测量结果分析

使用滞后一期的信息变量 Y_{t-1} 和 X_{t-1}，用 EGARCH（1，1）模型分别估计 RM、SMB、HML、S、EDD 和 EDI 的条件期望收益率，并根据 R^2、AIC/SC 指标，结合 DW 值、参数显著与估计符号等原则确定最佳模型，模型结果均已通过残差序列自相关检验与 ARCH－LM 检验。各因子的回归结果显示，各因子的条件期望序列平稳且无自相关，序列间相关性较弱。进一步估计式（9-9），得到各企业的外汇风险暴露时变值。表 9-12 给出不同时间段和不同行业中的企业外汇风险暴露平均值 $\bar{\delta}$ 和绝对值平均值 $\overline{|\delta|}$。

首先，由整个考察期的 $\bar{\delta}$ 均值的显著程度看，所有行业的进出口企业收益都受到显著的外汇风险影响。具体而言，电气设备类企业主要承受发达国家货币汇率波动风险，显示为负数，说明它们更容易受到人民币汇率升值波动的不利影响；机械设备、纺织服装、汽车零配件、计算机硬件、化学制品类企业主要需要防范发展中国家货币外汇风险；能源、汽车、食品、饮料、林业纸业类企业收益对上述两类外汇风险都显著敏感。从绝对值均值看，几乎所有企业（除食品类企业外）的 $\overline{|\delta|}$ 数值大于 1，其中能源、汽车及配件、饮料、林业纸业、计算机硬件、金属采矿、耐用消费品制造类企业的数值大于 5，即当汇率波动为 1% 将使得这些企业价值平均变动 5%。

其次，中国自 1994 年 1 月实行以市场供求为基础、单一、有管理的浮动汇率制度以来，人民币兑美元汇率基本稳定；2005 年 7 月，中国开始实行以市场供求为基础、参考一篮子货币进行调节、有管理的浮动汇率制度；为应对不断深化的国际金融危机，2008 年 9 月底中国收窄人民币汇率波动幅度，人民币兑美元汇率基本维持在 6.83 元上下窄幅波动的水平，直至 2010 年 6 月，中国又进一步推进人民币汇率改革，恢复人民币汇率的弹性。从人民币汇率制度改革的这四个阶段看，在 2005 年汇改后，所有企业（食品类企业除外）的 δ_{EDD} 和 δ_{EDI} 都大大增加；在 2008 年 9 月人民币汇率重新盯住美元政策后，各企业的 $\bar{\delta}$ 值迅速下降甚至变得不显著，尤其是大大降低了发展中国家外汇风险的影响，直接证实此项汇率政策为企业带来明显避险成效；在 2010 年人民币汇率重新恢复弹性后，大多数企业的外汇风险暴露显著增加，与直觉相符；值得注意的是，电气设备、纺织服装、汽车配件类企业的 $\bar{\delta}$ 值继续下降，特别是 δ_{EDD}（见图 9-3），部分原因可能与中国企业逐渐适应人民币汇率浮动、积极进行财务管理、采取相应避险策略有关。

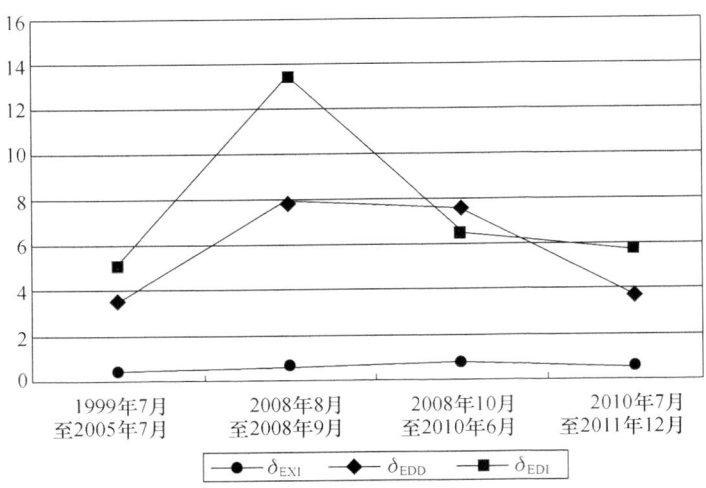

图 9-3 中国汇率制度变迁下全部企业外汇风险暴露均值的变动

表 9-12 各时期中国进出口上市企业的外汇风险暴露均值

所属行业	N	汇率	Ⅰ总考察期 1999年6月至 2011年12月		Ⅱ考察区间 1999年7月至 2005年7月		Ⅲ考察区间 2005年8月至 2008年9月		Ⅳ考察区间 2008年10月至 2010年6月		Ⅴ考察区间 2010年7月至 2011年12月	
			$\bar{\delta}$	$|\bar{\delta}|$	$\bar{\delta}$	$|\bar{\delta}|$	$\bar{\delta}$	$|\bar{\delta}|$	$\bar{\delta}$	$|\bar{\delta}|$	$\bar{\delta}$	$|\bar{\delta}|$
电气设备	44	EDD	-2.641	4.104	-2.538	3.582	-5.832	6.181	0.776	4.377	-0.300	1.456
		EDI	0.054	0.737	-0.071	1.015	-0.242	0.243	0.631	0.890	0.501	0.501
机械设备	74	EDD	-0.383	6.835	0.468	3.730	1.406	12.908	-1.878	8.203	-1.476	4.667
		EDI	-2.801	8.602	-1.024	5.410	-8.027	17.369	-5.560	5.559	0.143	6.230
能源	37	EDD	2.034	4.850	-2.135	3.388	2.915	5.965	3.726	7.452	4.153	5.231
		EDI	-2.173	7.631	0.524	4.965	-4.152	12.371	1.240	8.351	-2.129	7.297
纺织服装	48	EDD	-0.121	0.976	-0.366	0.804	0.362	1.182	-1.171	1.234	-0.27	0.843
		EDI	-2.222	5.659	-0.806	3.388	-8.902	12.098	1.316	3.868	8.168	3.113
汽车	20	EDD	2.892	5.606	0.783	3.810	4.628	3.866	7.084	8.317	6.405	6.405
		EDI	-1.477	11.927	-1.017	7.640	-12.416	20.087	9.007	13.006	7.572	10.356
汽车零配件	38	EDD	0.660	9.602	2.308	5.907	3.295	13.766	-10.039	20.016	1.072	3.235
		EDI	-2.605	10.851	-1.618	7.279	-10.885	19.316	2.699	9.762	4.791	8.339

续表

所属行业	N	汇率	I总考察期 1999年6月至 2011年12月		II考察区间 1999年7月至 2005年7月		III考察区间 2005年8月至 2008年9月		IV考察区间 2008年10月至 2010年6月		V考察区间 2010年7月至 2011年12月	
			$\bar{\delta}$	$|\bar{\delta}|$	$\bar{\delta}$	$|\bar{\delta}|$	$\bar{\delta}$	$|\bar{\delta}|$	$\bar{\delta}$	$|\bar{\delta}|$	$\bar{\delta}$	$|\bar{\delta}|$
食品	48	EDD	-0.169	0.624	-0.526	0.827	0.274	0.381	-0.301	0.301	0.459	0.713
		EDI	-0.092	0.115	-0.060	0.080	-0.027	0.075	-0.026	0.028	-0.435	0.437
饮料	22	EDD	-0.741	5.131	-0.288	2.357	-0.330	11.233	-4.987	6.077	-0.715	2.086
		EDI	-1.980	1.981	-1.464	1.465	-1.807	1.807	-2.409	2.409	-3.884	3.884
林业纸业	24	EDD	1.159	5.593	0.407	3.952	2.006	8.100	-0.150	7.864	3.867	4.128
		EDI	-2.032	8.874	-0.258	5.009	-10.922	19.198	2.083	5.740	4.932	5.985
计算机	91	EDD	0.032	5.885	-0.421	4.804	-0.712	7.252	0.072	8.221	3.513	4.543
		EDI	-2.686	6.173	-1.836	5.151	-6.503	9.521	-0.881	6.164	-0.088	3.149
金属采矿	80	EDD	2.475	7.324	0.693	4.513	3.187	10.676	4.680	11.237	5.429	6.768
		EDI	-1.098	10.737	-2.005	6.067	-7.950	20.150	7.766	11.022	6.602	8.954
建筑材料	19	EDD	3.496	3.898	0.540	1.348	5.561	5.561	6.603	6.706	7.169	7.169
		EDI	-6.710	19.506	-4.293	13.630	-21.963	37.878	-0.011	13.474	8.139	10.935
耐用消费品	4	EDD	4.249	10.161	5.477	8.223	9.313	15.759	-4.790	12.927	-0.745	2.761
		EDI	-1.004	7.303	1.567	5.840	-4.690	10.796	-0.070	7.366	-4.453	5.627
化学制品	108	EDD	-0.328	3.058	0.345	2.619	0.422	3.947	-2.716	4.012	-1.780	1.799
		EDI	-0.869	4.599	0.499	3.706	-2.782	6.549	0.596	3.569	-3.938	5.201

注：N表示相应行业的进出口企业样本数；数字加粗代表在1%、5%或10%显著性水平下拒绝均值为零的原假设。

第十章 中国进出口企业外汇风险暴露的滞后效应

一、引言

在经济全球化背景下,各国经济之间的依存度日渐提高,企业在生产经营各环节中所需的各项生产要素在全球范围内展开配置,其最终产品的销售竞争也在各国同类商品中进行。在这一进程中,无论企业是否有海外经营投资、以外币计价的资产、负债或交易,汇率波动都对一般企业的价值、经营管理和竞争力等有十分重要的影响。自 2005 年汇改以来,中国企业的资产、负债、经营活动甚至企业价值都日益暴露在汇率变动中。为增进企业对外汇风险暴露滞后效应的认识,本章将对中国进出口上市企业外汇风险暴露的滞后效应进行深入分析。

自 20 世纪 70 年代中期开始,学者们试图模拟汇率对企业各种现金流量的影响(Dumas,1978),但直到 80 年代,学者们才针对外汇风险与企业价值之间的关系提出外汇风险暴露(Exchange Rate Exposure)的概念,即企业实体资产价值与汇率变动之间的相关程度;并利用财务学上的市场模型(Market Model)量化了外汇风险暴露(Adler 和 Dumas,1984)。此后,诸多文献皆沿用这种所谓的资本市场法对企业股票收益与汇率波动之间的敏感程度进行实证研究(Williamson,2001);但上述研究却少有测出显著的外汇风险,因此近年来许多学者企图寻求新的估计方法来改善外汇风险暴露值的测量。

此外,由于企业的股票收益容易受到企业自身以外的诸多因素(如股票交易、宏观经济等)的影响,因此,根据"企业的价值可表示为企业未来现金流量的折现值"这一理论,也有学者从现金流量的角度对企业实际生产经营过程中的外汇风险进行研究,称为现金流量法,此时的外汇风险暴露可定义为外汇风险对企业现金流量稳定性的影响程度。Martin 和 Mauer（2004）从企业规模与套期保值交易成本的角度，发现汇率波动对跨国企业经营性现金流量存在当期与滞后效应。Bartram（2008）利用企业现金流量、衍生性金融工具的使用以及外债等数据深入观察了一家大型非金融企业的外汇风险暴露，发现企业的经营性现金流量存在显著的外汇风险暴露，而总现金流量的外汇风险暴露不显著。国内近期相关研究主要从营业收入或利润方面研究汇率波动对企业价值的影响，陈学胜等（2008）最终发现样本中具有明显风险暴露的企业比率在20%左右。

但企业的主要外汇风险源自涉及国际竞争的生产经营活动和以外币表示的投融资活动，如企业经营中以外币计价的交易相应的现金流量以及企业售价、销售量、生产成本等，都易受汇率波动影响，外币计价的交易面对的外汇风险为短期风险（即会计和交易风险），企业售价等则面临长期外汇风险（即经济风险）。为增进中国企业对外汇风险暴露滞后效应的认识，帮助企业更准确地掌握面临的外汇风险情况，本章将以104家属于机械设备、仪表制造业的进出口上市企业为研究样本，利用多项式分布滞后模型（Polynomial Distributed Lag Model，PDL模型）从企业内部实际生产经营活动角度，不仅测量反映企业一切活动的总现金流量的外汇风险的滞后效应，还将测量经营性现金流量、投资性现金流量和融资性现金流量的外汇风险的滞后效应，以供企业外汇风险管理参考。

二、现金流量的外汇风险滞后效应测量模型

本节关注企业的现金流量受到外汇汇率波动的长短期影响。为便于考虑不同时期的汇率变量，采用 Almon（1965）提出的 PDL 模型如下：

$$Y_t = c + \beta_0 X_t + \beta_1 X_{t-1} + \cdots + \beta_n X_{t-n} + u_t \qquad (10-1)$$

式中，K 阶多项式滞后结构为：

$$\beta_i = \alpha_0 + \alpha_1 i + \alpha_2 i^2 + \alpha_3 i^3 + \cdots + \alpha_k i^k \qquad i = 0, 1, 2, \cdots, n \qquad (10-2)$$

将式（10-2）代入式（10-1）中，得到：

$$Y_t = c + \sum_{i=0}^{n}(\alpha_0 + \alpha_1 i + \alpha_2 i^2 + \alpha_3 i^3 + \cdots + \alpha_k i^k)X_{t-i} + u_t \qquad (10-3)$$

在 Martin 和 Mauer（2003）观点基础上，将滞后结构设置为三阶多项式。考虑人民币汇率对宏观经济的影响特征，将滞后期定为 8 期（8 个季度），并且定义外汇汇率 S_t 的滞后期在 9 个月以内为短期（即滞后 0～3 期），超过一年半为长期（即滞后 6～8 期），用以比较外汇风险的滞后效应。因此，令 $Y_t = CF_t$，$\omega(0)$

$= \alpha_0$,$\omega(1) = \alpha_0 + \alpha_1 + \alpha_2 + \alpha_3$,$\cdots$,$\omega(8) = \alpha_0 + \alpha_1 \times 8 + \alpha_2 \times 8^2 + \alpha_3 \times 8^3$。则式(10-3)可改写为:

$$CF_t = c + \sum_{q=0}^{8} \omega(q) S_{t-q} + u_t \qquad (10-4)$$

沿用 Stulz 和 Williamson(1997)等的研究结论,纳入短期利率、生产者物价指数作为模型的控制变量,剔除竞争、宏观经济波动、通货膨胀对企业现金流量的影响。我们对式(10-4)进行整理,得到模型如下:

$$CF_{jt} = C_j + \left[\sum_{q=0}^{8} \omega_j(q) S_{t-q}\right] + \theta_j IR_t + \lambda_j PPI_t + u_{jt} \quad q = 0,1,2,\cdots,8 \quad j = 1,2,\cdots,104 \qquad (10-5)$$

令 $CF_{jt} = (OCF_{jt}, ICF_{jt}, FCF_{jt}, TCF_{jt})^T$,其中 OCF_{jt}、ICF_{jt}、FCF_{jt}、TCF_{jt} 分别表示的是 j 企业季度经营性现金流量、投资性现金流量、融资性现金流量以及总现金流量;系数 c_j、$\omega_j(q)$、θ_j、λ_j、u_t 都是 4 维列向量,其中 c_j 为截距项,θ_j 和 λ_j 分别表示 j 企业现金流量对利率、生产者物价指数的敏感性,$\omega_j(q)$ 表示滞后期为 q 的 j 企业外汇风险暴露值,$\omega(0) + \omega(1) + \cdots + \omega(8) = \omega(sum)$,表示跨期总外汇风险暴露值,即汇率变动对企业某类现金流量的总影响效应。X_{t-q} 是滞后期为 q 的汇率波动率,IR_t 是短期利率变化率,PPI_t 是生产者物价指数变化率。

三、实证分析

由于本研究关注企业的现金流量受到外汇风险暴露的影响,而企业的现金流量数据最高频率为季度,因此采用季度数据。为保证研究数据的充足性,我们从沪深两市 A 股市场的进出口上市企业中选取 104 家在 2003 年以前已上市的机械制造、电气设备制造企业,因此样本数据时间跨度为 2003 年第一季度到 2011 年第四季度,此外,我们也剔除了存在非连续数据的样本企业。所有样本企业都有海外销售收入,拥有海外子公司或办事处的企业占 46%。

企业现金流量数据来自各上市公司公布的季报、半年报和年报,经由人工整理得到。人民币汇率波动率取自国际清算银行(BIS)的人民币名义有效汇率指数(NEER),并经对数差分处理后得到;由于人民币名义有效汇率指数采用间接标价法,因此汇率波动率为正表示人民币升值,负值表示人民币贬值。短期利率变化率的数据采用全国银行间同业拆借市场交易 90 天加权平均利率,并经对数差分处理后得到。生产者物价指数变化率的数据源自中经网数据库。以上所有数据均通过 ADF 单位根检验,个别存在单位根的变量经过差分处理后也通过

ADF 单位根检验,说明时间序列平稳。各变量在 5% 的显著水平下相关度很小且不存在多重共线性。

对式(10-5)进行 OLS 估计,最终得到各类现金流量的跨期总外汇风险暴露数值、不同滞后期的外汇风险暴露值和正负符号、具有显著外汇风险暴露的企业分布等结果,具体如表 10-1 至表 10-4 所示。

由表 10-1 可知,企业总现金流量的跨期总外汇风险暴露值最大,符号为负,即人民币升值使得这些出口企业的总现金流量下降,人民币贬值导致出口企业的总现金流量增加,与理论相符。从总现金流量的各组成部分来看,经营性现金流量的风险暴露值最大,是企业外汇风险最大来源,符合理论。对比融资性现金流量与经营性现金流量的风险暴露值发现,两者的符号恰恰相反。一般而言,经营性现金流反映了一家企业除去经营性对冲、消费者转嫁、货币多样化等效应后的经营与海外销售面临的剩余风险暴露,金融工具产生的现金流是企业融资性现金流的一部分。因此,如果一家企业财务策略的目的是对冲风险,那么其融资性现金流的外汇风险暴露符号应该与其经营性现金流的外汇风险暴露符号相反(Bartram 和 Bodnar,2007)。可见中国进出口上市企业的融资性对冲政策确实对企业的总外汇风险有一定的抵消作用,但是企业的总外汇风险暴露仍然较大,这与目前中国企业在汇率避险方面可供使用的金融工具品种有限、融资性对冲的效果不佳的现状相符。

表 10-1　各现金流量的跨期总外汇风险暴露估计结果

因变量	θ_j		λ_j		ω (sum)		R^2 均值
	均值	N	均值	N	均值	N	
OCF	-0.065	9	-1.179	2	-2.226	1	0.278
ICF	-0.007	17	-0.262	2	-0.761	5	0.312
FCF	0.021	12	0.388	2	0.820	2	0.308
TCF	-0.064	6	-0.943	6	-2.373	4	0.302

注:N 表示在 1%、5% 或 10% 显著性水平下企业对应估计值的 t 统计量显著的企业数量。

虽然拥有显著的现金流总外汇风险暴露的企业数量不多,但是从不同滞后期汇率的风险暴露值与显著企业数量情况看(见表 10-2),企业的现金流量受到不同滞后期汇率的显著的、普遍的影响。企业总现金流量主要受到短期和长期汇率的影响,中期汇率对其影响不明显,呈现出"U"形的时间特征;企业的经营性现金流量同样也受到短期和长期汇率的影响,短期影响最大,当期汇率对其影响不大;融资性现金流量主要受到短期和长期汇率的影响,长期影响更甚。从长期外汇风险的影响可判断,汇率波动确实对中国进出口上市企业的价值存在着长期、显著的影响。

表 10-2 不同滞后期下外汇风险暴露回归结果

	外汇风险类型	OCF		ICF		FCF		TCF	
		平均数	N	平均数	N	平均数	N	平均数	N
ω(0)	当期风险	0.460	3	-0.627	7	0.161	5	-0.048	9
ω(1)	短期风险	-1.446	23	0.269	17	0.804	15	-0.493	17
ω(2)		-1.435	11	-0.418	12	-0.651	8	-2.276	19
ω(3)		-0.055	2	-0.149	4	0.512	5	0.244	13
ω(4)	中期风险	0.419	5	0.048	9	-0.470	8	-0.083	3
ω(5)		-0.675	10	0.004	8	-0.221	10	-0.866	9
ω(6)	长期风险	-0.862	10	0.143	13	1.875	16	1.007	18
ω(7)		2.149	20	0.113	18	-2.484	24	-0.271	16
ω(8)		-0.781	8	-0.144	14	1.294	11	0.415	13

注:N 表示在 1%、5% 或 10% 的显著性水平下对应估计值的 t 统计量显著的企业数量。

表 10-3 展示了机械设备制造行业下各细分行业和电气设备制造业的外汇风险暴露情况。可知,5 个行业中存在显著外汇风险暴露的企业数量占该细分行业企业总数的比例均在 80% 以上,其中专用运输设备制造业的比例最高,达到 92%。说明这些行业中企业存在普遍的外汇风险暴露。

表 10-3 不同行业内具有显著外汇风险暴露的企业分布

行业类型	样本总数（家）	不同现金流下显著企业数（家）				至少一种现金流显著的企业总数（家）	显著企业数/样本数（%）
		OCF	ICF	FCF	TCF		
普通机械	20	11	12	11	8	17	85
专用设备	26	14	14	13	15	24	92
交通运输设备	30	12	13	12	13	26	87
仪器仪表机械	2	1	1	0	2	2	100
电气设备制造	26	11	10	13	13	21	81
合计	104	49	50	49	51	90	87

表 10-4 统计了回归结果中显著外汇风险暴露的正负符号,发现不同滞后期汇率的波动对现金流量的影响各异,但总体上,汇率波动对经营性现金流量和投

资性现金流量具有负影响效应,说明人民币汇率升值将减少企业的经营性现金流和投资性现金流的流入量;汇率波动对融资性现金流量具有正影响效应,表明人民币汇率升值能为企业带来融资性现金流入;汇率波动对总现金流量的影响效应有正有负,考虑到总现金流量是其他三种现金流量的总和,受到这三种现金流量的影响,因此汇率波动对它的影响效应较难判断。

表 10-4 不同滞后期汇率对企业的正负影响效应

	OCF		ICF		FCF		TCF	
	N(+)	N(-)	N(+)	N(-)	N(+)	N(-)	N(+)	N(-)
ω(0)	1	2	1	6	5	0	6	3
ω(1)	8	15	10	7	10	5	7	10
ω(2)	2	9	4	8	3	5	8	11
ω(3)	1	1	2	2	1	4	6	7
ω(4)	4	1	8	1	6	2	2	1
ω(5)	2	8	4	4	7	3	3	6
ω(6)	4	6	5	8	11	5	11	7
ω(7)	15	5	10	8	8	16	9	7
ω(8)	2	6	3	11	11	0	8	5
总计	39	53	50	55	62	40	60	57

我们进一步利用人民币实际有效汇率指数(REER)替代 NEER 原数据,用债券期限结构数据替代 IR 原数据,用 WPI 数据替代 PPI 原数据,对原有模型重新进行估计,发现与前述的回归结果大体一致,因此结论是稳健的。

第十一章 中国进出口企业外汇风险暴露影响因素与管理策略

一、引言

国外对外汇风险暴露影响因素的研究主要从企业运营的角度展开。Jorion (1990) 最先研究了企业涉外程度，尤其是海外销售收入比重对企业外汇风险暴露的影响。Jorion 的实证研究结果发现外汇风险暴露与企业的海外销售收入比重有正相关关系。Bodnar 与 Gentry (1993) 首次讨论代表公司营运特征的产业因素（如产业出口比率、产业进口比率、产业海外资产占总资产比重等）对企业外汇风险暴露的影响。此后，学者们采用各种公司营运特性、产业特性甚至国家特征，以实证检测外汇风险暴露的来源。其中，有部分学者研究了企业海外直接投资布局对外汇风险暴露的影响。Choi 和 Prasad (1995) 认为，企业的国际化广度对外汇风险暴露的影响最显著。Miller 和 Reuer (1998a) 也认为，外国直接投资可以减少外汇风险暴露。Martin 和 Mauer (2003) 的研究也发现国际化营运是影响企业外汇风险暴露的重要因素之一。Choi 和 Jiang (2009) 研究了企业的国际经营性策略、企业融资策略、海外销售收入比重和公司规模等因素对企业外汇风险暴露的影响，最终发现融资策略的影响作用并不显著，而经营性策略有着显著的负向影响作用。此外，近年来一些学者着重分析了企业层面、产业层面和国家层面的影响因素。Chue 和 Cook (2008) 发现，企业特征（如企业市值、海外债务比例、海外债务与市值比重、市场开放度、企业流动性等）以及国家特征（如出口占 GDP 比重、进口占 GDP 比重）都可能是外汇风险暴露重要的影响因素。Hutson 和 O'Driscoll (2010) 也研究了国家特征（如开放度、股东权利、债权人保护程度、破产成本）与企业特征（如公司治理环境、规模和行业特征）

对外汇风险暴露的影响，发现开放度对外汇风险暴露有显著的正向作用，而股东权利和债权人权利有显著的负向作用，企业规模有着显著且负向的作用。

本章将在本书第六章对外汇风险暴露来源的理论分析成果基础之上，即通过第六章理论分析得到的企业（或行业）外汇风险暴露与企业（或行业）各影响因子之间的理论模型，同时结合以往学者们的研究，利用第九和第十章研究得到的企业和行业外汇风险暴露值，实证检验各影响因子对中国进出口上市企业（或进出口行业）的外汇风险暴露的影响效果。

二、行业外汇风险暴露的影响因素分析

为了解释造成不同行业间外汇风险暴露差异的原因，接下来我们将分析各种影响因素与不同行业 δ 之间的关系。根据本研究已得到的行业外汇风险暴露模型式（6-59）可知，行业的外汇风险暴露由行业内的企业海外销售收入、海外销售成本、海外销售市场份额及产品替代率、国内销售收入、国内销售成本、国内销售市场份额及产品替代率、企业间相对成本比等因素决定。此外我们还考虑行业的外汇风险暴露程度将直接与该行业拥有的外债程度以及行业内部的企业抗风险能力等因素有关（Allayannis & Ihrig, 2001），因此引入行业海外销售收入（$FITS$）、行业海外成本水平（$FCTC$）、行业规模（$MACA$）、债务杠杆度（DOA）和流动性水平（$ACID$）等因素，并建立如下回归模型：

$$\delta_{it} = \gamma_0 + \gamma_1 FITS_{it} + \gamma_2 FCTC_{it} + \gamma_3 MACA_{it} + \gamma_4 DOA_{it} + \gamma_5 ACID_{it} \qquad (11-1)$$

本节利用第九章已测得的行业外汇风险暴露数值，使用1999~2010年14个行业的面板数据，所有变量都已用简单平均法转变为年度数据。行业海外销售收入数据采用行业出口收入与行业总销售收入之比作为代理变量，行业海外成本数据采用行业进口支出与行业总销售成本之比作为代理变量，用行业规模作为行业在海外销售市场份额和国内销售市场份额的代理变量，同时也用以说明行业整体的抗风险能力；债务杠杆度将行业外债余额数据与行业资产总值之比作为代理变量，流动性水平以行业流动资产与行业流动负债之比作为代理变量。上述所有变量的数据取自中经网数据库、国家统计局以及国家外汇管理局。

我们分别采用固定效应和随机效应方法估计上述模型，并使用 Hausman 检验来决定估计量的选择，计算了主要解释变量的相关系数矩阵，所有系数绝对值在0.5以下。

表11-1列出了估计结果，Hausman 检验结果表明回归1和回归2应使用双

向固定效应模型,回归3则用双向随机效应模型估计变量。我们分别估计回归1、回归2和回归3以此衡量同时存在海外收入和成本、只有海外收入和只有海外成本对δ的影响。

表11-1 外汇风险暴露的企业内部影响因素

解释变量	预期符号	δ		
		回归1	回归2	回归3
FITS	-	-7.447*	-6.634*	
		(4.00)	(2.153)	
FCTC	不确定	3.980		2.678
		(-1.87)		(-0.916)
Log(MACA)	不确定	-1.215*	-1.184**	-1.071**
		(3.91)	(3.070)	(2.738)
DOA	+	3.788	4.080	4.226
		(-1.60)	(-1.240)	(-1.251)
ACID	-	-0.793	-0.800	-0.091
		(-1.38)	(-0.850)	(-0.100)
R^2	N/A	0.402	0.164	0.121
Hausman检验	N/A	11.935***	8.334***	

注:括号内为系数估计量的t值;***、**和*分别代表在1%、5%和10%的水平显著;Hausman检验结果显著表示拒绝原假设,即应使用固定效应估计量。

资料来源:上交所和深交所上市公司年报。

结果显示,从影响程度上,海外销售收入的高低始终对行业外汇风险暴露程度影响最大,但当只考虑海外成本时,行业债务水平对δ影响最大。从系数符号来看,主要变量的系数符号与理论预期基本一致。具体分析如下:

(一)海外销售收入与行业δ呈显著的负相关关系

即随着海外销售收入占总销售收入的比重越大,行业为出口型,面临负向的δ越大,即本币汇率升值,增加的海外收入引起的负向外汇暴露使得行业的利润减少;反之,本币汇率贬值,增加的海外收入带来的负向外汇暴露将令行业利润增加,与直觉相符。

(二)海外成本对行业δ的影响较大,且呈正相关关系

即本币汇率升值,增加的海外(进口)成本引起正向外汇暴露,使得行业利润增加；反之，本币汇率贬值，增加的海外（进口）成本带来的正向外汇暴露将令行业利润减少，与直觉相符。然而海外成本对行业 δ 的影响系数并不显著，其原因可能在于，与海外设厂、进口原材料等经营策略有关的海外成本增加可能使外汇风险暴露正向增加，但如果行业最终是将产品再出口到国外，这种同时存在的进出口贸易会产生外汇风险抵消效应，海外成本系数不显著可能是这两者相互抵消的结果。

（三）行业规模对行业 δ 的影响系数不算太大，但呈显著负相关关系

扩大的行业规模引起负向外汇暴露增加，若本币汇率升值，行业规模扩大最终使得行业利润减少，而且升值方向的波动越大，行业利润减少幅度也越大；反之，本币汇率贬值，扩大的行业规模带来负向外汇暴露将令行业利润增加。一般而言，由于行业规模既可说明海外收入情况，也可说明行业的抗风险能力，因而存在两方面的效果：规模愈大，则行业从事对外贸易的可能性愈大，其负向的外汇风险暴露程度也可能越高；另外，规模愈大，行业中企业采用外汇避险措施的可能性也将更大，因此会减小 δ；但是考虑到中国不成熟的汇率避险市场，即便大企业能够采取一定的避险措施，也可能收效甚微。此外，由上可知，行业规模与行业 δ 的影响表现与海外收入的影响表现类似。因而从行业规模系数的显著情况与数值可推断，大企业采取一定避险措施的收效甚微，更大规模的行业将更多地暴露在外汇风险之下。

（四）债务杠杆度与行业 δ 之间呈正相关关系

若本币汇率升值，债务杠杆度越高的行业越可能因为拥有较高的外债，债务的本币价值变便宜，而面临较大的正向外汇风险暴露，最终使得利润提高；若本币汇率贬值，债务杠杆度越高的行业所拥有的债务本币价值变贵，所面临较大的正向外汇风险暴露，最终使得利润下降。目前，中国外债水平不高可能是债务杠杆度系数不显著的原因。

（五）流动性水平与行业 δ 之间呈负相关关系

流动性越低的行业由于现金流不足，抵御风险的能力越弱，使得行业面临更大的 δ；但最终系数并不显著，部分原因可能是中国热钱流入行业内部导致流动性过剩，使得 δ 减少，同时与热钱相关的外汇风险增加，进而削弱流动性指标的影响。

此外，我们还用行业销售收入作为行业内所有企业海外销售收入的代理变量，用行业销售成本作为行业内所有企业海外销售成本的代理变量，得到的结论

与上面的结论类似。

综上所述,通过分析中国进出口行业间外汇风险暴露差异较大的原因,可以发现各行业不同的暴露特征与行业海外销售收入、企业规模、行业海外成本大小及流动性水平等影响因素密切相关,尤其是行业海外收入销售水平、企业规模与行业外汇风险暴露程度呈显著的负相关关系,即人民币升值波动中,更多海外销售收入、更大规模的行业将更多地暴露在外汇风险之下。

三、企业外汇风险暴露的影响因素分析

根据第六章的推导,可得:

$$\delta = \frac{d\ln \pi_1^*}{d\ln S_1} = 1 + \left[1 + \frac{\lambda_f \rho_f}{\lambda_f \rho_f + (1-\rho_f)}\right] \times \lambda_f \rho_f \left(\frac{r_1}{aR_f^{\rho_f}}\right) +$$

$$\left[\frac{\rho_d (1-\lambda_d) - \lambda_d (1+\rho_d)}{1-\rho_d (1-\lambda_d)}\right] \times \lambda_d \rho_d \left(\frac{r_2}{bR_d^{\rho_d}}\right) \tag{11-2}$$

由式(11-2)可知,进出口企业的外汇风险暴露直接与企业海外销售收入百分比(FS)、海外成本百分比(FC)、企业利润率(MP)、海外市场份额(MSF)、国内市场份额(MSD)、行业出口产品边际替代率(SBX)和行业进口产品边际替代率(SBM)等因素有关。

对式(11-2)整理变形并两边取对数后,可建立如下回归模型:

$$\delta_{it} = \xi_0 + \xi_1 FS_{it} + \xi_2 FC_{it} + \xi_3 MP_{it} + \xi_4 MSF_{it} + \xi_5 MSD_{it} + \xi_6 SBX_{it} + \xi_7 SBM_{it} \tag{11-3}$$

本节利用第九章已测得的企业外汇风险暴露数值,使用2005~2011年中国546家样本企业的面板数据对模型(11-3)进行估计。企业海外销售收入百分比(FS)数据采用 i 企业第 t 年的出口收入与同年该企业总销售收入之比作为代理变量。企业海外成本百分比(FC)数据采用 i 企业第 t 年的进口支出与同年该企业总销售成本之比作为代理变量。企业利润率(MP)数据采用 i 企业第 t 年的净利润率数据。海外市场份额(MSF)采用的是行业在世界各国的进口渗透率数据,具体计算方法如下:M_j 为中国主要贸易国 k 在第 t 年 j 行业(或者 j 产品)的进口数量,C_j 为第 t 年 j 产业(或者 j 产品)在国内消费数量,进口渗透率为 k 国第 t 年 j 产业(或者 j 产品)的进口占其消费总量的比重,此次计算中涉及的中国主要贸易国家和地区包括美国、欧盟、日本、加拿大、澳大利亚、韩国、阿拉伯联合酋长国、沙特阿拉伯、巴西、缅甸、菲律宾、马来西亚、中国台湾、泰

国、新加坡和印度等。国内市场份额数（MSD）采用的是行业在中国（母国）的进口渗透率数据，即国内市场进口额占国内该行业销售总额的比重，具体计算方式与国外市场份额数类似。行业出口产品的边际替代率（SBX）的数据根据以往的研究经验可依次设为 0.5、0.7 和 0.9。考虑到中国产品在海外竞争实力普遍为原材料、低端产品，因此本次计算的替代率取 0.9。行业进口产品边际替代率（SBM）的数据根据以往的研究经验可依次设为 0.4、0.5、0.7 和 0.9；考虑中国进口的产品多为国内无法制造的产品，替代率低，因而此次计算选取 0.4。

所有面板数据经一阶差分后都为平稳序列，主要解释变量的相关系数矩阵，所有系数绝对值在 0.5 以下。分别采用混合模型、固定效应和随机效应方法估计上式，并用 Hausman 检验决定模型形式设定。估计结果（见表 11-2）显示 δ_{EDD}、δ_{EDI} 应使用随机效应模型，δ_{EXI} 用固定效应模型估计变量。主要变量的系数符号基本符合理论预期。

（1）海外销售收入的系数显著为负，意味着企业海外销售收入份额越大，企业的外汇风险暴露越容易为负，汇率升值波动将导致企业收益受损。

（2）海外成本的系数显著为正，将使各类外汇风险暴露正向增加，汇率升值波动使得企业收益增加；此外，海外销售收入与海外成本的符号刚好相反，说明若企业在海外收入与支出上外币配比合适，将有效减少外汇风险暴露值。

（3）企业利润率与外汇风险暴露呈反向关系，企业利润率越高，说明海外收入相对增加，企业偏出口型，因此汇率升值将导致企业收益受损。

（4）海外市场份额的影响显著，与外汇风险暴露呈反向关系，说明企业海外市场份额增加，产品价格的汇率传递系数越接近 1，企业将外汇风险转嫁给消费者的可能性也越大。

（5）国内市场份额显著为负，结合进口产品替代率的作用可知，进口产品在国内市场份额越大，进口替代率越低，产品竞争力越强，进口企业面临的外汇风险越小。

（6）企业的进出口替代率都有显著影响，但进口替代率对企业外汇风险的影响更大。

表 11-2　外汇风险暴露的决定因素

解释变量	预期符号	δ_{EXI}			δ_{EDD}			δ_{EDI}		
		混合模型	固定效应	随机效应	混合模型	固定效应	随机效应	混合模型	固定效应	随机效应
FS	-	2.266	0.587	**0.215**	-0.206	**-0.627**	-0.129	-4.021	-8.939	**-15.168**
FC	-/+	-4.491	**0.382**	0.190	**1.672**	0.075	**1.620**	10.307	1.763	**6.313**
MP	-/+	5.492	**0.599**	0.231	-0.904	1.872	**-0.525**	-32.379	0.741	**1.861**

续表

解释变量	预期符号	δ_{EXI}			δ_{EDD}			δ_{EDI}		
		混合模型	固定效应	随机效应	混合模型	固定效应	随机效应	混合模型	固定效应	随机效应
MSF	-	0.239	**-0.237**	**-0.230**	0.010	**-4.188**	**-0.209**	1.889	**-3.166**	-0.863
MSD	-	**-7.175**	0.612	0.850	-0.147	**-4.887**	**-2.174**	10.896	8.769	12.525
SBX	+	**0.132**			**0.864**			-10.711		
SBM	+	**0.296**			**1.943**			-24.101		
R^2		0.358	0.636	0.324	0.184	0.430	0.069	0.131	0.369	0.110
Hausman			**96.262**			0.000			0.000	

注：数字粗体代表 1%、5% 或 10% 的水平上显著；Hausman 检验结果粗体表示应使用固定效应估计量。

由上述外汇风险暴露的影响因素实证分析可知，海外销售收入、海外成本、企业利润率、海外市场份额、国内市场份额、进出口产品边际替代率等因素对进出口企业的外汇风险暴露有决定性影响；中国企业的实证结果也得到一致的证据。

四、企业外汇风险暴露滞后效应分析

本节利用第十章已测得的外汇风险暴露情况，选出至少存在一种显著外汇风险暴露的 91 家企业，判断某些企业特征（如企业涉外程度、企业规模、外币资产与负债和成长性等）是否会影响企业外汇风险暴露。具体选用外销比例作为企业涉外程度的代理变量，理论上与外汇风险暴露之间应是正向关系；选取企业总资产作为企业规模的代理变量，与外汇风险暴露应呈反向关系；选取主营业务增长率作为企业成长性的代理变量，与外汇风险暴露应是正向关系；选取速动比率作为企业短期外币资产与短期外债之比的代理变量，与外汇风险暴露应存在正向关系；选择产权比率作为企业财务困境的代理变量，与外汇风险暴露应为正向关系；选择海外子公司的设立情况作为企业经营性对冲策略的代理变量，理论上与外汇风险应呈反向关系。所有数据均源于相关企业上市公司年报，均用 2003 ~ 2011 年数据取均值，其中总资产数据采取对数调整。此处的回归模型可写为：

$$\omega_q = \lambda_{q0} + \lambda_{q1}FS + \lambda_{q2}AS + \lambda_{q3}SG + \lambda_{q4}QU + \lambda_{q5}EQ + \lambda_{q6}FC + \varepsilon_q$$
$$q = 0, 1, 2, \cdots, 8, sum \tag{11-4}$$

式中，ω_q 表示企业各类现金流量在不同时期的外汇风险暴露系数。FS、AS、SG、QU、EU、FC 分别表示企业的外销比例、总资产规模、主营业务增长率、速动比率、产权比率以及企业海外子公司设立情况；ε_q 为残差项。

表 11-3 展示了各滞后期内现金流的外汇风险暴露系数与各企业特征的估计结果。可知，变量系数符号基本符合理论预期。

表 11-3　现金流的外汇风险暴露的影响因素

	FS	AS	SG	QU	EQ	FC
经营性现金流量的外汇风险暴露						
ω_{O0}	-3.971	-0.883	9.118**	19.330***	2.390	1.344
	(-0.473)	(-0.547)	(2.408)	(3.981)	(1.375)	(0.438)
ω_{O1}	9.040	4.842***	3.857	-1.223	-0.410	-6.427**
	(1.269)	(3.536)	(1.201)	(-0.297)	(-0.278)	(-2.468)
ω_{O2}	-2.689	0.523	5.113*	5.835*	-0.682	1.244
	(-0.477)	(0.483)	(2.013)	(1.792)	(-0.586)	(0.604)
ω_{O3}	-0.819	-0.093	1.397	3.544**	0.249	-1.750*
	(-0.294)	(-0.174)	(1.114)	(2.203)	(0.433)	(-1.720)
ω_{O4}	2.890	-0.092	2.209**	2.425*	0.488	-1.408
	(1.226)	(-0.203)	(2.078)	(1.780)	(1.001)	(-1.634)
ω_{O5}	1.739	0.846	1.253	-0.374	-0.494	0.952
	(0.525)	(1.330)	(0.840)	(-0.195)	(-0.721)	(0.787)
ω_{O6}	0.165	1.942**	-2.843	-4.153*	-1.068	-1.001
	(0.041)	(2.504)	(-1.563)	(-1.781)	(-1.278)	(-0.679)
ω_{O7}	0.539	-2.274*	5.411*	7.653*	0.561	0.719
	(0.078)	(-1.715)	(1.740)	(1.920)	(0.393)	(0.285)
ω_{O8}	0.513	0.976	-4.745*	-7.238**	-0.068	0.084
	(0.096)	(0.950)	(-1.969)	(-2.343)	(-0.061)	(0.043)
ω_{Osum}	-7.408	5.788**	20.770***	25.799***	0.965	-6.243
	(0.585)	(2.378)	(3.638)	(3.524)	(0.368)	(-1.348)
总现金流量的外汇风险暴露						
ω_{T0}	-4.361	1.263	9.222*	24.926***	2.754	-1.872
	(-0.414)	(0.624)	(1.942)	(4.094)	(1.263)	(-0.486)
ω_{T1}	-7.745	2.664	5.100	-0.604	0.539	-0.116
	(-0.834)	(1.492)	(1.218)	(-0.113)	(0.280)	(-0.034)

续表

	FS	AS	SG	QU	EQ	FC
ω_{T2}	1.247	0.126	3.339	2.065	-1.006	0.388
	(0.150)	(0.079)	(0.891)	(0.430)	(-0.585)	(0.128)
ω_{T3}	-9.130	1.977	5.773*	16.584***	2.764**	-2.399
	(-1.439)	(1.621)	(2.018)	(4.522)	(2.105)	(-1.035)
ω_{T4}	-1.012	0.314	1.412	0.634	0.279	-1.356
	(-0.379)	(0.612)	(1.172)	(0.411)	(0.504)	(-1.388)
ω_{T5}	9.665*	-0.631	-3.579	-14.573***	-3.280***	1.491
	(1.730)	(-0.587)	(-1.421)	(-4.513)	(-2.837)	(0.730)
ω_{T6}	-0.764	2.352	0.154	1.322	-0.332	0.499
	(-0.106)	(1.691)	(0.047)	(0.316)	(-0.222)	(0.189)
ω_{T7}	-2.921	-0.476	4.767	6.273	1.033	-2.417
	(-0.329)	(-0.279)	(1.192)	(1.223)	(0.563)	(-0.745)
ω_{T8}	6.335	0.280	-4.124	-6.151	-1.091	0.861
	(0.948)	(0.218)	(-1.369)	(-1.593)	(-0.789)	(0.352)
ω_{Tsum}	-8.685	7.870*	22.063**	30.477**	1.659	-4.922
	(-0.411)	(1.939)	(2.317)	(2.496)	(0.380)	(-0.638)

注：*、**、*** 表示该变量在10%、5%和1%的显著性水平下显著。

（1）在企业业务涉外程度方面，以往文献认为外销比例与外汇风险有负向关系，通过考察不同现金流量的情况，研究发现外销比重提升，会使得企业经营性现金流的外汇风险增大，融资性现金流的外汇风险减少。

（2）在企业规模方面，过去文献认为企业规模与外汇风险间存在负向关系，即大企业存在规模经济优势，因而对冲风险的成本较低，外汇风险较小；但研究发现，中国企业规模与所有现金流量的外汇风险暴露之间呈显著正向关系，即企业规模越大，其外汇风险暴露值也越大；这说明大企业往往对外贸易业务较多，由于中国不成熟的汇率避险市场，即便大企业能够采取一定的避险措施，但可能收效甚微。

（3）企业成长性与各类现金流的外汇风险暴露值呈正向关系，即企业的高成长性将加剧企业资产价格的波动性，使得企业遭受的外汇风险更大，与理论相符。

（4）企业速动比率与现金流量的外汇风险暴露值呈正向关系，即速动比率越大，说明企业持有短期外币资产越多，风险暴露越大；反之，企业持有短期外币负债越多,具有一定的融资性对冲作用,风险暴露越小。

(5)财务困境因子、海外子公司设立情况因子的结果也都得到相应印证,即财务困境越严重,企业的外汇风险越大;海外子公司的设立能够在一定程度上对冲风险,减少企业的外汇风险。

从整个显著的估值结果分布看,企业的具体经营管理特征与企业面临的外汇风险大小密切相关。其中,企业规模、成长性、短期外币资产与负债管理以及海外子公司的设立与否,都会显著影响企业经营性现金流的短期与长期外汇风险暴露。短期外币资产与负债管理会显著影响企业投资性现金流、融资性现金流的外汇风险暴露。

五、实证结果分析

根据上述对行业和企业外汇风险暴露模型的检定,所得到的实证结果与理论研究分析结果基本一致。具体行业和企业外汇风险暴露的各影响因素实证结果汇总如表11-4和表11-5所示。

表11-4 行业的外汇风险暴露影响因素实证结果汇总

研究变量	理论预期方向	实证结果	显著性
海外销售收入	-	-	显著
海外销售成本	不确定,视条件而定	+	不显著
行业规模	不确定,视条件而定	-	显著
债务杠杆度	+	+	不显著
流动性水平	-	-	不显著

表11-5 企业的外汇风险暴露影响因素实证结果汇总

研究变量	理论预期方向	实证结果	显著性
海外销售收入	-	-	显著
海外销售成本	不确定,视条件而定	+	不显著
企业利润率	不确定,视条件而定	-	显著
海外市场份额	-	-	显著
国内市场份额	-	-	显著
企业出口替代率	+	+	显著

续表

研究变量	理论预期方向	实证结果	显著性
企业进口替代率	+	+	显著
企业规模	−	+	显著
企业成长型	+	+	显著
短期外币资产与负债管理	+	+	显著
企业财务困境	+	+	不显著
海外子公司设立	不确定，视条件而定	−	不显著

综上可知，中国进出口上市企业与行业外汇风险暴露的影响因素存在如下特征：

第一，从行业的外汇风险暴露影响因素来看，行业的海外销售收入、行业规模对行业的外汇风险暴露值影响最大，海外销售成本、外债比重、行业的流动性对行业外汇风险暴露的影响均不显著。因此与海外设厂等经营性避险策略有关的海外成本增加并未能使外汇风险暴露减少，与外债比重有关的融资性避险策略同样也未能发挥有效的作用，此外，行业的流动性对海外销售收入带来的外汇风险暴露的抵消功能也不显著。总之，决定行业外汇风险暴露的因素是海外销售收入与行业规模。

第二，从企业时变外汇风险暴露的影响因素来看，企业的海外销售收入、海外销售成本、企业利润率、海外市场份额、国内市场份额、进出口产品边际替代率等因素对进出口上市企业的外汇风险暴露都有决定性影响。其中，海外市场份额与国内市场份额的增加带来的汇率传递效用有效地减少了企业的外汇风险暴露；利润率的提高增强了企业的抗风险能力，也使得企业的外汇风险减少；进出口产品替代率对外汇风险暴露形成过程中发挥的作用，说明企业产品在市场上垄断地位的提升有利于外汇风险暴露的减少。但是与行业的外汇风险暴露影响因素一样，企业的海外销售收入与海外销售成本之间并未形成有效的经营性对冲，海外销售成本与融资性对冲的效果在控制外汇风险暴露值方面也并不理想。这也是导致中国企业外汇风险暴露普遍存在的一个主要原因。

第三，从企业现金流量外汇风险暴露的影响因素分析可知，企业的具体经营管理特征与企业面临的外汇风险大小密切相关，其中企业的经营性现金流外汇风险暴露值与企业的规模、成长性、短期外币资产与负债管理以及海外子公司的设立密切相关，外币资产与负债管理则显著影响企业投资性现金流和融资性现金流的外汇风险暴露。

六、企业外汇风险经济暴露的管理策略

由于外汇风险影响企业的生产与经营,因此外汇风险管理并不局限于财务经理的工作范围,包括市场经理、产品经理等,均应该提高对于外汇风险的认识,在各自的环节有意识地考虑、控制和管理外汇风险,从而保证企业长期的获利能力。企业在不同货币组合前提下安排生产经营,集合了现金流入和现金流出的现金流量可能会呈现正向或负向的外汇风险暴露。当每一种货币的流入量和流出量匹配时,企业面临的外汇风险暴露可以被消除或有效降低,使其暴露程度保持在一个很小或近乎零的水平。这种对冲效果可以通过企业经营活动的自然对冲来实现,如用同一种货币来销售商品与购买原材料;也可以通过发行外币债券或者使用金融衍生工具来有目的地抵消存在的经营性风险暴露。

(一) 外汇风险管理策略的研究文献回顾

通过梳理国外有关汇率波动效应及其相关风险管理研究,我们发现外汇风险管理策略大体上分为两类:经营性对冲方式及其效果研究和融资性对冲工具及其效果研究。经营性对冲是指企业可以通过构造它们的经营活动使其现金流入和流出得以匹配,从而减少汇率波动对企业的影响。融资性对冲是通过运用金融衍生工具或海外债务去改变企业的风险头寸或者去抵补企业固有的风险暴露,从而降低企业对汇率波动的敏感性。

许多研究认为减少企业外汇风险暴露的最佳方式是构造企业的经营活动,如企业材料输入、产品输出的组合,生产地点的选择等。在权衡这些调整所造成的成本变化后,企业采取策略使以各种货币计价的现金流入和流出得到最佳匹配,从而最小化企业存在的外汇风险暴露。如日本汽车制造商初期的经营活动是通过以美元计价的收入和以日元计价的成本来完成的。在20世纪80年代上半叶,大部分制造商都能从坚挺的美元中获益。但是,在1985年以后,美元逐渐走弱并对它们以日元计价的利润产生不利影响。为了对冲外汇风险,在随后的80年代末期,三大制造商本田、丰田、日产均在美国大量投资生产设施,通过合理的匹配以美元计价的收入与成本,大大降低了它们面临的经济风险暴露。Logue(1995)、Chowdhry 和 Howe (1999) 的研究发现金融衍生品不能有效地对冲外汇风险的经济暴露,认为经营性对冲方式能够规避这种长期外汇风险。Pantzalis 等(2001) 采用经营广度和经营深度两种指标来量化跨国企业经济暴露的经营性对

冲，其中经营广度用分支机构所在国家数目表示，经营深度用分支机构的集中度来表示。最终他们的研究发现对于分支机构所在国家越多的跨国企业，其外汇风险暴露越小；分支机构分布越集中，则面临更大的外汇风险。Bartram 和 Bodnar（2007）较明确地提出一家通过出口销售获得外汇收入的企业很可能会实施包括进口活动在内的多样化经营活动、改变供应商或采购模式甚至把出口产品的生产地点移至海外市场等方式，并且最大程度地运用它们拥有以外币计价的投资。因此，拥有许多海外经营活动的企业可以通过合理地匹配外汇现金流入和流出，使其面临的外汇风险暴露显著低于进出口行业的标准程度。

但经营性对冲的使用也存在一些缺陷。一方面，经营性对冲不能完全抵消企业的外汇风险暴露，而且对冲的执行代价较大。如 Chow 等（1997）的研究发现，因为外汇流入与流出一般不能完全匹配，经营性对冲活动对企业现金流只能提供部分保护；此外他们还强调经营性对冲的执行代价很大，它影响企业的国际市场策略和生产组合，而且在运用经营性对冲时，企业规模大小是一个关键因素，因为小企业可能没有足够多的资源去构建以及管理国际性的生产设施投资①。另一方面，企业应对汇率变化所采取的措施需要时间去实现。Bartram 和 Bodnar（2007）指出除非这家企业在构造经营性活动时非常有远见，使它在面临汇率波动时可以较快、较灵活地改变自己的经营活动，以适应或抵御汇率波动造成的不利影响，但一般来说，企业需要一段时间去改变经营活动的结构使其达到自己想要的效果。如改变供应商可能需要一到两个季度去实现，而改变产品组合或者转移生产地点则需要几年才能完成。不过企业采取这些经营性对冲措施去抵御汇率不利变动对企业未来长期收益的影响，从而只遭受短期不利变动的影响的能力仍然超过了市场洞察力，使企业真正面临的外汇风险暴露低于市场预期的程度。

学者们在更早的时期关注了融资性对冲工具对企业价值的影响（Smith & Stulz, 1985；Froot et al., 1993；DeMarzo & Duffie, 1995；Geczy et al., 1997）。Wang 和 Lim（2001）的研究认为融资性对冲与经营性对冲之间多是互补关系。Carter 等（2001）发现企业通过综合运用经营性对冲与融资性对冲可以降低外汇风险暴露。Allayannis 等（2001）也得到类似的结论，认为只有与融资性对冲结合使用，经营性对冲才能提高企业价值。Bradley 和 Moles（2002）则认为在本币升值时，单纯地使用融资性对冲工具并不能避免企业竞争地位的削弱。Bartram 等（2005）考虑到企业的特殊性，经营性对冲活动很难完全对冲掉企业面临的风

---

① Agarwal 和 Ramaswami（1992）通过运用 Dunning（1988）构建的框架发现当决定用出口贸易、许可证贸易、合资或独资来进入国外市场时，大企业倾向于选择独资经营而小公司会选择合资经营或者不进入外国市场。

险,因此大部分面临外汇风险暴露的企业都尝试通过金融市场对冲掉这部分风险。

(二) 中国企业应用外汇风险管理策略的现状与问题

经由前面章节的理论与实证研究,我们可以发现中国企业对经营性对冲与融资性对冲方式的运用存在如下现状与问题:

(1) 结合第七章的外汇风险暴露的线性测量结果与本章的影响因素分析结果可知,无论是企业规模还是行业规模,与外汇风险暴露的关系以正相关关系为主,即大中型企业相较于小规模企业更普遍、更显著地暴露在外汇风险中,越大规模的行业将越多地暴露在外汇风险之下。通常企业规模与其外汇风险暴露之间存在正相关和负相关两种关系,正相关关系可能由于越大规模企业国际化程度越深,涉及国际业务越多,造成企业面临的外汇风险越大;负相关关系极有可能是由于规模较大的企业更可能采取外汇套期保值等金融工具进行外汇风险避险所致。从我们的测算结果可以推断出,中国大中型企业采取一定金融避险措施的收效甚微。

(2) 从第九章和第十章的测算结果可知,一些行业如汽车零配件、耐用消费品、能源、机械设备、纺织服装业的行业利润更容易受到汇率波动的负面影响,一些行业内企业如能源、汽车及配件、饮料、林业纸业、计算机硬件、金属采矿、耐用消费品制造类企业的外汇风险暴露数值大于5,即当汇率波动为1%将使得这些企业价值平均变动5%,波动幅度较大。而且根据我们的时变和时滞效应研究,企业价值主要受到短期(9个月以内)和长期汇率(18个月以上)的影响,企业的经营性现金流量同样也受到短期和长期汇率的影响,而且短期影响最大,当期汇率对其影响反而不大。由于经营性对冲方法主要运用于长期性外汇风险管理,融资性对冲工具主要用于管理短期内的外汇风险,由上述分析可判断,对于中国进出口企业而言,中国进出口上市企业的价值受长期、显著的外汇风险影响更大,因而中国企业需要在不同货币组合的前提下安排生产经营,灵活合理地将企业资源分布于不同地区,更多地运用价格策略、成本策略、市场策略和财务策略等,在各自的环节有意识地考虑、控制和管理外汇风险,实现企业经营活动的自然对冲,保证企业的长期获利能力。

(3) 我们也研究了不同企业对不同币种的外汇风险暴露情况,发现电气设备类企业主要承受发达国家货币汇率波动风险,显示为负数,说明它们更容易受到人民币汇率升值波动的不利影响。那么对于电气设备行业的企业而言,在相应的融资性与经营性对冲活动中需要更加关注发达国家的货币汇率风险。机械设备、纺织服装、汽车零配件、计算机硬件、化学制品类企业主要需要防范发展中国家货币外汇风险，在相应的融资性与经营性对冲活动中需要留意发展中国家货币外汇风险；能源、汽车、食品、饮料、林业纸业类企业收益对上述两类外汇风险都显著敏感，这些企业更应该采取全球化的资源配置等经营性对冲手段。

（4）为了进一步了解企业生产经营的安排对企业外汇风险暴露的影响，我们考察了企业的海外销售收入、海外成本、海外市场份额、进出口替代率、海外子公司的设立与否等的影响。最终发现：其一，企业海外销售收入份额越大，企业的外汇风险暴露越容易为负，汇率升值波动将导致企业收益受损；海外成本的系数显著为正，即海外成本越大，各类外汇风险暴露越容易为正。可见，海外销售收入与海外成本的符号刚好相反，说明若企业在海外收入与支出上外币金额配比合适，将有效减少外汇风险暴露值。其二，海外市场份额与国内市场份额均显著为负，结合出口产品替代率与进口产品替代率的作用可知，企业海外市场份额增加，出口产品替代率越低，产品价格的汇率传递系数越接近于1，企业将外汇风险转嫁给消费者的可能性也越大，从而减低企业的外汇风险暴露；同样地，进口产品在国内市场份额越大，进口替代率越低，产品竞争力越强，进口企业面临的外汇风险越小。因此，企业在考虑更改定价策略来应对币值变动对企业价值的影响时，需要了解企业的市场份额、需求价格弹性、产品替代率等因素；此外，企业也可以通过提升产品差异化程度或企业市场份额来减少外汇风险暴露。

（三）企业采用经营性对冲策略有效性的条件分析

我们的研究还发现企业采用经营性对冲策略降低外汇风险的有效性是有前提条件的。

首先，由于出口企业有海外销售收入，如果企业在同一个海外市场有海外成本支出的话，那么将使得外币收入与外币成本形成一种配合，从而规避掉大部分外汇风险，构成一种经营性对冲策略。但是通过我们的理论分析发现，企业经营性对冲策略的避险效果需要在一定条件下才能实现。具体而言，无论出口企业有无在第三国开展生产，如果企业国内生产成本占总成本之比的下降幅度超过企业生产成本与进口竞争企业生产成本之比的增加幅度，即企业海外成本的使用效率要超过与之竞争的外国企业时，那么企业做出在海外销售市场进口投入要素、设立销售分支机构的决策，能够降低企业的外汇风险暴露。如果企业的国内生产成本占总生产成本之比的降幅小于企业生产成本与进口竞争企业生产成本之比的增幅，则企业采取上述经营性对冲策略并不一定能帮助企业减少外汇风险暴露。由此，在原材料采购、投入要素生产策略方面，如何通过利用海外销售成本（如海外原材料采购、设立销售渠道等）来对海外销售收入进行经营性对冲以抵减外汇风险暴露，使海外销售成本真正发挥有效作用，这有赖于企业在不同国家中进行生产和销售时产品相对价格的调整，从而达到企业收入与支出的平衡。在实务上对企业管理者们的建议是：在进行跨国原材料采购与生产安排时，企业应以降低原材料的成本、采用更有效率的生产方式为主要目标。

其次，企业通过第三国安排生产经营策略来对冲外汇风险暴露的有效性同样存在前提条件。对于进口导向型企业而言，当进口企业的海外成本占总成本之比的增幅大于国内竞争对手相对成本比的降幅时，没有在第三国安排生产经营的企业面临的外汇风险暴露可能要大于有在第三国安排生产经营的企业的外汇暴露；意味着在满足上述条件下，企业在第三国采取设厂生产的策略能够在企业利润极大化的同时降低企业的外汇风险暴露。反之，当企业的海外成本占总成本之比的增幅小于竞争对手相对成本比的减幅时，在第三国安排生产经营不一定就会减少企业的外汇风险暴露。对出口导向型企业而言，如果企业的母公司在本国，采取由一国海外市场进行生产，再销售到另一国海外市场的生产经营模式，这一方式将产生比传统出口模式（如本国生产，出口海外）更大的外汇风险暴露。可见，在企业国际化战略下进行外汇风险管理方面，企业以成立海外子公司形式转移生产线至弱势货币国家或地区开展生产，以垂直整合方式降低原材料成本，这种国际化的战略布局如何有效规避外汇风险，需对比海外成本占总成本之比的变化幅度与竞争对手相对成本变化幅度，在满足一定的成本收益条件下，企业在第三国采取设厂生产的策略能够在企业利润极大化的同时降低企业的外汇风险暴露。

总之，企业管理者应结合企业的实际情况，考虑外汇风险的时变特征和滞后效应，选择适当的经营管理方式，在追求利润最大化的目标下最大程度地降低企业面临的外汇风险。

第十二章 结论与展望

一、本书的主要工作

中国人民币汇率制度改革自 2005 年启动以来，人民币汇率不再盯住单一美元，而是逐渐形成更富弹性的人民币汇率机制，有关人民币汇率波动对中国行业、企业的影响以及相应的外汇风险管理议题成为学界和实务界关注的焦点。随着人民币汇率形成机制改革的不断推进，中国的外汇市场渐进地向市场化方向发展，取得了显著成绩，外汇市场的规模不断扩大，交易品种不断丰富，市场交易主体不断增多，尤其是在 2005 年 7 月以后，人民币汇率总体呈现单边升值走势，人民币汇率的浮动区间逐步加大，人民币汇率先从单边升值走势逐渐呈现出有涨有跌的双向波动，汇率弹性进一步增强。同时，人民币汇率波动也受到了诸多宏观因素的影响。这些分析都为中国的人民币汇率波动率研究以及进出口企业的外汇风险暴露测量研究提供了重要的宏观背景。

然而中国过去长久以来，因为政府管制的原因，人民币汇率一直与美元挂钩，处于固定汇率制度，企业所需承担的外汇风险极小，因而人们对外汇风险的认识仍然停留在外汇的会计风险和交易风险阶段，采取的避险措施也无不围绕上述两种风险展开。此外，随着全球金融危机不断深入，在 2009 年后人民币汇率双向波动幅度的进一步增强，美元、欧元和英镑等货币相对人民币贬值幅度不断加大，企业经营者越来越体会到，除了外汇的会计和交易风险会对企业产生负面影响之外，人民币汇率非预期性波动给企业造成巨大的利润压力甚至难以维持正常生产经营。这种探讨汇率波动对企业价值（如利润、现金流量）的影响问题便是企业的外汇风险暴露测量问题。

为了研究企业外汇风险暴露的测量问题，我们首先研究了人民币汇率波动率的特征，发现了人民币汇率波动率具有尖峰厚尾特征、有偏性和长记忆性。并且在此基础上，采用三种不同的方法来预测人民币汇率波动率。通过比较各种模型的人民币汇率实证分析结果，最终发现三种模型中，BEKK 和 IC – GJRGARCH 模型的预测效果较好；当残差类别为广义误差分布时，IC – GJRGARCH 模型往往能提供较为准确的预测结果；当模型提取 3 维独立成分之后，模型的预测效果变化不大甚至优于降维之前的预测效果。通过 4 维的人民币汇率数据实证分析，验证了此前的推理，IC 情形下的波动率预测模型可以提高预测精度，并减小运算负担，具有良好的实际可操作性。简言之，我们可以采用 BEKK 和 IC – GJRGARCH 模型对人民币汇率波动率进行预测。这一结论为接下来的外汇风险暴露测量提供了汇率预测的基础方法。

其次，本研究试图解决如下几个问题：一是尝试从理论上分析企业将部分生产线从本国转移至低成本国家，然后又将部分生产的产品销往发达国家市场等三国间不同的生产销售模式的外汇风险暴露程度和各种决定因素；二是试图思考中国企业是否也存在发达国家出现的"外汇风险暴露难题"，并且诚恳地面对转型经济或新兴市场国家中的企业情况，思考这样国家中的企业外汇风险暴露分析应如何开展；三是试图厘清中国进出口企业的外汇风险暴露存在的特点，以及中国进出口企业外汇风险暴露的影响因素。

在这些动机之下，我们通过对外汇风险暴露理论模型构建与形成机理、实证测量和影响因素分析三个方面展开对中国进出口上市企业的外汇风险暴露研究。通过先构建企业外汇风险暴露的理论模型，分析其形成机理，然后对 1999~2011 年 645 家中国进出口上市企业的外汇风险暴露进行线性测量，以及从行业和企业不同层面测量出外汇风险暴露的时变性和滞后性等非线性特征；最后结合外汇风险暴露的理论模型与外汇风险暴露测量的实证结果，对所提出的理论模型进行估计和检验，讨论企业的外汇风险暴露影响因素。

二、结论及建议

本研究的主要结论如下：

（1）通过构建一个在价格竞争环境下的企业外汇风险暴露模型，并从企业生产成本角度对模型进行了简化，大大提高了模型的可操作性。通过对模型分析可以发现，处于价格竞争中的企业的外汇风险暴露的波动范围将更大，这更加符合中国企业外汇风险暴露的现实。通过构建一个存在于三国市场间的进出口企业外汇风险暴露模型，可以发现，对于在三国情况下安排生产、经营的进出口企业，其外汇风险暴露不仅受到企业海外市场的产品替代率、市场份额、海外成本与海外收入比例的影响，还受到在第三国生产成本以及国内市场份额和产品替代率的影响。此外，通过比较上述不同生产经营模式类的企业外汇风险暴露，发现企业的成本使用效率高低将影响企业的外汇风险暴露，企业经营性对冲策略与在第三国生产经营策略对于外汇风险的降低效果是有成立条件的。构建行业的外汇风险测量模型，对行业内的进口型企业和出口型企业的外汇风险暴露进行建模，并最终得到了从行业整体的角度的外汇风险暴露模型。

（2）中国进出口上市企业确实存在普遍而广泛的外汇风险暴露。本研究采用不同的传统模型和考虑中国股票市场特征的市场模型，计算企业的外汇风险暴露，发现本土化了的模型更有效地测量中国企业的外汇风险暴露，结果显示中国进出口企业确实存在普遍而广泛的外汇风险暴露。此外，也证明了，以往研究中采用过于简洁的资本市场法并不适用于对转型经济或新兴市场国家中的企业分析；在对这种方法进行本土化的改进后，新的方法能提高对中国进出口企业外汇风险暴露测量的准确性和精度。

（3）无论从行业还是从企业层面，中国进出口上市企业外汇风险暴露存在明显的时变特征。从行业的外汇风险暴露时变测量可以发现，汇率波动对中国进出口行业的利润有着十分明显的时变影响，其中，电气设备、机械设备、汽车零配件、饮料、金属采矿、建筑材料和汽车业的外汇风险暴露绝对值超过平均水平，这些行业利润更易受汇率波动的影响。此外，汇改后汇率波动对各进出口行业利润率的影响更大，影响面更广，尤其是机械设备、能源、纺织服装和汽车业的外汇风险暴露在汇改后急速增大。对企业外汇风险暴露的时变测量发现，首先，所有行业的进出口企业的外汇风险暴露存在明显的时变特征；其次，存在企业外汇风险暴露的区域特征，不同行业中的企业受到的来自不同国家的外汇汇率波动影响各有差异，其中电气设备类企业主要受到发达国家货币汇率波动风险影响，其他行业的企业（如机械设备类等）则主要受发展中国家货币汇率波动，有个别行业的企业（如汽车类等）受到两类外汇风险的共同影响；最后，中国汇率政策的调整对企业外汇风险暴露也有明显的不同影响，其中2005年汇改后所有企业的外汇风险暴露显著增加，2008年9月人民币汇率重新盯住美元政策确实明显降低了各企业的外汇风险暴露，尤其减少了发展中国家货币外汇风险的影响，在2010年人民币汇率重新恢复弹性后，大多数企业的外汇风险暴露显著增加。

（4）汇率波动对中国企业的价值确实存在着长期、显著的影响。通过分解企业面临的总外汇风险发现，首先，经营性现金流量的风险暴露值最大，可视为中国企业最大的外汇风险源;企业融资性现金流的外汇风险暴露恰好与经营性现金流的风险暴露相抵消,融资性对冲政策确实能减少企业的总外汇风险,但是总体收效甚微,中国企业的总外汇风险暴露仍然较大。其次,外汇风险对企业价值的冲击呈现出"U"形的时间特征,即汇率波动在3~9个月内以及在1年半以后对企业的影响最大,其中汇率波动在3~9个月内对企业的经营性现金流量影响最大;汇率波动在1年半之后对企业的融资性现金流量有更大影响。

(5) 从行业的外汇风险暴露影响因素来看,行业的海外销售收入、行业规模对行业的外汇风险暴露值影响最大,海外销售成本、外债比重、行业的抗风险能力对行业外汇风险暴露的影响均不显著。因此与海外设厂等经营性避险策略有关的海外成本增加并未能使外汇风险暴露减少,与外债比重有关的融资性避险策略同样也未能发挥有效的作用,此外,行业的抗风险能力对海外销售收入带来的外汇风险暴露的抵消功能也不显著。总之,决定行业外汇风险暴露的因素是海外销售收入与行业规模。从企业时变外汇风险暴露的影响因素来看,企业的海外销售收入、海外销售成本、企业利润率、海外市场份额、国内市场份额、进出口产品边际替代率等因素对进出口上市企业的外汇风险暴露都有决定性影响。其中海外市场份额与国内市场份额的增加带来的汇率传递效用有效地减少了企业的外汇风险暴露;利润率的提高增强了企业的抗风险能力,也使得企业的外汇风险减少;进出口产品替代率对外汇风险暴露形成过程中发挥的作用,说明企业产品在市场上垄断地位的提升有利于外汇风险暴露的减少。但是与行业的外汇风险暴露影响因素一样,企业的海外销售收入与海外销售成本之间并未形成有效的经营性对冲,海外销售成本与融资性对冲的效果在控制外汇风险暴露值方面也并不理想。这也是导致中国企业外汇风险暴露普遍存在的一个主要原因。从企业现金流量外汇风险暴露的影响因素分析可知,企业的具体经营管理特征与企业面临的外汇风险大小密切相关,其中企业的经营性现金流外汇风险暴露值与企业的规模、成长性、短期外币资产与负债管理,以及海外子公司的设立密切相关,外币资产与负债管理则显著影响企业投资性现金流和融资性现金流的外汇风险暴露。

在此背景下,本书对中国进出口企业的外汇风险暴露的管理与控制提出以下建议:

第一,在原材料采购、投入要素生产策略方面,如何通过利用海外销售成本(如海外原材料采购、设立销售渠道等)来对海外销售收入进行经营性对冲以抵减外汇风险暴露,使海外销售成本真正发挥有效作用,这有赖于企业在不同国家中进行生产和销售时产品相对价格的调整,从而达到企业收入与支出的平衡。这种企业经营性对冲策略的避险效果需要在一定条件下才能实现。根据本研究理论模型推导发现,无论出口企业有无在第三国开展生产,如果企业国内生产成本占总生产成本之比的下降幅度大于企业生产成本与进口竞争企业的生产成本之比的增加幅度，同时提升全球采购投入要素的使用效率，那么企业做出在海外销售市场进口投入要素、设立销售分支机构的决策，能够降低企业的外汇风险暴露。因此，在实务上企业管理者在进行跨国原材料采购与生产安排时，企业应以降低原材料的成本、采用更有效率的生产方式为主要目标。

第二，在企业国际化战略下进行外汇风险管理方面，企业以成立海外子公司形式转移生产线至弱势货币国家或地区开展生产，以垂直整合方式降低原材料成本，这种国际化的战略布局如何有效规避外汇风险，需对比海外成本占总成本之比的变化幅度与竞争对手相对成本变化幅度，在满足一定的成本收益条件下，企业在第三国采取设厂生产的策略能够在企业利润极大化的同时降低企业的外汇风险暴露。

第三，在市场战略方面，企业在实行海外市场份额与国内市场份额的增加带来的汇率传递效用有效地减少了企业的外汇风险暴露；利润率的提高增强了企业的抗风险能力，也使得企业的外汇风险减少。

第四，在产品战略方面，产品进出口替代率对外汇风险暴露形成过程中发挥的重要作用，说明企业产品在市场上垄断地位的提升有利于外汇风险暴露的减少。因此通过进一步的产品研发、品牌建设强化产品差异化，从而获取更多的竞争优势，增强企业的抗风险能力。

第五，通过上述外汇风险暴露的非线性分析可知，企业的外汇风险会影响企业的未来现金流，并且存在时变性、时滞性（长期性）和不对称性，因此企业在利用经营性对冲工具和融资性对冲工具进行外汇风险管理时，一方面，可以遵循利用经营性对冲工具解决长期性的外汇风险暴露问题，具体而言，外汇风险管理不仅是财务经理的事情，企业的经营经理需要提高市场营销和生产的主动性，国际营销经理的职责之一是要识别币值变动的可能影响，然后通过调整定价和产品策略（如新产品推出的时间）对其进行控制。产品经理在进行产品源、厂址选择、资源投入搭配时，也需要对币值变动做出反应。另一方面，由于所有的营销和生产策略调整需要一个调整时间，因此在这一过程中，短期应对外汇风险时间异变性的情况的方法便是利用短期性的金融工具进行套期保值来规避。而外汇风险暴露时变的预期测量能够提高企业对风险认识的准确度，从而为选择较优的套期保值比率提供决策依据。

总之，企业管理者应结合企业的实际情况，考虑外汇风险的时变特征和滞后效应，选择适当的经营管理方式，在追求利润最大化的目标下最大程度地降低企业面临的外汇风险。

三、创新与展望

本研究的创新之处有如下几个方面:

(1) 已有的一般理论模型只研究产品市场角度下跨两国经营的企业外汇风险形成机理,无法清楚分析成本要素市场对企业外汇风险暴露的影响,也无法对三国模式下的企业外汇风险暴露开展理论分析。本研究针对上述不足加以改进,分别从企业外汇风险暴露的成本因素、三国生产经营模式以及行业外汇风险暴露等角度出发,对企业和行业的外汇风险暴露模型进行构建和分析,尤其是针对不同的海外生产经营模式,分析外汇风险暴露不同影响因素给企业带来的不同影响,并且进一步为企业不同海外生产经营策略的有效性提供了理论分析,进一步拓展了现有外汇风险暴露模型研究的广度与深度。

(2) 提出了适合中国企业外汇风险暴露测量的有效方法,并且大大提高对中国进出口企业外汇风险暴露测量的准确性。由于传统的外汇风险暴露研究中采用过于简洁的资本市场法并不适用对转型经济或新兴市场国家中的企业分析。本书对现有市场模型方法进行本土化的改进,"放松"以往研究的有效市场假设,结合中国资本市场特点,提出扩展市场模型。同时,对现有传统方法与改进后的方法进行了实证检验,在详细对比了不同方法的应用结果后,提出了适合中国企业外汇风险暴露测量的有效方法,测量结果也否定了中国企业也存在"外汇风险暴露难题"的假设,得到了中国进出口上市企业中普遍存在外汇风险暴露的结论,突破了该领域研究对象一直局限在发达国家行业和企业的现状,界定了外汇风险暴露问题的研究范围,丰富和加深了企业外汇风险暴露领域研究的认识。

(3) 从时变特征和滞后特征等角度,深入分析了企业外汇风险暴露问题的非线性特征。在时变特征研究方面,本研究提出了可用于观察外汇风险暴露时变特征的测量方法,依据结合市场投机特征与投资者情绪特征的市场模型,对中国进出口企业的外汇风险暴露的时变特征进行全面测算,突破了该领域研究一直局限在外汇风险暴露常数估计的现状,完善了外汇风险暴露的实证研究。

(4) 以往研究多从资本市场法的角度分析企业外汇风险暴露的滞后问题。本研究从现金流量法的角度,同构测量总现金流量的外汇风险,与经营性、投资性和融资性现金流量的外汇风险,从企业的现金流量外汇风险管理角度,深入讨论企业外汇风险暴露的滞后效应。

(5) 借助理论与实证的结合,利用中国进出口上市企业数据实证分析得到的外汇风险暴露估计值，将之代入本研究构建的外汇风险暴露模型中，检验企业和行业各种影响因素对外汇风险暴露的影响作用，分析经营性和融资性对冲策略效果，考虑外汇风险暴露的非线性特征，以及企业现有避险策略可能存在的问题，提出有针对性的风险管理建议，为企业财务部门提供便于操作的新思路。

尽管本研究尽可能采取比较规范的实证研究方法与理论模型研究相结合，取得一些有益的学术成果，然而仍存在不足和局限性，无法充分完备，仍然有待更深入的探讨。因此，从本研究的局限性出发列出后续研究的发展建议：

（1）外汇风险暴露的研究对象范围的选择仅局限在上市企业。虽然本研究深入考察了中国进出口上市企业的外汇风险暴露情况，并对样本企业的规模进行了大中小类的划分，但是中国上市企业的平均规模都偏大，真正的中小型企业的外汇风险暴露研究并没有含在本研究的对象范围之内。后续的研究如果能够扩大研究对象的选择，涵盖中国绝大多数中小企业在内，并将能勾画出更明确的企业外汇风险暴露的整体轮廓。

（2）本研究主要考察对象只集中在贸易行业，没有考虑非贸易行业的利润同样可能受到汇率波动的影响，此外，本研究仅考虑了与企业生产经营有关的外汇风险暴露，而没有考虑与企业单纯投机性质的外汇业务操作有关的外汇风险暴露，这将成为未来的研究方向。同时考虑贸易行业使用套期保值工具程度、海外经营性避险策略后的非线性外汇风险暴露测量，以及在非贸易行业的汇率风险测量问题中将进一步加入相应宏观经济因素，这都将是下一步研究的重点。

参考文献

[1] Agarwal S, Ramaswami S N. Choice of Foreign Market Entry Mode: Impact of Ownership, Location and Internalization Factors [J]. *Journal of International Business Studies*, 1992 (23).

[2] Aggarwal R. Exchange Rates and Stock Prices: A Study of the US Capital Markets under Floating Exchange Rates [J]. *The Business and Economic Review* (Fall), 1981 (3).

[3] Aghion P, Baeehetta P, Banerjee A. A Simple Model of Monetary Policy and Curreney Crises [J]. *European Economic Review*, 2000 (18).

[4] Aguilar J, Nydahl S. Central Bank Intervention and Exchange Rates: the Case of Sweden [J]. *Journal of International Financial Markets, Institutions and Money*, 2000, 10 (3).

[5] Ahmed Z U, Mohamad O, Tan B, Johnson J P. International Risk Perceptions and Mode of Entry: A Case Study of Malaysian Multinational Firms [J]. *Journal of Business Research*, 2002, 55 (10).

[6] Al-Shboul M, Alison S. The Effects of the Use of Corporate Derivatives on the Foreign Exchange Rate Exposure [J]. *Journal of Accounting, Business & Management*, 2009, 16 (1).

[7] Alder M, Dumas B. Exposure to Currency Risk: Definition and Measurement [J]. *Financial Management*, 1984, 13 (2).

[8] Alexander C. Orthogonal Garch [J]. *Mastering Risk*, 2001 (2).

[9] Allayannis G, Ihrig J, Weston J P. Exchange-rate Hedging: Financial Versus Operational Strategies [J]. *American Economic Review*, 2001, 91 (2).

[10] Allayannis G, Ihrig J. Exposure and Markups [J]. *Review of Financial Studies*, 2001 (14).

[11] Allayannis G. Exchange Rate Exposure Revisited [R]. *Colgate Darden*

Graduate School of Business Administration, 1996.

[12] Almon S. The Distributed Lag between Captial Appropirations and Expenditures [J]. *Econometrica*, 1965 (33).

[13] Amihud Y. Exchange Rates and the Valuation of Equity Shares [J] // Exchange Rates and Corporate Performance [M]. *Beard Books*, Irwin, 1993.

[14] Andersen T G, Bollerslev T, Christoffersen P, Diebold F X. Volatility Forecasting [R]. *Penn Institute for Economic Research* Working Paper No. 05 – 011, 2005.

[15] Andersen T G, Bollerslev T. Answering the Skeptics: Yes, Standard Volatility Models Do Provide Accurate Forecasts [J]. *International Economic Review*, 1998, 39 (2).

[16] Andersen T G, Bollerslev T. Heterogeneous Information Arrivals and Return Volatility Dynamics: Uncovering the Long – Run in High Frequency Returns [J]. *Journal of Finance*, 1997, 52 (3).

[17] Apergis N, Rezitis A. Asymmetric Cross – Market Volatility Spillovers: Evidence From Daily Data Equity And Foreign Exchange Markets [J]. *Manchester School Supplement*, 2001 (69).

[18] Arcand J L, Berkes E, Panizza U. Too Much Finance? [R]. *IMF Working Paper*, 2012, WP/12/161.

[19] Atindéhou R B, Gueyie J P. Canadian Chartered Banks' Stock Returns and Exchange Rate Risk [J]. *Management Decision*, 2001, 39 (4).

[20] Aydemir O, Demirhan E. The Relationship Between Stock Prices and Exchange Rates Evidence from Turkey [J]. *International Research Journal of Finance and Economics*, 2009 (23).

[21] Baillie R, Bollerslev T, Mikkelsen H. Fractionally Integrated Generalized Autoregressive Conditional Heteroskedasticity [J]. *Journal of Econometrics*, 1996 (74).

[22] Barkoulas J T, Baum C F. Long – term Dependence in Stock Returns [J]. *Economics Letters*, 1996, 53 (3).

[23] Barndorff – Nielsen OE, Shephard N. Econometric Analysis of Realized Covariation: High Frequency Based Covariance, Regression, and Correlation in Financial Economics [J]. *Econometrica*, 2004, 72 (3).

[24] Barone – Adesi G, Gianno Poulos K. Non – Parametric VaR Techniques [J]. *Myths and Realities*, *Economic Notes*, 2001 (30).

[25] Bartov E, Bodnar G. Firm valuation, Earnings Expectations and the Ex-

change Rate Effect [J]. *Journal of Finance*, 1994 (49).

[26] Bartram S M, Bodnar G M. Crossing the Lines: The Conditional Relation Between Exchange Rate Exposure and Stock Returns in Emerging and Developed Markets [J]. *Journal of International Money and Finance*, 2012, 31 (4).

[27] Bartram S M, Bodnar G M. The Exchange Rate Exposure Puzzle [J]. *Managerial Finance*, 2007, 33 (9).

[28] Bartram S M, Brown G W, Minton B A. Resolving the Exposure Puzzle [J]. *Journal of Financial Economics*, 2010 (95).

[29] Bartram S M, Dufey G, Frenkel M R. A Primer on the Exposure of Non – financial Corporations to Foreign Exchange Rate Risk [J]. *Journal of Multinational Financial Management*, 2005, 15 (4).

[30] Bartram S M, Karolyi G A. The Impact of the Introduction of the Euro on Foreign Exchange Rate Risk Exposures [J]. *Journal of Empirical Finance*, 2006, 13 (4).

[31] Bartram S M. Linear and Nonlinear Foreign Exchange Rate Exposures of German Nonfinancial Corporations [J]. *Journal of International Money and Finance*, 2004, 23 (4).

[32] Bartram S M. What Lies Beneath: Foreign Exchange Rate Exposure, Hedging and Cash Flows [J]. *Journal of Banking and Finance*, 2008 (32).

[33] Bauwens L, Laurent S, Rombouts J V K. Multivariate GARCH Models: A Survey [J]. *Journal of Applied Econometrics*, 2006, 21 (1).

[34] Beck T, Levine R, Loayza N. Finance and the Sources of Growth [J]. *Journal of Financial Economics*, 2000 (58).

[35] Beran J, Terrin N. Testing for a Change of the Long – memory Parameter [J]. *Biometrika*, 1996 (83).

[36] Bernanke B S, Kuttner K N. What Explains the Stock Market's Reaction to Federal Reserve Policy? [J]. *Journal of Finance*, 2005 (3).

[37] Bingham E, Hyvarinen A. A Fast Fixed – point Algorithm for Independent Component Analysis of Complex Valued Signals [J]. *International Journal of Neural Systems*, 2000, 10 (1).

[38] Bodnar G M, Dumas B, Marston R C. Pass – through and Exposure [J]. *Journal of Finance*, 2002, 57 (1).

[39] Bodnar G M, Gentry W M. Exchange Rate Exposure and Industry Characteristics: Evidence from Canada, Japan, and the USA [J]. *Journal of International*

Money and Finance, 1993 (12).

[40] Bodnar G M, Marston R C. A Simple Model of Foreign Exchange Exposure [J] // *Economic Theory, Dynamics and Markets* [M]. Springer, US, 2001.

[41] Bodnar G M, Wong M H F. Estimating Exchange Rate Exposures: Issues in Model Structure [J]. *Financial Management*, 2003, 32 (1).

[42] Bollerslev T, Engle R, Wooldridge J. A Capital Asset Pricing Model with Time-varying Covariances [J]. *Journal of Political Economy*, 1988 (96).

[43] Bollerslev T, Generalized Autoregressive Conditional Heteroskedasticity [J]. *Journal of Economics*, 1986 (31).

[44] Bollerslev T, Mikkelsen H O. Modeling and Pricing Long-memory in Stock Market Volatility [J]. *Journal of Econometrics*, 1996 (73).

[45] Bollerslev T. Modelling the Coherence in Short-run Nominal Exchange Rates: a Multivariate Generalized ARCH Model [J]. *The Review of Economics and Statistics*, 1990 (3).

[46] Booth L, Rotenberg W. Assessing Foreign Exchange Exposure: Theory and Application Using Canadian Firms [J]. *Journal of International Financial Management & Accounting*, 1990, 2 (1).

[47] Branson W H. A Model of Exchange-rate Determination with Policy Reaction: Evidence from Monthly Data [R]. *National Bureau of Economic Research Working Paper*, No. 1135, 1983.

[48] Breidt F J, Crato N, Lima P. The Detection, Estimation of Long Memory in Stochastic Volatility [J]. *Journal of Econometrics*, 1998 (83).

[49] Brooks R D, Faff R W, McKenzie M D. Time-varying Beta Risk of Australian Industry Portfolios: A Comparison of Modelling Techniques [J]. *Australian Journal of Management*, 1998, 23 (1).

[50] Cabral, Luís M B. Barriers to Entry [J] // *The New Palgrave Dictionary of Economics* [M]. Palgrave Macmillan, 2008.

[51] Cai J. A Markov Model of Switching-regime Arch [J]. *Journal of Business and Economic Statistics*, 1994, 12 (3).

[52] Calderon-Rossell J R. Covering Foreign Exchange Risks of Single Transactions: A Framework for Analysis [J]. *Financial Management*, 1979 (Autumn).

[53] Caporin M, McAleer M. Do We Really Need Both BEKK and DCC? A Tale of Two Multivariate GARCH Models [J]. *Journal of Economic Surveys*, 2012, 26 (4) 1.

[54] Carrieri F, Errunza V, Majerbi B. Does Emerging Market Exchange Risk

Affect Global Equity Prices? [J]. *Journal of Financial and Quantitative Analysis*, 2006 (41).

[55] Carter D, Pantzalis C, Simkins B J. Firmwide Risk Management of Foreign Exchange Exposure by US Multinational Corporations [J]. *Available at SSRN* 255891, 2001.

[56] Cecchetti S, Kharroubi E. Reassessing the Impact of Finance on Growth [R]. *BIS Working Papers*, No. 381, 2012.

[57] Chatziantoniou I, Duffy D, Filis G. Stock Market Response to Monetary and Fiscal Policy Shocks: Multi-country Evidence [J]. *Economic Modelling.* 2013 (30): 754-769.

[58] Chaudhuri K, Wu Y. Mean Reversion in Stock Prices: Evidence from Emerging Markets [J]. *Managerial Finance*, 2003, 29 (10).

[59] Cheung Y W, Lai K S. A Search for Long Memory in International Stock Market Returns [J]. *Journal of International Money and Finance*, 1995 (14).

[60] Cheung Y W. Long Memory in Foreign-exchange Rates [J]. *Journal of Business and Economic Statistics*, 1993 (11).

[61] Choi J J, Jiang C. Does Multinationality Matter? Implications of Operational Hedging for the Exchange Risk Exposure [J]. *Journal of Banking and Finance*, 2009, 33 (11).

[62] Choi J J, Prasad A M. Exchange Risk Sensitivity and Its Determinants: A Firm and Industry Analysis of US Multinationals [J]. *Financial Management*, 1995, 24 (3).

[63] Chow E H, Chen H L. The Determinants of Foreign Exchange Rate Exposure: Evidence on Japanese Firms [J]. *Pacific-Basin Finance Journal*, 1998, 6 (1).

[64] Chow E H, Lee W Y, Solt M E. The Exchange-rate Risk Exposure of Asset Returns [J]. *Journal of Business*, 1997, 70 (1).

[65] Chowdhry B, Howe J T B. Corporate Risk Management for Multinational Corporations: Financial and Operational Hedging Policies [J]. *European Finance Review*, 1998 (2).

[66] Christoffersen P. Evaluating Interval Forecasts [J]. *International Economic Review*, 1998, 39 (4).

[67] Chue T K, Cook D. Emerging Market Exchange Rate Exposure [J]. *Journal of Banking and Finance*, 2008 (32).

[68] Chue T K, Cook D. Emerging Market Exchange Rate Exposure [J]. Journal of Banking & Finance, 2008, 32 (7).

[69] Cornell B, Shapiro A C. Managing Foreign Exchange Risks [J]. Midland Corporate Finance Journal, 1983, 1 (3).

[70] Cox J C, Ingersoll J E, Ross S A. An Intertemporal General Equilibrium Model of Asset Prices [J]. Journal of the Econometrica, 1985, 53 (2).

[71] Cushman D O. Has Exchange Risk Depressed International Trade? [J]. Journal of International Money and Finance, 1986, 5 (3).

[72] De Santis G, Gerard B. How Big is the Premium for Currency Risk? [J]. Journal of Financial Economics, 1998 (49).

[73] DeMarzo P M, Duffie D. Corporate Incentives for Hedging and Hedge Accounting [J]. Review of Financial Studies, 1995, 8 (3).

[74] Ding Z, Granger C W J, Engle R F. A Long Memory Property of Stock Market Returns and aNew Model [J]. Journal of Empirical Finance, 1993, 1 (1).

[75] Dixit A K, Stiglitz J E. Monopolistic Competition and Optimum Product Diversity [J]. The American Economic Review, 1977, 67 (3).

[76] Doidge C, Griffin J, Williamson R. Measuring the Economic Importance of Exchange Rate Exposure [J]. Journal of Empirical Finance, 2006 (13).

[77] Dominguez K E, Tesar, L L. Exchange Rate Exposure [J]. Journal of International Economics, 2006 (1).

[78] Dominguez K M. The Dollar Exposure of Japanese Companies [J]. Journal of the Japanese and International Economies, 1998, 12 (4).

[79] Donnelly R, Sheehy E. The Share Price Reaction of UK Exporters to Exchange Rate Movements: An Empirical Study [J]. Journal of International Business Studies, 1996, 27 (1) ().

[80] Dornbusch R, Fischer S. Exchange Rates and the Current Account [J]. The American Economic Review, 1990, 70 (5).

[81] Dornbusch R. Expectations and Exchange Rate Dynamics [J]. The Journal of Political Economy, 1970, 84 (6).

[82] Duchesne P, Lalancette S. On Testing for Multivariate ARCH Effects in Vector Time Series Models. Canadian Journal of Statistics, 2003, 31 (3).

[83] Dufey G. Corporate Finance and Exchange Rate Variations [J]. Financial Management, 1972, 1 (2).

[84] Dumas B, Solnik M. The World Price of Foreign Exchange Risk [J]. The

Journal of Finance, 1995 (50).

[85] Dumas B. The Theory of the Trading Firm Revisited [J]. *Journal of Finance*, 1978 (6).

[86] Dunaway S, Leigh L, Li X M. How Robust are Estimates of Equilibrium Real Exchange Rates: The Case of China [R]. *International Monetary Fund Working Paper*, 2006, WP/06/220.

[87] Dunning J H. The Eclectic Paradigm of International Production: A Restatement and Some Possible Extensions [J]. *Journal of International Business Studies*, 1988 (Spring).

[88] Edwards S. Real and Monetary Determinants of Real Exchange Rate Behavior: Theory and Evidence from Developing Countries [J]. *Journal of Developing Economy*, 1988, 29 (3).

[89] Eiteman D K, Stonehill A. Multinational Business Evidence [J]. *Addison – Wesley*, Reading, MA, 1989.

[90] El – Masry A, Abd – Elsalam O, Alatraby A. The Exchange Rate Exposure of UK Nonfinancial Companies: Industry – Level Analysis [J]. *Managerial Finance*, 2007, 32 (2).

[91] El – Masry A, Abdel – Salam O. Exchange Rate Exposure: Do Size and Foreign Operations Matter? [J]. *Managerial Finance*, 2007, 33 (9).

[92] Engel C, Hamilton J D. Long Swings in the Exchange Rate: Are They in the Data and do Markets Know It? [R]. *National Bureau of Economic Research*, 1989.

[93] Engle R F, Bollerslev T. Modelling the Persistence of Conditional Variance of U. K Inflation [J]. *Econometric Reviews*, 1986, 5 (1).

[94] Engle R F, Kroner K F. Multivariate Simultaneous Generalized ARCH [J]. *Econometric Theory* 1995, 11 (1).

[95] Engle R F, Manganelli S. CAViaR: Conditional Autoregressive Value at Risk by Regression Quantiles [J]. *Journal of Business & Economic Statistics*, 2004, 22 (4).

[96] Engle R F, Ng V K. Measuring and Testing the Impact of News on Volatility [J]. *Journal of Finance*, 1993, 48 (5).

[97] Engle R F. Autoregressive Conditional Heteroskedasticity with Estimates of the Variance of United Kingdom Inflation [J]. *Econometrica*, 1982 (50) 7.

[98] Engle R F. Discussion: Stock Market Volatility and the Crash of '87 [J]. *Review of Financial Studies*, 1990, 3 (1).

[99] Engle R F. Dynamic Conditional Correlation: a Simple Class of Multivariate Generalized Autoregressive Conditional Heteroskedasticity Models [J]. *Journal of Business and Economic Statistics*, 2002, (20).

[100] Eun C S, Huang W. Asset Pricing in China's Domestic Stock Markets: Is There A Logic [J]. *Pacific - Basin Finance Journal*, 2007 (15).

[101] Fama E F, Farber A. Money, Bonds, and Foreign Exchange [J]. *The American Economic Review*, 1979, 69 (4).

[102] Fama E F, French K R. Industry Cost of Capital [J]. *Journal of Financial Economics*, 1997 (43).

[103] Fama E F, French K R. The Cross - Section of Expected Stock Returns [J]. *Journal of Finance*, 1992 (2).

[104] Fama E F. Efficient Capital Markets - A Review of Theory and Empirical Work [J]. *The Journal of Finance*, 1970, 25 (2).

[105] Fan J, Fan Y, Lv J. Aggregation of Nonparametric Estimators for Volatility Matrix [J]. *Journal of Financial Econometrics*, 2007, 5 (3).

[106] Fan J, Wang M, Yao Q. Modelling Multivariate Volatilities Via Conditionally Uncorrelated Components [J]. *Journal of the Royal Statistical Society*: Series B (Statistical Methodology) 2008, 70 (4).

[107] Feenstra R C. Symmetric Pass - through of Tariffs and Exchange Rates Under Imperfect Competition: An Empirical Test [J]. *Journal of international Economics*, 1989, 27 (1).

[108] Fernandez C, Steel M. On Bayesian Modeling of Fat Tails and Skewness [J]. *Journal of the Royal Statistic Society*, Part B, 2003 (65).

[109] Ferson W E, Harvey C R. The Variation of Economic Risk Premiums [J]. *Journal of Political Economy*, 1991 (99) 5.

[110] Flood Jr E, Lessard D R. On the Measurement of Operating Exposure to Exchange Rates: A Conceptual Approach [J]. *Financial Management*, 1986, 15 (1).

[111] Folks W R. Decision Analysis for Exchange Risk Management [J]. *Financial Management*, 1972, 1 (3).

[112] Francisa B B, Hasana I, Hunter D M. Can Hedging Tell the Full Story [J]. *Journal of Financial Economics*, 2008, 90 (2).

[113] Froot K A, Scharfstein D S, Stein J C. Risk Management: Coordinating Corporate Investment and Financing Policies [J]. *The Journal of Finance*, 1993, 48 (5).

[114] Gagnon J E, Knetter M M. Markup Adjustment and Exchange Rate Fluctuations: Evidence from Panel Data on Automobiles and Total Manufacturing [R]. International Financial Discussion Paper, 1991.

[115] Geweke JS, Porter – Hudak. The Estimation and Application of Long Memory Time Series Models [J]. Journal of Time Series Analysis, 1983 (4).

[116] Ghysels E, Jasiak J. Stochastic Volatility and Times Deformation: An Application to Trading Volume and Leverage Effects [A]. Discussion Paper, 1994.

[117] Giddy I H, Dufey G. Uses and Abuses of Currency Options [J]. Journal of Applied Corporate Finance, 1995, 8 (3).

[118] Giot P, Laurent S. Market Risk in Commodity Markets: A VaR Approach [J]. Energy Economics, 2003, 25 (5).

[119] Giraitis L, Kokoszka P, Leipus R. Resealed Variance and Related Tests for Long Memory Involatility and Levels [J]. Journal of Econometrics, 2003 (112).

[120] Glaum M, Brunner M, Himmel H. The DAX and the Dollar: The Economic Exchange Rate Exposure of German Corporations [J]. Available at SSRN 139425, 1998.

[121] Glaum M. Foreign – Exchange – Risk Management in German Non – Financial Corporations: An Empirical Analysis [M]. Risk Management, Springer Berlin Heidelberg, 2004.

[122] Glick R, Hutchison M. Navigating the Trilemma: Capital Flows and Monetary Policy in China [J]. Journal of Asia Economics, 2009 (20).

[123] Glosten L R, Jagannathan R, Runkle D E. On the Relation between the Expected Value and the Volatility of the Nominal Excess Return on Stocks [J]. Journal of Finance, 1993, 48 (5).

[124] Goldsmith R W. Financial Structure and Development [M]. Yale University Press, 1969.

[125] Goodhart C, Hofmann B. Do Asset Prices Help to Predict Consumer Price Inflation? [J]. The Manchester School Supplement, 2000 (68).

[126] Goodhart C, Hofmann. B. Asset Prices and the Conduct of Monetary Policy [J]. Swedish Riksbank Conference on Monetary Policy, 2000 (7).

[127] Granger C W J, Hallman J. Long Memory Series with Attractors [J]. Oxford Bulletin of Economics and Statistics, 1991, 53 (1).

[128] Granger C W J, Huang B, Yang C W. A Bivariate Causality between Stock Prices and Exchange Rates [J]. The Quarterly Reviews of Economics and Finance,

2000 (40).

[129] Granger C W J, Joyeux R. An Introduction to Long Memory Time Series Models and Fractional Differencing [J]. *Journal of Time Series Analysis*, 1980, 1 (1).

[130] Griffin J M, Nardari F, Stulz R M. Are Daily Cross – Border Equity Flows Pushed or Pulled? [J]. *The Review of Economics and Statistics*, 2004, 86 (3).

[131] Griffin J, Stulz R. International Competition and Exchange Rate Shocks: A Cross – country Industry Analysis of Stock Returns [J]. *Review of Financial Studies*, 2001 (14).

[132] Géczy C, Minton B A, Schrand C. Why Firms Use Currency Derivatives [J]. *The Journal of Finance*, 1997, 52 (4).

[133] Hafner C M, Preminger A. Asymptotic Theory for a Factor GARCH Model [J]. *Econometric Theory*, 2009, 25 (2).

[134] Hamilton J D, Susmel R. Autoregressive Conditional Heteroskedasticity and Changes in Regime [J]. *Journal of Econometrics*, 1994 (64).

[135] Hartz C, Mittnik S, Paolella M. Accurate value – at – risk Forecasting Based on the Normal – GARCH Model [J]. *Computational Statistics & Data Analysis*, 2006, 51 (4).

[136] Harvey C R. The World Price of Covariance Risk [J]. *The Journal of Finance*, 1991 (46).

[137] Hatemi – J A, Irandoust M. On the Causality Between Exchange Rates and Stock Prices: A Note [J]. *General Information*, 2002, 54 (2).

[138] He J, Kan R, Ng L, Zhang C. Tests of the Relations Among Marketwide Factors, Firm – Specific Variables, and Stock Returns Using a Conditional Asset Pricing Model [J]. *The Journal of Finance*, 1996, 51 (5).

[139] He J, Ng L K. The Foreign Exchange Exposure of Japanese Multinational Corporations [J]. *The Journal of Finance*, 1998, 53 (2).

[140] Hekman C R. A Financial Model of Foreign Exchange Exposure [J]. *Journal of International Business Studies*, 1985, 16 (2).

[141] Hodder J E. Exposure to Exchange – rate Movements [J]. *Journal of international Economics*, 1982, 13 (3).

[142] Hodrick R J. International Asset Pricing with Time – varying Risk Premia [J]. *Journal of International Economics*, 1981, 11 (4).

[143] Hosking J R M. Modeling Persistence in Hydrological Time Series Using Fractional Differencing [J]. *Water Resources Research*, 1984 (20).

[144] Hsing Y. Impacts of Fiscal Policy, Monetary Policy and Exchange Rate Policy on Real GDP in Brazil: A VAR Model [J]. *Brazilian Electronic Journal of Economics*, 2004 (6).

[145] Hua. Z. Dynamic Relationship between Exchange Rate and Stock Price: Evidence from China. *Research in International Business and Finance*, 2002, 24 (2).

[146] Hurst H E. Long-term Storage Capacity of Reservoirs. *Transactions of the American Society of Civil Engineers*, 1951 (116).

[147] Hutson E, O'Driscoll A. Firm-level Exchange Rate Exposure in the Eurozone [J]. *International Business Review*, 2010, 19 (5).

[148] Ihrig J, Prior D. The Effect of Exchange Rate Fluctuations on Multinationals' Returns [J]. *Journal of Multinational Financial Management*, 2005 (15).

[149] Iorio A D, Faff R. An Analysis of Asymmetry in Foreign Currency Exposure of the Australian Equities Market [J]. *Journal of Multinational Financial Management*, 2000, 10 (2).

[150] Jacque L L. Management of Foreign Exchange Risk: A Review Article [J]. *Journal of International Business Studies*, 1981, 12 (1).

[151] Jagannathan R, Wang Z Y. The Conditional CAPM and the Cross-Section of Expected Returns [J]. *The Journal of Finance*, 1996, 51 (1).

[152] Jiao L, Wang L. A Novel Genetic Algorithm Based on Immunity. *IEEE Trans on System, Man and Cybernetics*, 2000, 30 (5).

[153] Jongen R, Muller A, Verschoor W F C. Using Survey Data to Resolve the Exchange Risk Exposure Puzzle: Evidence from US Multinational Firms [J]. *Journal of International Money and Finance*, 2012, 31 (2).

[154] Jorion P. The Exchange-rate Exposure of US Multinationals [J]. *Journal of Business*, 1990 (63).

[155] Jorion P. The Pricing of Exchange Rate Risk in the Stock Market [J]. *Journal of Financial and Quantitative Analysis*, 1991 (64).

[156] Kanas A. Is Economic Exposure Asymmetric between Long-run Depreciations and Appreciations? Testing Using Cointegration Analysis [J]. *Journal of Multinational Financial Management*, 1997 (7).

[157] Karras F S. The Transmission Mechanism and the Role of Asset Prices in Monetary Policy. *NBER Working Paper*, No 8617, 2001.

[158] Khoo A. Estimation of Foreign Exchange Exposure: An Application to Mining Companies in Australia [J]. *Journal of International Money and Finance*, 1994,

13 (3).

[159] Kim K. Dollar Exchange Rate and Stock Price: Evidence from Multivariate Co-integration and Error Correction Model [J]. *Review of Financial Economics*, 2003 (12).

[160] Kiymaz H. Estimation of Foreign Exchange Exposure: An Emerging Market Application [J]. *Journal of Multinational Financial Management*, 2003, 13 (1).

[161] Kohlhagen S W. The Behavior of Foreign Exchange Markets: A Critical Survey of the Empirical Literature [M]. *New York University, Graduate School of Business Administration, Salomon Brothers Center for the Study of Financial Institution*, 1978.

[162] Koutmos G, Martin A D. Asymmetric Exchange Rate Exposure: Theory and Evidence [J]. *Journal of International Money and Finance*, 2003, 22 (3).

[163] Koutmos G, Martin A D. Modeling Time Variation and Asymmetry in Foreign Exchange Exposure [J]. *Journal of Multinational Financial Management*, 2007, 17 (1).

[164] Kupiec P H. Techniques for Verifying the Accuracy of Risk Measurement Models [J]. *The Journal of Derivatives*, 1995, 3 (2).

[165] Law S H, Singh N. Does too Much Finance Harm Economic Growth [J]. *Journal of Banking & Finance*, 2014 (41).

[166] Ledoit O, Santa-Clara P, Wolf M. Flexible Multivariate GARCH Modeling with an Application to International Stock Markets [J]. *Review of Economics and Statistics*, 2003, 85 (3).

[167] Levi M D. Exchange Rates and the Valuation of Firms [M]. By Amihud Y, Levich R (Eds), *Exchange Rates and Corporate Performance*, Beard Books, 1994.

[168] Levine R. Bank-based or Market-based Financial Systems: Which is Better? [J]. *Journal of Financial Intermediation*, 2000 (11).

[169] Lewent J C, Kearney A J. Identifying, Measuring, and Hedging Currency Risk at Merck [J]. *Journal of Applied Corporate Finance*, 1990, 2 (4).

[170] Liu M. Essays in Long Momery and Stock Market Volatility [A]. *Department of Economics Duke University*, Unpublished, 1996.

[171] Lo A W. Long-term Memory in Stock Market Prices [J]. *Econometrica*, 1991 (5).

[172] Logue D E. When Theory Fails: Globalization as a Response to the (Hostile) Market for Foreign Exchange [J]. *Journal of Applied Corporate Finance*, 1995,

8 (3).

[173] Madura J, Fox R. International Financial Management [M]. *Thomson*, London, England, 2011.

[174] Makin J H. Portfolio Theory and the Problem of Foreign Exchange risk [J]. *Journal of Finance*, 1978, 33 (2).

[175] Mandelbrot B B, Van Ness J W. Fractional Brownian Motions, Fractional Noises and Applications [J]. *SIAM Review*, 1968 (10).

[176] Mandelbrot B B, Wallis J R. Noah, Joseph and Operational Hydrology [J]. *Water Resources Research*, 1968 (4).

[177] Markowitz H. Portfolio Selection [J]. *Journal of Finance*, 1952 (7).

[178] Marston R C. The Effects of Industry Structure on Economic Exposure [J]. *Journal of International Money and Finance*, 2001, 20 (2).

[179] Martin A, Mauer L. Scale Economies in Hedging Foreign Exchange Cash Flow Exposure [J]. *Global Finance Journal*, 2004 (15).

[180] Martin A, Mauer L. Transaction versus Economic Exposure: Which has Greater Cash Flow Consequences? [J]. *International Review of Economics and Finance*, 2003 (12).

[181] McCurdy T H, Morgan I G. Tests for a Systematic Risk Component in Deviations from Uncovered Interest Rate Parity [J]. *Review of Economic Studies*, 1991 (58).

[182] McNeil A J, Frey R. Estimation of Tail – related Risk Measures for Heteroscedastic Financial Time Series: An Extreme Value Approach [J]. *Journal of Empirical Finance*, 2000, 7 (3).

[183] Mehmet Ivrendi. The Relationships Among Monetary Policy, Stock Prices and the Exchange Rate [D]. A Dissertation Submitted to the Graduate Faculty of North Carolina State University in Partial Fulfillment of the Requirements for the Degree of Doctor of Philosophy, 2004.

[184] Merton R C, Z Bodie A. Conceptual Framework for Analyzing the Financial Environment, The Global Financial System: A Functional Perspective [M]. *Harvard Business School Press*, Boston, 1995.

[185] Miller K D, Reuer J J. Asymmetric Corporate Exposures to Foreign Exchange Rate Changes [J]. *Strategic Management Journal*, 1998b, 19 (12).

[186] Miller K D, Reuer J J. Firm Strategy and Economic Exposure to Foreign Exchange Rate Movements [J]. *Journal of International Business Studies*, 1998a.

[187] Mohsen Bahmani, Ahmad Sohrabian. On Exchange Rates Changes and Stock Price Reactions [J]. *Journal of Business and Accounting*, 1993 (17).

[188] Morales L D L N. Volatility Spillovers between Equity and Currency Markets [J]. *Cuadernos De Economía Latin American Journal of Economics*, 2008, 45 (132).

[189] Morck R, Yeung, B. The Information Content of Stock Markets: Why Do Emerging Markets Have Synchronous Stock Price Movements? [J]. *Journal of Financial Economics*, 2000 (58).

[190] Muller A, Verschoor W F C. Foreign Exchange Risk Exposure: Survey and Suggestions [J]. *Journal of Multinational Financial Management*, 2006, 16 (4).

[191] Phylaktis K, Ravazzolo F. Stock Price and Exchange Rate Dynamics [J]. *Journal of International Money and Finance*, 2008, 24 (7).

[192] Pan M S, Fok R C, Liu Y. Dynamic Linkages between Exchange Rates and Stock Prices: Evidence from East Asian Markets [J]. *General Information*, 2007 (16).

[193] Pan M S, Liu Y. Exchange Rate Exposure: Evidence from Industrial – specific Exchange Rates [J]. *International Research Journal of Finance and Economics*, 2012 (84).

[194] Pantzalis C, Simkins B J, Laux P A. Operational Hedges and the Foreign Exchange Exposure of US Multinational Corporations [J]. *Journal of International Business Studies*, 2001, 32 (4).

[195] Pascuala L, Romob J, Ruizb E. Bootstrap Prediction for Returns and Volatilities in GARCH Models [J]. *Computational Statistics & Data Analysis*, 2006, 50 (9).

[196] Patro D K, Wald J K, Wu Y. Explaining Exchange Rate Risk in World Stock Markets: A Panel Approach [J]. *Journal of Banking & Finance*, 2002, 26 (10).

[197] Pavlova C R, Harvey, Lundblad C. Growth Volatility and Financial Liberalization [J]. *Emerging Markets Finance*. 2006, 25 (3).

[198] Pelletier D. Regime Switching for Dynamic Correlations [J]. *Journal of Econometrics*, 2006, 131 (1 – 2).

[199] Peng C, Buldyrev S, Havlin S, et al. Mosaic Organization of DNA Nucleotides [J]. *Physical Review*, 1994 (49).

[200] Peters E. Fractal Market Analysis: Applying Chaos Theory to Investment and Economics [M]. *John Wiley & Sons, Inc*, 1994.

[201] Petersen M A, Thiagarajan S R. Risk Measurement and Hedging [R]. Available at SSRN 39783, 1997.

[202] Phylaktis K, Ravazzolo F. Stock Price and Exchange Rate Dynamics [J]. Journal of International Money and Finance, 2005, 24 (7).

[203] Poon S H, Granger C. Practical Issues in Forecasting Volatility [J]. Financial Analysts Journal, 2005, 61 (1).

[204] Robert F, Taqqu M S. Large-Sample Properties of Parameter Estimates for Strongly Dependent Stationary Gaussian Time Series [J]. The Annals of Statistics, 1986, 14 (2).

[205] Robinson P M. Efficient Tests of Nonstationary Hypotheses [J]. Journal of the American Statistical Association, 1994a (1).

[206] Robinson, P M. Gaussian Semiparametric Estimation of Long Range Dependence [J]. Annals of Statistics, 1995 (23).

[207] Rose P S, Marquis M H. Money Market and Capital Market, Financial Institutions and Instruments in a Global Marketplace [M]. McGraw-Hill, 2009.

[208] Santis G, Gerard B, Hillion P. The Relevance of Current Risk in the EMU [J]. Journal of Economics and Business, 2003 (55).

[209] Schwab B, Lusztig P. Apportioning Foreign Exchange Risk Through the Use of Third Currencies: Some Questions on Efficiency [J]. Financial Management, 1978, 7 (3).

[210] Sercu P, Uppal R, Van Hulle C. The Exchange Rate in the Presence of Transaction Costs: Implications for Tests of Purchasing Power Parity [J]. The Journal of Finance, 1995, 50 (4).

[211] Shapiro A C. Defining Exchange Risk [J]. Journal of Business, 1977, 50 (1).

[212] Shapiro A C. Exchange Rate Changes, Inflation, and the Value of the Multinational Corporation [J]. The Journal of Finance, 1975 (5).

[213] Shephard N. Stochastic Volatility: Selected Readings [M]. Oxford University Press, USA, 2005.

[214] Simkins B, Laux P. Derivatives Use and the Exchange Rate Risk of Investing in Large US Corporations [C]. Proceedings of the 2nd International Finance Conference, Georgia Institute of Technology, 1997.

[215] Sims, C A. Interpreting the Macroeconomic Time Series Facts: The Effects of Monetary Policy [J]. European Economic Review, 1992, 36 (5).

[216] Smith C W, Stulz R M. The Determinants of Firms' Hedging Policies [J]. *Journal of financial and quantitative analysis*, 1985, 20 (04).

[217] Solnik B H. An Equilibrium Model of the International Capital Market [J]. *Journal of Economic Theory*, 1974, 8 (4).

[218] Solnik B H. European Capital Markets: Towards a General Theory of International Investment [M]. *Lexington Books*, 1973.

[219] Sowell F. Modeling Long-run Behavior with the Fractional ARIMA Model [J]. *Journal of Monetary Economics*, 1992 (29).

[220] Stigum M L. Stigum's Money Market [M]. *McGraw-Hill*, 1987.

[221] Stulz R M, Williamson R. Identifying and Quantifying Exposures [J] // Financial Risk and the Corporate Treasury [M]. *Risk Books*, 1996.

[222] Stulz R M. Risk Management and Derivatives [M]. *South-Western Pub*, 2003.

[223] Sweeney R, Warga A. The Pricing of Interest-Rate Risk: Evidence from the Stock Market [J]. *Journal of Finance*, 1986, 41 (2).

[224] Tai C S. Time-varying Market, Interest Rate, and Exchange Rate Risk Premia in the US Commercial Bank Stock Returns [J]. *Journal of Multinational Financial Management*, 2000, 10 (3).

[225] Tastan H. Estimating Time-varying Conditional Correlations between Stock and Foreign Exchange Markets [J]. *Physica*, 2006 (36).

[226] Tavares D. Linkages between Stock Prices and Exchange Rates in the EU and the United States [J]. *Journal of International Economics*, 2004 (6).

[227] Thorbecke W. On Stock Market Returns and Monetary Policy [J]. *The Journal of Finance*, 1997, 52 (2).

[228] Tse Y K, Tsui A K C. A Note on Diagnosing Multivariate Conditional Heteroscedasticity Models [J]. *Journal of Time Series Analysis*, 1999, 20 (6).

[229] Van Der Weide R. GO-GARCH: A Multivariate Generalized Orthogonal GARCH Model [J]. *Journal of Applied Econometrics*, 2002, 17 (5).

[230] Walsh E J. Operating Income, Exchange Rate Changes, and the Value of the Firm: An Empirical Analysis [J]. *Journal of Accounting, Auditing & Finance*, 1994, 9 (4).

[231] Wang H C, Lim S. Firm Risk Management Policies: Financial Hedging and Corporate Diversification [C] //Academy of Management Proceedings [M]. *Academy of Management*, Washington, DC, USA, 2001.

[232] Wang M, Yao Q. Modelling Multivariate Volatilities: An Ad Hoc Method [J]//Contemporary Multivariate Analysis and Experimental Designs: in Celebration of Professor Kai-Tai Fang's 65th Birthday, Series In Biostatistics [M]. *World Scientific*, Singapore, 2005.

[233] Ware R, Winter R. Forward Markets, Currency Options and the Hedging of Foreign Exchange Risk [J]. *Journal of International Economics*, 1988, 25 (3).

[234] Wheelwright S C. Applying Decision Theory to Improve Corporate Management of Currency-exchange Risks [J]. *California Management Review* (pre-1986), 1975, 17 (4).

[235] Wihlborg C. Currency Exposure-taxonomy and Theory [J] // Exchange Risk and Exposure [M]. *Lexington Books*, DC Heath and Company, Lexington, Massachusetts, 1980.

[236] Williams J B. The Theory of Investment Value [M]. Harvard University Press, 1938.

[237] Williamson R. Exchange Rate Exposure, Competitiveness, and Firm Valuation: Evidence from the World Automotive Industry [J]. *Journal of Financial Economics*, 2001 (59).

[238] Wurster T S. The Firm in the International Economy [M]. *Yale University*, 1978.

[239] Xiao W L, Zhang W G, Zhang X L, Wang Y L. Pricing Currency Options in a Fractional Brownian Motion with Jumps [J]. *Economic Modelling*, 2010, 27 (5).

[240] Yajima Y. Central Limit Theory of Fourier Transform of Strongly Dependent Stationary Process [J]. *Time Series Analysis*, 1989, 10 (4).

[241] Yong Seung Jung. Volatility and Correlation in International Stock Markets and the Role of Exchange Rate Fluctuations [J]. *Markets and Money*, 2010 (17).

[242] Zettelmeyer J. The Impact of Monetary Policy on the Exchange Rate-Evidence from Three Small Open Economies [J]. *General Information*, 2000, 51 (3).

[243] Zhao H. Dynamic Relationship between Exchange Rate and Stock Price: Evidence from China [J]. *General Information*, 2010 (24).

[244] Zietz J, Pemberton D. The U.S. Budget and Trade Deficits: A Simultaneous Equation Model [J]. *Southern Economic Journal*, 1990 (57).

[245] Zivot E. Practical Issues in the Analysis of Univariate GARCH Models [J] // Handbook of Financial Time Series [M]. *Springer*, 2009.

[246] Carl E, Walsh. 货币理论与政策 [M]. 周继忠译. 上海财经大学出版社, 2004.

[247] Lucio Samo, Taylor MP. 汇率经济学 [M]. 何泽荣译. 西南财经大学出版社, 2006.

[248] 巴曙松, 严敏. 股票价格与汇率之间的动态关系——基于中国市场的经验分析 [J]. 南开经济研究, 2009 (3).

[249] 巴曙松, 严敏. 人民币汇率与股市的动态关联性研究 [J]. 南开金融, 2010 (2).

[250] 白钦先, 汪洋. 货币市场与资本市场的连通与协调机理研究 [J]. 当代财经, 2007 (11).

[251] 蔡则祥, 曹源芳. 金融危机以来国内金融市场风险传导机制研究——基于偏 t – APARCH 模型的实证分析 [J]. 审计与经济研究, 2014 (5).

[252] 陈国进, 许德学, 陈娟. 中国股票市场和外汇市场波动溢出效应分析 [J]. 数量经济技术经济研究, 2009 (12).

[253] 陈青, 李子白. 中国流动性调整下的 CAPM 研究 [J]. 数量经济技术经济研究, 2008 (6).

[254] 陈学胜, 周爱民. 新汇率体制下中国上市公司外汇风险暴露研究 [J]. 经济管理, 2008 (8).

[255] 陈雁云, 何维达. 人民币汇率变动对股票市场的影响 [J]. 现代财经, 2006 (3).

[256] 陈云, 刘志军. 人民币升值对中国股票市场的影响机制分析 [J]. 经济与管理, 2008 (2).

[257] 戴晓凤, 杨军, 张清海. 中国股票市场的弱式有效性检验：基于单位根方法 [J]. 系统工程, 2005, 23 (11).

[258] 邓燊, 杨朝军. 汇率制度改革后中国股市与汇率关系——人民币名义汇率与上证综合指数的实证研究 [J]. 金融研究, 2008 (1).

[259] 邓巢, 杨朝军. 汇率制度改革后中国股市与汇市关系实证研究 [J]. 金融研究, 2007 (12).

[260] 丁晖, 谢赤, 陈琼. 人民币汇率波动对国际企业价值影响实证研究 [J]. 经济问题, 2008 (8).

[261] 丁一兵. 汇率制度选择 [M]. 社会科学文献出版社, 2005.

[262] 董秀良, 吴仁水. 基于 DCC – MGARCH 模型的中国 A、B 股市场相关性及其解释 [J]. 中国软科学, 2008 (7).

[263] 樊磊. 中国货币市场与股票市场联动性实证研究 [D]. 山东大学硕

士学位论文,2011.

[264] 范从来,刘晓辉. 开放经济条件下货币政策分析框架的选择 [J]. 经济理论与经济管理,2008 (3).

[265] 方伟正,张卫国. 有偏分布下的动态风险测度及 MRC – SPA 检验 [J]. 系统工程,2012 (7).

[266] 方先明,裴平,张宜浩. 外汇储备增加的通货膨胀效应和货币冲销政策的有效性——基于中国统计数据的实证检验 [J]. 金融研究,2006 (7).

[267] 费立强. 人民币 NDF 市场的特征分析 [J]. 商业时代,2008 (34).

[268] 冯常生. 人民币汇率波动对中国股市的影响:基于计量模型的实证检验 [J]. 经济问题,2012 (8).

[269] 冯丽娜. 关于货币市场与资本市场协调发展的思考 [J]. 经济论坛,2009 (13).

[270] 高惠璇. 应用多元统计分析 [M]. 北京大学出版社,2005.

[271] 高铁梅,杨程,谷宇. 央行干预视角下人民币汇率波动的影响因素研究 [J]. 财经问题研究,2013 (2).

[272] 高铁梅. 计量经济分析方法与建模:EViews 应用及实例 [M]. 清华大学出版社,2009.

[273] 谷任,张卫国,郑素芬. 中国制造企业外汇风险的滞后效应与成因分析 [J]. 华南理工大学学报(社会科学版),2013 (2).

[274] 谷任,张卫国. 汇率波动对我国外贸行业利润的影响研究 [J]. 国际贸易问题,2012 (3).

[275] 谷任,张卫国. 中国进出口上市企业外汇风险暴露的动态测量与决定因素 [J]. 管理世界,2012 (12).

[276] 谷宇,高铁梅. 人民币汇率波动性对中国进出口影响的分析 [J]. 世界经济,2007,(10).

[277] 郭彦峰,黄登仕,魏宇. 人民币汇率形成机制改革后的股价和汇率相关性研究 [J]. 管理学报,2008,5 (1).

[278] 国家外汇管理局陕西省分局课题组. 对陕西省涉外企业汇率风险管理状况的调查 [J]. 西安金融,2006 (9).

[279] 何诚颖. 基于中国证券市场的有效性研究 [J]. 管理世界,2005 (11).

[280] 胡冬梅,郑尊信,潘世明. 汇率传递与出口商品价格决定 [J]. 世界经济,2010,(6):45 – 59.

[281] 胡宗义,刘亦文,袁亮. 金融均衡发展对经济可持续增长的实证研究

[J]．中国软科学，2013（7）．

[282] 华仁海，陈百助．中国期货市场期货价格收益及波动方差的长记忆性研究［J］．金融研究，2004，2（284）．

[283] 黄昌利．人民币实际有效汇率的长期决定［J］．金融研究，2010（6）．

[284] 黄伟斌．货币政策、汇率变动与股市收益——基于产出资本资产定价模型的研究［J］．生产力研究，2014（3）．

[285] 黄玮强，庄新田．中国证券交易所国债和银行间国债指数的关联性分析［J］．系统工程，2006（7）．

[286] 姜波克，杨长江．国际金融学［M］．高等教育出版社，2005．

[287] 姜波克．均衡汇率理论和政策的新框架［J］．中国社会科学，2006（1）．

[288] 蒋振声，金戈．中国资本市场与货币市场的均衡关系［J］．世界经济，2001（10）．

[289] 雷强，苏立峰．资本账户开放和人民币汇率制度选择——基于升值压力下的中国特色 IS – LM – BP 模型分析［J］．华东经济管理，2009（10）．

[290] 李成，马文涛，王彬．中国金融市场间溢出效应研究——基于四元 VAR – GARCH（1，1）– BEKK 模型的分析［J］．数量经济技术经济研究，2010（6）．

[291] 李宏彬，马弘，熊艳艳，徐嫄．人民币汇率对企业进出口贸易的影响［J］．金融研究，2011（2）．

[292] 李健，贾玉革．金融结构的评价标准与分析指标研究［J］．金融研究，2005（4）．

[293] 李泽广，高明生．近期汇率体制改革后股价与汇率的联动效应及其检验［J］．现代财经，2007（10）．

[294] 廖理，刘碧波，郦金梁．道德风险、信息发现与市场有效性［J］．金融研究，2008（4）．

[295] 林曼．人民币 NDF 及对金融衍生品市场发展的思考［J］．福建金融，2008（8）．

[296] 刘剑锋，蒋瑞波．中国证券市场弱有效性检验——来自收益率方法比的证据［J］．金融理论与实践，2010（4）．

[297] 刘晓宏．外汇风险管理战略［M］．复旦大学出版社，2009．

[298] 刘耀成，徐冉．我国证券市场牛市格局下的投机度研究——基于2006年以来的相关数据实证分析［J］．消费导刊，2008（7）．

[299] 刘志军. 人民币升值对中国股票市场的影响机制分析 [J]. 经济与管理, 2008 (2).

[300] 刘志伟, 吴鸣鸣, 刘澄. 关于中国证券市场过度投机问题的剖析 [J]. 现代管理科学, 2007 (4): 7-9.

[301] 卢长洪. 基于内在价值的中国股市泡沫度量 [J]. 经济导刊, 2010 (3): 28-29.

[302] 卢向前, 戴国强. 人民币实际汇率波动对中国进出口的影响: 1994~2003 [J]. 经济研究, 2005 (5).

[303] 卢之旺. 外汇市场蓬勃发展 [J]. 中国外汇, 2014 (23).

[304] 吕江林, 李明生, 石劲. 人民币升值对中国股市影响的实证分析 [J]. 金融研究, 2007 (6).

[305] 吕亚芹, 何晓群, 汤果. FIGARCH 模型的参数估计与检验 [J]. 统计研究, 1999 (增刊).

[306] 罗赤橙, 杨峻峰, 袁冬梅. 本币升值对股市的影响——基于日本的经验研究 [J]. 改革与战略, 2008 (2).

[307] 罗航, 江春. 人民币新汇率形成机制下的上市公司外汇风险暴露 [J]. 中南财经政法大学学报, 2007 (4).

[308] 梅琴, 张卫国. 基于 STAR 模型的人民币实际汇率走势研究 [J]. 统计与决策, 2009 (21).

[309] 倪克勤, 倪庆东. 人民币汇率、美元指数变动对上市公司的复合冲击——基于深市行业数据的分析 [J]. 西南金融, 2010 (3).

[310] 倪庆东. 汇率冲击、公司特质与外汇风险暴露——基于上证 180 样本股票的分析 [J]. 金融理论与实践, 2011 (2).

[311] 牛晓健, 裘翔. 利率与银行风险承担——基于中国上市银行的实证研究 [J]. 金融研究, 2013 (4).

[312] 裴平, 熊鹏, 朱永利. 经济开放度对中国货币政策有效性的影响: 基于 1985~2004 年交叉数据的分析 [J]. 世界经济, 2006 (5).

[313] 秦凤鸣, 卞迎新. 货币政策冲击、外汇干预与汇率变动的同期与动态关联研究 [J]. 经济理论与经济管理, 2013 (3).

[314] 戎如香. 人民币汇率定价权问题研究: 基于 NDF 与即期汇率的实证检验 [J]. 上海金融, 2008 (12).

[315] 舒家先, 谢远涛. 人民币汇率与股市收益的动态关联性实证研究 [J]. 技术经济, 2008 (2).

[316] 谭雅玲. 汇改逐渐自主 步伐根基不足 [J]. 国际贸易, 2010

(7).

[317] 唐齐鸣,操巍.沪深美港股市的动态相关性研究[J].统计研究,2009(2).

[318] 王明进.多元波动率模型的一些新进展[J].数理统计与管理,2010,3(29).

[319] 王明进.高维波动率的预测[J].数量经济技术经济研究,2008,25(11).

[320] 王晓辉,张卫国,刘玉芳.融合ICA的BP网络在人民币汇率预测中的应用[J].系统工程学报,2014(3).

[321] 王晓辉,张卫国,庄亮亮,肖炜麟.基于多元分析的人民币汇率波动率预测[J].数理统计与管理,2014(3).

[322] 吴娳,付强,涂燕.企业外汇风险暴露研究——基于中国上市公司的经验数据[J].北京航空航天大学学报:社会科学版,2008,20(4).

[323] 吴晓求.大国经济的可持续性与大国金融模式——美、日经验与中国模式之选择[J].中国人民大学学报,2010(3).

[324] 武志.金融发展与经济增长:来自中国的经验分析[J].金融研究,2010(5).

[325] 谢爱辉,杨兰英.对中国稳健货币政策有效性的实证分析[J].统计与信息论坛,2005(5).

[326] 邢毓静.证券市场与外汇市场的互动关系与宏观政策选择——从B股向境内居民开放谈起[J].当代财经,2001(5).

[327] 徐建炜,杨盼盼.理解中国的实际汇率:一价定律偏离还是相对价格变动?[J].经济研究,2011(7).

[328] 徐剑刚,李治国,张晓蓉.人民币NDF与即期汇率的动态关联性研究[J].财经研究,2007(9).

[329] 严敏,巴曙松.人民币即期汇率与境内外远期汇率动态关联:NDF监管政策出台之后[J].财经研究,2010,36(2).

[330] 姚洋,章林峰.中国本土企业出口竞争优势和技术变迁分析[J].世界经济,2008(3).

[331] 易丹辉.数据分析与EVIEWS应用[M].中国统计出版社,2002.

[332] 余宇新,杨大楷.通过市场波动的新信息含量检验股权分置改革对我国市场有效性影响[J].管理工程学报,2010,24(3).

[333] 原磊,邱霞.中国企业国际化的回顾与展望[J].宏观经济研究,2009(9).

[334] 曾康霖. 试论中国金融资源的配置 [J]. 金融研究, 2005 (4).

[335] 张兵, 封思贤, 李心丹, 汪慧建. 汇率与股价变动关系: 基于汇改后数据的实证研究 [J]. 经济研究, 2008 (9).

[336] 张会清, 唐海燕. 人民币升值、企业行为与出口贸易 [J]. 管理世界, 2012 (12).

[337] 张卫国, 胡彦梅, 陈建忠. 中国股市收益及波动的 ARFIMA – FI-GARCH 模型研究 [J]. 南方经济, 2006 (3).

[338] 张卫国, 肖炜麟, 徐维军, 张惜丽. 分数布朗运动下欧式汇率期权的定价 [J]. 系统工程理论与实践, 2009 (6).

[339] 张卫国, 肖炜麟, 徐维军, 张惜丽. 跳跃分形过程下欧式汇率期权的定价 [J]. 中国管理科学, 2008 (3).

[340] 张瀛. 汇率制度、经济开放度与中国需求政策的有效性 [J]. 经济研究, 2008 (3).

[341] 张瀛. 金融市场、商品市场一体化与货币、财政政策的有效性——基于 OR 分析框架的一个模型与实证 [J]. 管理世界, 2006 (9).

[342] 张永, 张卫国, 徐维军. 基于风险厌恶型的在线外汇交易竞争策略研究 [J]. 管理学报, 2010 (7). [343] 张玉芹, 林桂军, 郑桂环. 人民币实际汇率波动影响因素研究 [J]. 系统工程理论与实践, 2008 (8).

[344] 张志豪. 股价、利率与汇率: Branso, 资产组合模型之扩充 [D]. 中国台湾世新大学管理学院经济学系硕士学位论文, 2005.

[345] 赵蓓文. 外汇市场与证券市场价格波动的相互影响及其在中国的不完全传递 [J]. 世界经济研究, 1998 (1).

[346] 赵华, 蔡建文. 基于 MRS – GARCH 模型的中国股市波动率估计与预测 [J]. 数理统计与管理, 2011, 9 (30).

[347] 赵华. 人民币汇率与利率之间的价格和波动溢出效应研究 [J]. 金融研究, 2007 (3).

[348] 赵文胜, 张屹山. 货币政策冲击与人民币汇率动态 [J]. 金融研究, 2012 (8).

[349] 郑春梅, 肖琼. 利率平价理论与人民币汇率关系的分析 [J]. 经济问题, 2006 (12).

[350] 中国人民银行南充市中心支行课题组. 对汇改后南充市涉汇企业汇率风险管理情况的调查 [J]. 西南金融, 2007 (3).

[351] 周富国, 胡慧敏. 金融效率评价指标体系研究 [J]. 金融理论与实践, 2007 (8).

[353] 周俐. 基于人民币汇率双向波动的企业外汇风险管理探究 [J]. 经济论坛, 2015 (1).

[353] 周小川. 人民币资本项目可兑换的前景和路径 [J]. 金融研究, 2012 (1).

[354] 周小川. 逐步推进利率市场化改革 [J]. 中国金融家, 2012 (1).

[355] 朱世武, 陈健恒. 利率期限结构理论实证检验与期限风险溢价研究 [J]. 金融研究, 2004 (5).

[356] 朱新玲, 黎鹏. 人民币汇率与股票价格的联动效应: 基于溢出和动态相关视角 [J]. 金融理论与实践, 2011 (5).

[357] 朱永行. 国内外汇率风险管理比较研究 [J]. 世界经济情况, 2009 (2).

[358] 左相国, 唐彬文. 人民币汇率影响因素的实证考量 [J]. 统计与决策, 2008 (20).

[359] 张玉芹, 林桂军, 郑桂环. 人民币实际汇率波动影响因素研究 [J]. 系统工程理论与实践, 2008, 8: 171-182.

[360] 中国人民银行南充市中心支行课题组. 对汇改后南充市涉汇企业汇率风险管理情况的调查 [J]. 西南金融, 2007 (3).

[361] 周俐. 基于人民币汇率双向波动的企业外汇风险管理探究 [J]. 经济论坛, 2015, (1): 116-119.

[362] 朱永行. 国内外汇率风险管理比较研究 [J]. 世界经济情况, 2009, (2): 28-35.

[363] 左相国, 唐彬文. 人民币汇率影响因素的实证考量 [J]. 统计与决策, 2008, (20): 130-132.